魔球

MORE THAN YOU KNOW

Finding Financial Wisdom in
Unconventional Places, Updated & Expanded

投資金律

少數人才懂的投資市場潛規則

Michael J. Mauboussin
麥可・莫布新 著

周群英 譯

僅鑽研個別學科，不可能得到平衡又全面的觀點，必須透過不同學科之間的大融通才能做到。要達成這種知識整合並不容易，但我認為這是必然的結果。就智識層面來說，這樣做不僅合理，還能滿足人類天性中對探索與驚奇的渴望。只要能縮小一點不同學科分支之間的差距，就會提升知識的多樣性和深度。

——愛德華·威爾森（Edward O. Wilson），

《知識大融通》（*Consilience*）

PART 2　投資心理學

前言
如何成為出色的投資人？

《魔球投資金律》有一個知易行難的核心前提：如果你用跨領域的角度面對問題，你將成為更出色的投資人、主管、父母和朋友，也就是成為更好的人。這就好比你搬進一棟需要修繕的房子，手上擁有全套的電動工具組，還是只有一把簡單的螺絲起子。如果你為每一項工作都準備好適當的工具，你會成為成功且效率很高的人。

但現實是，我們大多數人終究只具備有限的知識。大部分的職業鼓勵專業化，而有些職業（例如學術界）則要求高度專業。此外，我們每個人的時間有限。我們忙著講電話、回覆電子郵件和參加會議，所以沒有時間閱讀、思考和**激盪**想法。

本書第一版問世後，有許多讀者聯繫我，告訴我他們很欣賞書中傳達的一些非典型觀念。大多數人很容易欣賞多元思維的價值，但也有不少讀者認為多元只是錦上添花，並非成功的必要條件。但我的看法正好相反，我認為在解決複雜的問題時，認知的多樣性非常重要。

認知多樣性的立論依據來自理論和實踐。社會科學家史考特·裴吉（Scott Page）在他的著作《差異》（The Difference，暫譯）裡談過多樣性的邏輯。他利用數學模型，說明在解決某些類型的問題時，多樣性如何以及為什麼有其必要。裴吉巧妙地將多樣性的討論，從隱喻和軼事，引導到有根據且經得起時間考驗的理論。

雖然裴吉的理論很有貢獻，但你可能還是會問，有沒有實際的證據可以證明在預測複雜問題時，多樣性真的有其價值嗎？答案顯然是肯定的。心理學家菲利普·泰特洛克（Philip Tetlock）在他的著作《專家的政治判斷》（Expert Political Judgment，暫譯），呈現出傑出的研究結果。泰特洛克曾在 15 年內，邀請數百位專家，對經濟和政治事件提出數千個預測。隨後，他做了一件非常無禮的事：追蹤專家預測的表現。

整體而言，專家預測的表現讓人失望，但泰特洛克發現，有些人的表現優於其他人。這些人預測的結果之所以有差異，是因為他們的思維方式不同。對許多事情「略懂略懂」的多元思考者，比那些只精通某一個領域的專家表現更好。

我對於多樣性的思考，特別在兩個方面獲得啟發。第一個是波克夏海瑟威公司（Berkshire Hathaway）的查理·蒙格（Charlie

Munger），總是不知厭倦地提倡的心智模型投資法。第二個是聖塔菲研究所（Santa Fe Institute），這個位於美國新墨西哥州的研究社群，致力於探索自然科學和社會科學合作的跨領域主題。

查理・蒙格長期的成功紀錄，證明多學科的研究方法確實成果非凡。對蒙格來說，心智模型是一種工具，可以幫助你理解問題的框架。他主張構建多元思維模型（a latticework of models）可以有效解決最多問題。他的想法是讓模型切合問題，而不是（用他的話來說）削足適履地「折磨現實」，讓現實適應你的模型。

某些個性特質有助於我們發展心智模型的方法，而且很幸運的是，大部分的特質都是你個人可以主動選擇擁有的，包括求知欲、正直、耐心和自我批評。想要成功解決問題，不能只靠智商。就像蒙格說的，達爾文（Charles Darwin）的觀點改變了整個世界，但他的觀點反映的是他獨特的工作方法，而不是他本人的聰明才智。反過來說，到處都是聰明人做糟糕決定的例子，這種現象往往表示他們缺乏彈性，或不懂得體認心理學給我們的教訓。

不過，想要獲得心智模型的方法並非沒有代價，因為你要花大量時間和精力學習各種學科。而且毋庸置疑的是，你學到的東西可能無法馬上派上用場；事實上，它們可能永遠派不上用場。但好消息是，你通常只要掌握每個學科的幾個重要觀念即可。

多年來，蒙格深刻的思想讓我受益匪淺，他對我的影響也在本書中表露無疑。我們十分幸運，因為彼得‧考夫曼（Peter Kaufman）整理了蒙格的背景和演講，並編輯成《窮查理的普通常識》（*Poor Charlie's Almanack*）一書，這本出色的書籍為心智模型方法提供許多洞見。

至於聖塔菲研究所，則源於一群志同道合的科學家，他們認為這個世界需要新型態的學術機構。這些出自各學科的傑出科學家，意識到大學學科之間往往彼此孤立運行。大學教授們經常與同儕交流，卻很少跨越學科邊界彼此互動。聖塔菲研究所的創辦人堅信，跨領域之間有許多富饒的科學沃土，因此他們決心要耕耘這片土壤。如果你在聖塔菲研究所的校園待一陣子，很可能會看到物理學家、生物學家和經濟學家從各自的觀點出發，一起探討感興趣的議題。

複雜系統研究，將這些人在聖塔菲研究所的研究主軸整合起來。無論是自然科學還是社會科學，許多系統都從多個跨領域交流而來，例如人類的意識、免疫系統和經濟系統。聖塔菲研究所的科學家，很早就看出這些系統的顯著特徵，並思考不同學科之間的相似性和差異性。

我深受聖塔菲研究所的理念啟發，其中對我影響最深的，是把股票市場視為一個複雜適應系統（complex adaptive system）。採用這種思維模式，迫使我重新檢視並質疑自己在財務領域學到的所有知識，包括主體的理性、鐘形的價格變動分布，以及風險和報酬的概念。我相信，複雜適應系統的架構不只能讓我們更直觀地理解市場，也更符合經驗現象。

聖塔菲研究所的文章，激發了我對不同主題的興趣，包括蟻群、稱冪定律（power laws）、人類的認知，以及回饋機制的作用。這些主題散見於本書文章中。參加完聖塔菲研究所的研討會後，我覺得最貼切的形容是智力受到深深的陶醉。

你可以在米切爾·沃德羅普（Mitchell Waldrop）的著作《複雜：走在秩序與混沌邊緣》（*Complexity*），了解聖塔菲研究所的歷史。雖然，這本書是在研究所創立的第一個十年內出版，卻已經闡明聖塔菲研究所的精神所在。

最後，我想談一談如何閱讀本書。《魔球投資金律》和暢銷的驚悚小說不一樣，你可以從後面往前讀，也可以從前面往後讀，怎麼讀都可以很順暢。但我建議你直接看目錄，找到你最有興趣的內容然後開始讀。

雖然這些文章涵蓋各種主題，但我把它們分為四個部分——投資理念、投資心理學、創新與競爭策略，以及科學與複雜理論。你可以把這幾個部分看成工具箱裡的隔層，每一個隔層各自處理投資的不同面向。也就是說，每一篇文章都自成一體。

我在這個版本更新了表格和圖表，並在每個部分增加新章節。新的主題包括對管理評估的思考、直覺的作用、賽局理論的應用，以及市場情緒波動的機制。

《魔球投資金律》運用了許多頂尖學者的研究成果，但由於受限於本書的形式，我無法完全呈現他們的學術觀點。這就是為什麼我整理了一份詳細的參考文獻，包括延伸閱讀的建議清單。如果你想要深入探討某個觀點或主題，希望這些參考資料可以為你帶來豐富的內容。

我最誠摯的願望是，《魔球投資金律》可以為讀者在智識上帶來樂趣，為大家帶來新的觀點、絕佳的點子，或者一條自我提升的道路。我在寫這些文章時覺得非常滿足，希望你在閱讀時也能感受到我一部分的喜悅。

PART 1

投資哲學

有一天，我突然收到一封電子郵件。有個人讀過我的一篇文章後，寫信給我表達肯定。當下我心懷感謝但沒有多想，後來才發現對方是在一個專門以**交易者**（traders）為目標受眾的網站上，找到我的文章。我的研究重點幾乎都放在長期投資，所以當我知道交易週期相對較短的交易者也會採用我的想法時，覺得非常奇妙。

於是，我到該網站查看其他資訊，結果發現另一件讓我更訝異的事：我的另一篇文章竟然被一個賭博網站當作重要內容。雖然我本身對賭博方法也有所研究和涉獵，但我和大多數以長期投資自居的人一樣，認為長期投資和大部分的賭博完全**相反**。經過一番思考後，我意識到把這些不同領域串在一起的共通點，其實是投資哲學。

投資哲學很重要，因為它會決定你該如何做決策。草率的投資哲學必然會帶來差勁的長期結果。但是，即使有好的投資哲學，如果沒有搭配紀律和耐心也無濟於事。優良的投資哲學就像良好的飲食習慣，只有長期保持理智，並且堅持不懈才能奏效。

投資哲學其實和一個人的性情有關，和天生智力無關。事實上，良好的性情永遠都強過高智商。一旦建立了紮實的投資哲學基礎，剩下就要靠學習、用功、專注、耐心和經驗。

優量的投資哲學往往有一些共通的主題，也是本書這個部分所要探討的主題。首先，在所有涉及機率（probabilistic）的領域裡，例如投資、讓分比賽（handicapping）或賭博，你最好把注意力專注在決策的**過程**，而不是短期的**結果**。這一點說起來容易，做起來很難，因為結果好壞很客觀，但過程卻比較主觀。但是，包含許多理論的高品質決策過程，才是通往長期成功最可靠的途徑。

於是帶出了第二個主題，即長遠的目光非常重要。我們根本無法在短期內，判斷一個機率系統的結果，因為短期有太多隨機性。這種狀況當然會引發一些問題，因為當你能夠看出某個投資的過程很拙劣時，往往為時已晚，無法找回好結果了。所以，一個好的流程必須建立在穩固的基礎之上。

最後一個主題談到內化機率方法的重要性。心理學告訴我們，人類心智用來處理機率的模組有很多漏洞。人類會看到本不存在的模式，無法周全地考慮到所有可能的結果。我們對機率的評估，也會根據別人如何呈現資訊的方式而為之丕變。正確的投資哲學，可以幫助我們修補這些漏洞，提高長期的成功機會。

最後我還有一點想法。很可惜最近數十年來，由於各種激勵誘因的緣故，人們不再那麼看重投資哲學。雖然企業高層和資金管理人的立意良善，而且都很認真工作，但他們往往過度優先考慮企業成長，而不是為股東謀求亮眼的報酬。有愈來愈多受聘的經理人只是拿薪水辦事，而非想辦法賺錢。

所以，我們要問一個很難的問題：你或者幫你管理資金的人，是否確實根據一套明智的投資哲學行事？如果答案是肯定的，那太棒了；但如果不是，你就要找到一個深思熟慮的哲學，然後奉行不輟。

CHAPTER 1 莊家優勢
投資過程與結果

思慮不周可能帶來成功，而思慮周全卻也可能帶來失敗，原因是導致失敗的可能性真的出現了。但長期來說，愈深思熟慮的決策，整體來說會帶來更好的結果。若想鼓勵人們嚴謹做決策，應該以決策過程是否完善來評估他們，而非以結果來論他們的成敗。

——羅伯特·魯賓（Robert Rubin），
2001 年哈佛大學畢業典禮演講

在局勢對你有利時下注，換句話說，也就是當勝算站在你這邊的時候下注，無論你最後是否贏得賭局，你都會有所收穫。同樣地，在局勢對你不利時下注，無論你最後賭贏或賭輸，都將有所失。

——大衛·斯柯蘭斯基（David Sklansky），
《撲克理論》（*The Theory of Poker*，暫譯）

再來一張牌

　　保羅‧迪波德斯塔（Paul DePodesta）是美國職棒前球隊經理，也是麥可‧路易士（Michael Lewis）暢銷書《魔球》（*Moneyball*）裡的主角。迪波德斯塔曾說，他在拉斯維加斯玩 21 點時，坐在他右邊的人在手中持有 17 點的情況下，要求荷官再加一張牌。為此，牌桌上的人都停了下來，連荷官也問他是否真的要加牌。那位玩家點頭同意，莊家想當然耳地發了一張牌給他。那張牌的點數是 4。此時莊家說了什麼？他說「好牌。」是的，這張牌加得真好。如果你在賭場工作，你都會希望賭客這樣下注。

　　這則趣聞軼事突顯出投資裡一個最基本的概念：過程與結果。很多時候，投資人都只關心結果，卻不仔細考慮過程。在某種程度上，我們可以理解為什麼人都更重視結果。畢竟，結果——也就是損益——才是最後決定輸贏的關鍵。而且，相較於評估過程過於主觀，評估結果比較簡單且客觀。[1]

　　但投資人常犯一個重大錯誤，認為好的結果來自於好的過程，而壞的結果則表示過程有問題。但在所有涉及機率的領域裡，例如投資、管理體育隊伍和同注分彩（pari-mutuel betting），長期裡表現最好的人，全都注重過程而非結果。

傑・愛德華・羅素（Jay Edward Russo）和保羅・舒馬克（Paul Schoemaker）曾用一個簡單的 2x2 矩陣，來說明過程和結果的關係（請見圖表 1.1）。他們的看法是，根據機率來看，好決策有時候也會出現不好的結果，而不好的決策有時候也會出現好的結果。這一點就像上文中的故事，那位已經持有 17 點的人，卻要求繼續加牌。然而從長期來看，過程會決定結果，這就是為什麼賭場——也就是「莊家」——能夠長期獲利的原因。

投資過程的目標非常清楚，也就是找出公司股價與股價期望值之間的差距。期望值是指所有可能結果的加權平均值。你可以把特定結果的**報酬**（即股價），乘以該結果實現的**機率**，計算出期望值。[2]

投資事業可能犯的最大錯誤，也許就是未能區分公司基本面的知識與市場價格隱含的預期。麥可・史坦哈德（Michael

圖表 1.1　過程相對於結果

		結果	
		好	壞
決策的過程	**好**	應得的成功	運氣不好
	壞	僥倖	應得的懲罰

來源：Russo and Schoemaker, *Winning Decisions*, 5。經許可後重製。

Steinhardt）和史蒂芬・克里斯特（Steven Crist），是兩個在完全不同領域裡的成功人士，但他們的看法一致：

> 對我來說，變異洞見（variant perception）是指與市場共識明顯不同，卻有立論依據的觀點。了解市場的預期，起碼和擁有基本面知識一樣重要，而且往往與基本面知識有所不同。[3]

> 問題不在於哪一匹馬最有可能獲勝，而在於哪一匹馬或哪幾匹馬的賠率，超過它們實際的勝率。這話聽起來很基本，很多玩家可能認為自己確實遵循這個原則，但實際上很少有人做到這一點。在這種心態下，對很多人來說，除了勝率，其他一切都不重要。在賽場上，沒有所謂「看中」哪一匹馬會贏，只有其勝率和賠率之間是否有誘人的差距。[4]

一段深思熟慮的投資過程，會同時考慮機率和報酬，並仔細思考透過價格反映出來的市場共識是否可能出錯。雖然，投資的某些重要特徵與博弈或賽馬不太一樣，但它們的基本概念都一樣：期望值要是正的。

高度不確定下的決策原則

在最近一系列的畢業典禮演講裡，美國前財政部長羅伯特·魯賓和畢業生分享了四項決策原則，這些原則對金融圈尤其具有價值。[5]

1. 我們唯一能夠確定的，是一切皆無法確定：這個原則尤其適用於要處理大量不確定性的投資領域。相比之下，賭場主要處理的是大量風險。無論是不確定性還是風險，兩者的結果均屬未知。但兩者有本質上的區別：不確定性的潛在結果分布是未知的，而風險的結果分布是已知的。企業的波動充滿不確定性，而輪盤下注則充滿風險。[6]

這裡的行為牽涉一個問題：過度自信。研究指出，人們對自己的能力和預測往往太過自信，因此他們預測的結果往往過於狹隘。[7]在過去 80 年裡，美國經歷過一次經濟大蕭條、多場戰爭、一場能源危機和一次重大的恐怖攻擊，這些結果遠超人們的意料之外。因此投資人要懂得自我訓練，思考的結果範圍要夠廣泛。其中一個方法是，關注那些「不可避免的意外」的領先指標。[8]

了解不確定性，對資金管理同樣非常重要。許多發生在對沖基金的災難，是因為基金經理人評估投資時過度自信，投入過多資金所致。在分配資金時，投資組合經理必須將突發事件也考量進去。[9]

2. 決策是在權衡機率：我們延伸魯賓的觀點，強調必須平衡結果發生的機率（頻率）與該結果的報酬（規模）。如果報酬的分布不均，只考慮機率是不夠的。

我們從行為財務學的另一個概念「損失規避」來談。拜演化所賜，人類遇到有風險的結果時，通常會選擇規避損失。更確切地說，損失對我們的衝擊，大概相當於 2.5 倍的報酬。所以，我們喜歡做正確的選擇，因此常常追求高機率的事件。[10]

當結果對稱時，只看機率是合理的做法；但當結果不對稱（不均勻）時，只看機率就完全不合適。請思考一下，既然選擇權部位有 90% 都是虧損的，這是否表示持有選擇權是個餿主意？答案是取決於你在剩下 10% 獲利的選擇權部位裡，能夠賺多少錢。如果你買入 10 份各值 1 美元選擇權合約，其中 9 個合約到期時完全沒有價值，但第 10 個卻漲到 25 美元，那麼即使你的勝率很低，卻可以得到可觀的利潤。[11]

所以，從期望值的角度來看，有一些高機率的選項並不吸引人，而一些低機率的選項則非常誘人。假設有一檔股票，其獲利超出預期的機率為 75%，且股價可因此上漲 1%；但獲利不如預期的機率為 25%，股價因此暴跌 10%。那麼這檔股票雖然有很高的勝率，但期望值卻是負數的。[12]

3. 即使不確定，我們仍必須採取行動：魯賓的重點是，即使我們必須根據不完美或不完整的資訊，做出絕大多數的決策，我們還是要明智地評估可用的資訊，據此做出決策。

羅素和舒馬克提到，人往往認為擁有的資訊愈多，愈能夠讓我們看清未來的樣貌，並改善我們的決策。但實際上，更多的資訊通常只會讓決策過程變得更混亂。

研究人員研究過賽馬評磅員，經由他們的研究可以說明這一點。首先，他們請評磅員根據五條資訊預測賽事結果。隨後，研究人員要求評磅員各自根據每一匹馬的 10 則、20 則和 40 則資訊，來進行相同預測。圖表 1.2 顯示了研究結果：雖然，更多的資訊未能有效提高評磅員的預測準確度，但評磅員卻會因為這些額外的補充資訊，而對自己的預測能力有更大的信心。[13]

4. 判斷決策良窳時，不僅要看結果，也要看決策過程：一個好的決策過程，必然仔細權衡價格與期望值。投資人可以透過高品質的回饋和持續的學習，來改善他們的決策流程。

我以前教過一個學生，他現在是一位非常成功的對沖基金經理人。他打電話告訴我，出於兩個原因他要取消公司內部使用

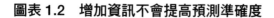

圖表 1.2　增加資訊不會提高預測準確度

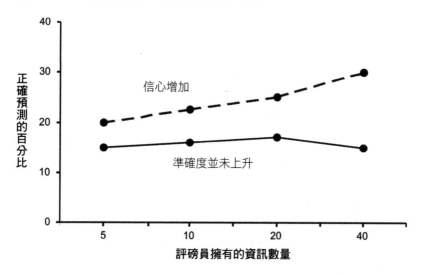

來源：Russo and Schoemaker, *Winning Decisions*, 124。*經許可引用。*

「目標價」的做法。第一，他希望所有分析師以期望值的概念來表達意見，這樣做可以逼大家著眼於討論報酬和機率。考慮多種可能性，可以避免人們過度專注在特定情境的傾向，這種行為陷阱稱為「定錨效應」（anchoring，*編按：人們在進行判斷時，容易受到「最早」的資訊所影響。*）。

其次，以期望值的概念思考事情，可以在分析師犯錯時，為他們提供心理上的保護。假設你是分析師，建議買進一支目標價高於今日價格的股票。這時候，你很可能會掉進「確認偏誤」的陷阱,只看那些支持你的觀點的證據,而忽視或低估反證。

相反地,如果你的建議基於期望值分析,就會把不利情境及其對應的機率也納入考量。這樣在進行投資時,你會心裡有數:結果有時候可能不如預期。如果公司內部成員事先也有這種認知,那麼分析師偶爾出錯時,就不會被貼上失敗的標籤。

過程第一

現有的獎勵機制和評價系統,讓投資圈過份注重結果,卻不夠重視過程。用魯賓的話來說是:

> 不是結果不重要,結果當然很重要,但是只根據結果來論成敗,會嚴重妨礙人們為了正確決策而去冒必須冒的風險。簡單來說,我們如何評價決策,會影響我們做決策的方式。[14]

投資是專業，還是生意？
如何打敗大盤

> 我開始在想，該如何說服擁有大型投資管理公司的生意人，讓他
> 們明白他們的第一要務是嚴守關鍵核心：投資是一種專業，需要
> 永恆的紀律。
>
> ——查爾斯・艾利斯（Charles D. Ellis），
> 〈事業成功是否會損害投資管理的專業？〉

> 人性似乎有某種扭曲的特質，喜歡把簡單的事情複雜化。這種現
> 象可能會持續下去。船隻會繞著地球航行，但地平說學會也會蓬
> 勃發展。
>
> ——巴菲特，〈葛拉漢和陶德村的超級投資人〉

偵察報告

為了贏得比賽，大部分體育隊伍都會偵察他們的對手。他們
的目標是擬定比賽計畫，利用對手的弱點，並抵消他們的優勢。
團隊普遍認為，聰明地收集情報對他們的長期成功非常重要。

那麼，資產管理經理的競爭對手又是誰？有特定目標的投資

人通常可以選擇投資主動基金或指數基金。例如，投資人如果想要投資大型市值的股票，可以投資大型市值的主動投資基金，或投資追蹤標普 500 指數的指數型基金。

因此，我們可以把適當的指數基金報酬，看成是投資人的機會成本，也就是他們的資金成本。如此一來，長期勝過市場基準，就是衡量主動投資經理人成敗的標準。

那麼我們要問，主動型基金經理人與其競爭對手相比，表現如何呢？答案是不太好。在最近 5 年內，超過四成以上的主動型基金經理人，其表現遜於指數基金的表現。在過去 10 年裡，超過半數的主動型基金其績效表現皆遜於基準。[1] 有鑑於指數基金的表現十分出色，詳加研究指數基金的競爭力，也許對投資人很有幫助。

標普 500 指數是人們最常用的股票基金基準。標普 500 指數委員會，會用五個主要標準選出該指數的成分股。年復一年打敗大多數的主動型基金經理人的標普 500 指數，其策略核心如下：

1. 流動性：由於委員會希望基準指數具備「可投資性」，因此會選擇流動性充足的股票。所謂流動性充足，指的是每個月的交易量與流通股數比例，至少是 0.3。

2. 基本面分析：至於企業獲利能力，委員會的標準是「四個季度的營業淨收益為正值」，僅此而已。

3. 市值：入選的公司市值必須超過 40 億美元。「原則上，要納入標普 500 指數，必須是美國領導產業中的龍頭公司們。」

4. 產業代表性：委員會希望每個部門的權重，與整體市場（所有市值超過 40 億美元的合格企業）的部門權重一致。委員會通常會透過提高權重偏低產業的股票，而不是減少權重偏高產業的股票，來達到這個目標。

5. 缺乏代表性：標普將缺乏代表性定義如下，「如果我們今天編制指數，一家公司會因為它無法滿足上述一項或多項標準，而不被納入指數。」在過去 75 年裡，超過一千家被標普 500 指數除名的公司，絕大部分都是因為併購所致。

我們對標普 500 指數的調查報告，也許也揭露出——委員會不會預測宏觀經濟、以低基金周轉率進行長期投資，而且不會受到部門或產業限制、部位權重、投資風格參數，或者績效壓力的束縛。還有一件事也很重要，那就是指數基金可以用極低的成本，密切追蹤標普 500 指數。

評價贏家

　　不過如果把時間拉長，還是有一些主動型基金，其績效明顯優於大盤基準。為求了解這些成功的投資人如何做到這一點，我們篩選出截至 2006 年為止，10 年內績效超過標普 500 指數的股票基金。這些基金背後都只有一位經理人，而且管理者資產超過 10 億美元（請見圖表 2.1）。[2]

　　這群人通常有四個特質，讓他們和大多數主動型股票共同基金的經理人有所不同：

- **投資組合周轉**：整體而言，這些投資人在 2006 年的股票周轉率約為 35%，和所有股票基金的周轉率 89% 相比，形成鮮明對比。標普 500 指數基金的周轉率是 7%。換言之，成功的投資組合其平均的持有期間約為 3 年，而一般基金則約為 1 年。[3]

- **投資組合的集中度**：長期表現優異的人，其投資組合通常比指數更集中。例如，這些投資組合的前 10 大持股，平均占其總資產的 35%，而標普 500 指數則占 20%。

- **投資風格**：絕大多數在市場上表現出色的人，都支持內

圖表 2.1 1997 ～ 2006 年，
表現超越標普 500 指數的一般股票基金列表

基金名稱	十年年化報酬率（%）	稅後十年年化報酬率（%）	周轉率（%）	前十大標的的資產比例（%）
Calamos Growth A	17.70	15.50	41	26.50
Weitz Partners Value	14.14	12.67	36	48.55
Weitz Value	14.13	12.37	40	50.61
Dodge & Cox Stock	14.05	12.27	12	29.22
Legg Mason Partners Aggressive Growth	13.96	13.11	5	53.83
Hartford Capital Appreciation	13.86	10.70	97	21.94
Third Avenue Value	13.18	11.93	7	37.46
MainStay MAP I	13.14	11.39	100	27.80
Longleaf Partners	12.81	11.02	7	56.04
Gabelli Asset AAA	12.75	11.37	6	16.61
Muhlenkamp	12.68	12.42	6	45.17
American Funds Growth Fund of America	12.45	10.56	22	17.66
Vanguard PRIMECAP	12.08	11.15	10	30.58
DFA U.S. Large Cap Value III	11.99	9.73	7	100.0
Van Kampen Comstock A	11.87	8.47	30	29.00
Legg Mason Value Trust	11.35	10.57	13	44.83
American Century Value Investor	10.87	7.81	134	25.90
American Funds Amcap A	10.87	8.67	20	21.83
Fidelity Contrafund	10.83	9.30	60	21.32
Franklin Rising Dividends A	10.53	8.67	8	40.46

來源：晨星公司（Morningstar, Inc.）。

在價值投資法，他們在找價格低於其價值的股票。巴菲特在他知名的〈葛拉漢和陶德村的超級投資人〉演講中指出，這種投資方法是許多成功投資人的共通點。

● **地理位置**：只有一小部分表現績效優異的投資人來自美國東海岸的金融中心，例如紐約或波士頓。這些擁有超額報酬的投資人，大多來自芝加哥、曼菲斯（Memphis）、奧馬哈（Omaha）和巴爾的摩（Baltimore）等城市。

　　根據我們對標普 500 指數的研究，這些經理人似乎在投資組合周轉率，以及宏觀預測上遵循指數的策略。但是，他們的投資組合集中度，以及高度重視價值與價格的差異上，則與指數的策略不同。

　　我並不是要建議所有投資人，都應該或可以採用這些人的做法，畢竟一個健全運作的市場，必須由多元投資人的生態組成。市場需要有不同的交易時間範圍、分析方法和資金資源的投資人一同參與。而且，仍有許多資金經理人採用和我們完全不一樣的策略，並取得卓越的績效。

　　此外，我們也必須強調，上述投資人之所以成功，並非因為他們投資組合的結構，更可能是因為他們投資過程的品質。有一次，我無意中聽到一位投資人對一個績效很好的人說：「你的績效這麼好，所以周轉率可以這麼低。」那位經理人馬上回覆說：「不，我們績效好，是因為我們的周轉率很低。」若沒有妥善的流程，而是想直接複製上述投資組合的特性，例如低周轉率和相對高的集中度，都將徒勞無功。

儘管如此，還是有一個顯而易見的問題：為什麼一般基金的投資策略，和這些績效超好的投資人如此不同？

投資作為專業和生意的差別

這個問題的答案，有一部分在於投資**專業**（profession）與投資**生意**（business）之間有著緊張的關係，而且這個關係也許愈來愈不平衡。投資經理人的目標是管理投資組合，取得長期裡最大的報酬；至於投資生意的目標，在於讓投資公司賺錢（通常是短期的）。當然，讓公司有利可圖並沒有錯；事實上，公司若想吸引和留住頂尖人才，生意蒸蒸日上非常重要。[4] 但是，為了公司的生意而**犧牲**專業，則是一個大問題。

回顧歷史，共同基金的發展趨勢確實嚴重朝向商業的方向。傳奇人物約翰・柏格（John Bogle）非常夠格說明這個產業的變化。在過去半個世紀裡，他一直是這個產業的倡導者，不僅具備非凡的遠見，而且言詞十分犀利。以下是柏格提到的一些深刻變化：[5]

- 普通股基金的數量，從 1945 年的 49 個，增加到 2006 年超過 4,200 個。現在，這類基金提供更多專業化選擇，也涵蓋了更廣泛的地理區域。1990 年代，這個產業新的股票基金數量（相對於原本的基金數量），創紀錄達到近 600％，而 1980 年代大約是 175％。值得注意的是，1990 年代有 50％ 的基金失敗，光是 2000 年到 2004 年間，就有將近 1,000 個基金倒閉。

- 競爭讓大多數產業的利潤受到壓縮，然而共同基金的費用率（expense ratio），在這幾十年來一直穩定上升。在 1970 年代末和 1980 年代初，平均約為 90 個基點；2004 年則達到 156 個基點。費用增加很大一部分，是因為募集資金的成本，而成本至關重要。1945 年到 1965 年，基金的報酬率是大盤績效的 89％。1983 年到 2003 年，報酬率則是大盤績效的 79％。

- 1958 年之前，美國證券交易委員會（SEC）限制投資管理公司的股權銷售。後來，法院推翻證交會的做法後，投資管理產業迎來一波公開上市（IPO）及併購熱潮。目前 50 家最大的基金組織裡，只有 6 家是私人公司，另外 8 家是獨立的上市公司，22 家美國金融集團、7 家外國金融公司，其餘的 6 家由主要券商持有。有一家共同基金維持不變，那就是先鋒領航基金（Vanguard）。

● 共同基金積極行銷，加上投資人傾向投資最新的高績效基金，因此衍生出潛藏的結果：基金的**平均**表現，不再反映出投資人的**實際**報酬。因為當投資人蜂擁購買表現良好的基金時，該基金的報酬不可避免地會受到均值回歸的影響。舉例來說，成長股在 2000 年第一季資金淨流入，達到 1,200 億美元的巔峰，與那斯達克指數同時登頂，同時資金則大幅流出價值型基金。根據柏格的計算，1986 年到 2005 年之間，市場雖然上漲了 12%，但基金的平均報酬率卻不到 10%，而投資人平均報酬率卻只有 6.9%。

查爾斯‧艾利斯曾列出投資公司可能採取的一些做法，為他們的業務帶來最大的價值。我把這些做法總結在下面圖表 2.2。艾利斯指出，專業與生意之間的矛盾關係，其癥結在於兩者的運作節奏不一樣。長期投資、低費用和逆向投資，對這個產業有利；相反地，短期投資、較高的費用，以及銷售投資人追捧的商品，則對生意有利。

圖表 2.2　把投資公司變成一門生意的做法

◆ 增加客戶關係經理的人數，並提高他們的地位，因為無論他們的績效如何，他們都可以和客戶保持更持久的關係，而客戶留存是賺取最大利潤的關鍵。

◆ 賦予客戶關係經理明確的責任，要求他們對客戶交叉銷售更多的資產和投資商品，讓每一個客戶帳戶的「錢包份額」最大化。

◆ 增加銷售專業人員的人數，並提升他們的銷售技巧。

◆ 發展組織的「品牌」或經銷加盟。

◆ 拓展國內外的新市場。

◆ 如果機構在散戶業務上已有穩固基礎，要把業務擴展到法人機構。如果組織在法人機構業務上有穩固的基礎，可以把業務拓展到散戶的業務。

◆ 努力和投資顧問建立良好關係，因為法人機構在雇用經理人時，有 70% 來自這些有力的中間人。

◆ 將公司的產品線延伸到新的資產類別和各種標的規模，藉此分散公司因仰賴卓越的投資報酬而產生的業務風險。

◆ 緊緊貼近指數，藉此限制短期意外的投資結果所產生的商業風險。

來源：Ellis, "Will Business Success Spoil the Investment Management Profession?" 14。經許可重製使用。

所以，投資公司應該怎麼做？艾利斯說得很好：

　　投資專業與投資生意之間的最佳平衡狀態，始終應該以專業為重，因為唯有謹守專業的紀律，組織才能擁有足以吸引卓越人才的共同價值和文化。[6]

　　我認為，許多經理人之所以表現欠佳，是因為專業與生意之間不健全的平衡關係。許多打敗市場的投資經理人，都把專業當作他們的核心。

CHAPTER 3

貝比魯斯效應
期望值的頻率與規模

在真實世界裡，沒有「簡單的方法」可以保證獲利。但讓人欣慰的是，我們寧願理智地輸，也不願無知地贏。

——理察·艾普斯坦（Richard A. Epstein），
《賭博理論與統計邏輯》（*The Theory of Gambling and Statistical Logic*）

貝比的打擊率

如果你去證券公司待一陣子，遲早會聽到人們說一些聽起來很有道理的話，例如：「嘿，如果我有 51% 的時候是對的，我就會賺錢了。」如果你覺得這個說法有道理，那就繼續看下去吧，因為你即將看到投資最重要的一個概念。

首先我們要承認，人們心中深深烙印著「投資人賺錢的次數，應該多過賠錢的次數」的想法，而且這個想法從直覺上而言很有說服力。有一個資產經理人的故事，可以說明這種觀念的謬誤。

這位有名的投資人解釋，他們公司聘請了約 20 位投資組合經理人，他是其中一位。該公司的財務主管，對旗下主動型基金經理人的整體績效很不滿意，決定評估每位經理的決策過程，然後淘汰表現不佳者。這位財務主管認為，就算是隨機選股，也會有一半左右的投資組合表現優於市場基準。所以，他決定根據每個組合裡打敗大盤的股票比例，來衡量經理人的績效。

這位投資組合經理人的狀況很奇特：在整個團隊裡，雖然他的總投資表現名列前茅，但他投資組合裡表現優異的股票比例，卻是最低的。財務主管馬上解僱所有表現「不佳」的經理，並和投資人召開一次會議，想弄清楚為什麼這位經理人有優異的績效，但打擊率（勝率）卻這麼糟糕。

投資組合經理的答案，解釋了所有涉及機率的活動，天生都有的重要課題：**正確的次數不重要，正確的程度才重要**。假設你有四支股票，其中三隻股票小跌，但第四支股票卻大漲。在這種情況下，即使你持有的大部分股票都下跌，你的投資組合仍然表現良好。

你必須以期望值分析（expected value analysis）來評估每一項投資，才能打造出可以帶來卓越績效的投資組合。讓人訝異的是，各個領域的頂尖思想家，包括賽馬投注、賭場賭博和投資，都強調過這一點，[1] 我們稱之為「貝比魯斯效應」（Babe Ruth effect）：雖然魯斯常常被三振出局，他仍然是棒球史上最偉大的打擊手之一。

期望值這個課題之所以很普遍，是因為所有涉及機率的活動，都有相似的特徵。然而，要內化這個道理非常難，因為它在根本上有違人性。要指出上述財務主管邏輯裡的漏洞並不難，我們也很容易理解他的想法。

人類先天的缺陷

1979 年，丹尼爾‧康納曼（Daniel Kahneman）和阿摩司‧特沃斯基（Amos Tversky）提出展望理論（Prospect theory），該理論指出人類的經濟行為有不符合理性決策的現象。[2] 該理論最重要的洞見之一，是指出人們在選擇有風險的結果時，會明顯表現出對損失的厭惡，即使賭注很小也是如此。事實上，康納曼和特沃斯基發現，損失對人造成的影響，大約是同等規模收益的 2.5 倍。換句話說，人們因損失而感受到的痛苦，比獲得同等規模的收益而感受到的喜悅更加強烈。

這樣的行為顯示，人會因為自己經常做出正確的決策而快樂很多。但有趣的是，經常正確不見得表示投資組合會有打敗大盤基準的績效（如上述故事所示）。在投資組合裡，上漲股票的百分比無法決定投資組合的績效，重要的是投資組合的金額變動。幾支股票的大幅漲跌，通常比打擊率（勝率）對投資組合的績效有更大的影響。

做多、做空與賠率

塔雷伯（Nassim Taleb）在他那本引發爭議的著作《隨機騙局》（*Fooled by Randomness*）裡，分享過一個生動的故事，完美表達出期望值的概念。[3] 有一次塔雷伯在和其他交易員開會時，一位同事問他對市場的看法。他說，他認為市場在接下來一週內，微幅上漲的機率很高。人們進一步追問他，他認為上漲的機率有多少，他說 70%。後來有人在會議中指出，塔雷伯大量做空標普 500 指數期貨，賭市場會下跌，似乎與他看漲的觀點自相矛盾。塔雷伯接著用期望值的觀點，解釋他的立場。圖表 3.1 可以說明他的想法。

在這個例子裡，市場最有可能出現的結果是上漲，但期望值卻是負的，這是因為上漲和下跌會帶來不對稱的結果。[4] 現在，我們從股票市場來思考這件事。有時候，股價會完美訂價其價值。

圖表 3.1　頻率與規模

事件	機率	結果	期望值
市場走高	70%	+1%	+0.7%
市場走低	30%	-10%	-3.0%
總值	100%		-2.3%

來源：作者分析。

即使大多數時候（頻率），公司的股價會達到或些微超過其價值，股價也不會比價值高太多。但如果公司業績不如預期，股價就會重挫。高頻率出現讓人滿意的結果，但期望值卻是負的。

　　現在思考一下價值被低估的股票。這些公司大多數時候表現讓人失望，導致股價些微下跌，但如果出現正面的結果，股價就會劇烈上漲。在這種案例裡，機率偏向負面的結果，但期望值卻是正的。

　　投資人必須不看頻率，而是思考期望值。事實證明，這就是涉及機率領域裡，所有高績效人士的思考方式。然而，這樣的觀念在許多方面都很不自然，因為投資人希望他們的股票上漲，而非下跌。確實，展望理論最重要的實用結論，是投資人傾向太早賣掉賺錢的資產，這樣做可以滿足他們想要正確的欲望。同時，投資人也會太晚賣掉賠錢的資產，因為他們不想要承受損失。現在，我們來談三個不同機率領域裡優秀的實踐者。這三個領域是投資、賽馬下注和撲克牌的 21 點。

從場外交易到場外賽馬

巴菲特無疑是 20 世紀最優秀的投資人之一，他說聰明才智就像馬達的馬力，但馬達輸出的功率則取決於理性。他說：「很多人一開始擁有 400 馬力的引擎，但最後只能發揮出 100 馬力的性能，所以擁有並充分發揮一台 200 馬力的引擎，比較理想。」[5] 其中一個關鍵是，用期望值來思考所有投資機會。巴菲特的合夥人查理‧蒙格指出：「巴菲特這樣的人有一個優勢，就是他很自然地會用決策樹（decision tree）思考問題。」[6] 巴菲特說：「將虧損的機率乘以可能虧損的金額，再將獲利的機率乘以可能獲利的金額，這就是我們在做的事情。這樣做並不完美，但事情就是這麼一回事。」[7]

當然，想要得到可能的結果和適當的機率，並不是一件容易的事。但是，這個過程的紀律，會迫使投資人深入思考會影響價值的因素，例如銷售、成本和投資。我們要預期這些因素可能出現的各種變化，將如何影響股東價值，以及各種結果發生的機率。這樣的練習，也有助於克服損失規避的陷阱。[8]

期望值思維絕對不限於用在投資領域。對於同注分彩者，可以從《下最好的賭注》（*Bet with the Best*，暫譯）一書找到各種策略。《每日賽馬報》（*Daily Racing Form*）的執行長、編輯兼出版人史蒂芬‧克里斯特（Steven Crist），用一場共有 4 匹馬出賽的假設性比賽來說明投資的報酬，包括賽馬場的獲利。他在總結時表示：「這場假設的比賽是為了解釋，就算是一匹很有可能獲勝的馬，它可能是個非常好的賭注，但也有可能是非常糟糕的賭注，兩者之間的區別僅取決於一件事：賠率（odds）。」一匹勝率為 50% 的馬，能否成為一筆好賭注，取決於這筆賭注的報酬。同樣地，1 賠 10 的賠率也是如此。簡單來說，他的意思是贏的次數（勝率）並不重要，重要的是次數乘以獲利規模的結果。[9]

克里斯特也要讀者捫心自問：「現在問問自己：預測賽事結果時，你真的都是這樣思考嗎？還是你會找到你『喜歡』的馬，然後希望價格對你有利？大多數誠實的玩家，會承認他們用的方法是後者。」如果我們把「投注」換成「投資」，將「賽馬」改成「股票」，克里斯特說的就變成股市。

另一個牽涉期望值思維的領域，是撲克牌的 21 點，就像愛德華‧索普（Ed Thorp）的暢銷書《戰勝莊家》（*Beat the Dealer*，暫譯）所說的那樣。在 21 點，賠率是確定的，玩家主要的任務是估算抽到好牌的機率。索普說明了如何算牌，以便看出在什麼狀況下贏牌的機率對玩家有利。當賠率對玩家有利時，理想的策略是增加投注金額（有效提高獎金）。索普指出，即使在理想情況下，對玩家有利的時間只有 9.8%，其餘 90.2% 的時間則對莊家有利。[10]

所以，我們看到這三個以機率運作的領域裡，優秀的思想家都採用相似的方式做決策。我們也知道，在這些活動裡，絕大多數的參與者應該卻並未清楚地以期望值角度思考。由於人天生厭惡損失，但想要避免損失卻讓股票投資人面臨更大的挑戰，因為我們會錯過那些成功機率也許比較低，但期望值卻很吸引人的機會。

投資與賭博的類比

想在這些涉及機率的活動取得長期成功，都有一些共通特點。我總結了其中四個共通點：

● **專注**：職業賭徒不會玩很多種遊戲。他們不會晃進賭場裡，隨便玩一下 21 點、再擲一下骰子，然後花點時間玩吃角子老虎。他們會專注在特定遊戲，並精通整個遊戲的眉角。同樣地，大多數投資人必須定義他們的能力圈（circle of competence），那是他們具備相對優勢的領域。想在不同產業和公司全面通吃，難度一定很高。大多數傑出的投資人，都會專注在自己的能力圈之內。

- **需面對許多情況**：機率遊戲的玩家必須研究許多情況，因為市場的價格往往非常準確。投資人也必須評估許多情況，並收集大量資訊。例如，保險公司蓋可（Geico）的總裁兼執行長路易‧辛普森（Lou Simpson），將該公司的營運資金運用得非常成功。他每天盡可能花五到八小時閱讀，真正交易的頻率非常低。

- **機會有限**：正如索普在《戰勝莊家》一書中所說，即使你很清楚自己在做什麼，並在很理想的環境下玩遊戲，你握有勝算的時間也不會超過 10％。很少有人能夠在理想的環境下比賽。對投資人而言，他的意思是即使你的能力很好，但對你有利的環境——也就是你對市場具備變異洞見——也不是常有的事。

- **賭注**：在賭場裡，想玩就必須下注。在理想的情況下，你可以在賠率對你不利時下小注，並在賠率對你有利時才下大注，但不管怎麼樣，你一定要先下注才能參與遊戲。但在投資，當你認為期望值對你不利時，你可以選擇不參與；而當情況看起來很有吸引力時，你可以積極下注（當然，要在符合投資政策的範圍內下注）。由此來看，投資其實比其他機率遊戲更有利。

我們需要紀律，才能夠一貫地運用期望值來思考事情，而且這樣做多少有違人性。但是，來自不同領域的主要思想家和實踐者都有一個共識：不要在意正確的頻率，而是要關注正確帶來的規模。

CHAPTER 4　選擇適用的投資理論
從屬性思維轉向情境思維

管理學的陳腔濫調和時髦概念之所以來來去去，其中一個原因是它們往往沒有紮實的分類架構基礎。人們把那些論調毫無分別地當成因果關係來使用。因此，經理人會因為某種論點聽起來很不錯，就嘗試採用；但當該論點建議的做法未達預期效果時，他們就會馬上拋棄它。他們的結論往往是「那個論點沒有用」，但現實往往是該論點在某些（尚未明確定義的）情況下運作良好，但在其他情況下則不然。

──克里斯汀生（Clayton M. Christensen），保羅・卡萊爾（Paul Carlile）和大衛・桑德爾（David Sundahl），〈理論的構建過程〉（*The Process of Theory-Building*）

情境比屬性重要

當你走在陰涼潮溼的森林裡，可能會認為把你看到的噁心黏菌予以分類不是什麼難事。但你錯了。事實證明，黏菌有一些奇特的行為，奇特到幾個世紀以來科學家都還無法理解它。

當食物充足時，黏菌細胞會以獨立的單細胞生物存在。它們會四處活動，吞噬細菌，並且分裂繁殖。然而當食物短缺時，黏菌細胞則會聚集，形成由數萬個細胞組成的群體。此時，細胞不再單獨行動，而是開始集體行動，這就是為什麼黏菌難以分類。在不同情況下，它可以是「它」，也可以是「它們」。[1]

　　同樣的道理，談到投資時只考慮屬性（attributes）而不考慮情境，也很不妥當。有時候，看起來很貴的股票其實很便宜，看起來很便宜的股票卻很貴，這取決於情境而定。

　　然而，投資顧問不僅鼓勵，甚至強迫大多數投資專業人士，採取並堅守以屬性為基礎的投資方法。這個遊戲相當直接了當。成長型投資人努力將銷售和獲利快速成長的公司，納入其投資組合以打敗大盤，卻不太關心公司的估值。價值型投資人，則會大量買進獲利不錯的便宜股票，並把企業成長看成額外的甜頭。

　　排除組織或外在的限制，大多數基金經理人確實認為，他們以屬性為基礎的投資風格，再加上自己的技巧，可以為他們帶來打敗大盤的績效。[2]這些各式各樣的投資方法，都以一個理論為根據：相信投資人的行動，終將帶來令人滿意的結果。

　　然而，大多數投資人和企業經理，對「理論」這個詞心存疑慮，因為他們認為理論是假設性的（theoretical），也就是不切實際。但如果你把理論定義成對因果關係的說明，這樣的定義就非常實用。一個完善的理論，有助於我們在許多情況下，預測行動或事件會導致哪些特定的結果。[3]

　　這裡的重點是，大多數的投資理論並不可靠，因為它們的分類有問題。我們也可以說，大多數的管理理論也是如此。[4] 更具體來說，投資人通常根據屬性來分類（例如較低的企業估值倍數），而非根據情境來分類。從依據屬性思考轉變成依據情境思考，對投資人和經理人有很大的助益。我們應該向黏菌學習。

建構理論的三個步驟

　　克雷頓·克里斯汀生、保羅·卡萊爾和大衛·桑德爾，在一篇發人深省的論文裡，將建構理論的過程分成三個階段（見圖表4.1）。我會討論每一個階段，並提供一些看法，說明這個建構理論的一般過程，為什麼很適用於投資領域：

　　1. 用文字和數字描述你想了解的內容：在這個階段裡，我們的目標是仔細觀察、描述和測量現象，以確保後續的研究者可以對該主題達成共識。

例如，我們需要良好的理論來理解股市績效。現今，大多數人都把「描述市場」這個階段看成理所當然，但實際上直到 1964 年，才有人第一次正式發表對所有股票的績效研究。芝加哥大學教授勞倫斯·費希爾（Lawrence Fisher）和詹姆斯·洛里（James Lorie），撰文提到從 1926 年到 1960 年間，股票的獲利大約為 9%。彼得·伯恩斯坦（Peter Bernstein）指出，這篇文章是一枚「震撼彈」，讓學者和業界大感「震驚」。這個描述本身就足以在金融界和投資圈引起轟動。[5]

2. 根據相似性分類現象：分類可以簡化並讓這個世界有組織，藉此說明各種現象之間的差異。在物理學中，固體、液體和氣體是一種分類方法。在研究創新裡，分類是克里斯汀生的專長，他將創新分成持續性創新和顛覆性創新。

至於投資則有許多不同的分類方式，包括價值股和成長股、高風險和低風險，以及大型股與小型股。這些分類方式在投資圈裡根深蒂固，許多投資公司及其產品都在使用這些分類。

3. 建立解釋現象行為的理論：一個建立在健全分類基礎的好理論，可以解釋因果關係、為什麼這種因果關係有效，以及最關鍵的是**在什麼情況下**這種因果關係會有效。重要的是，理論必須可以證偽（falsifiable）。

投資世界充斥著各種投資報酬的理論。有效市場理論的擁護者認為，沒有任何策略能夠產生優異的風險調整後報酬。主動型資金經理人奉行無數策略，其中許多依循特定的投資風格箱（style boxes），根據他們採用的理論，他們的行動將帶來超額報酬。

我們該如何改善理論？一旦研究者建立了理論，就可以用理論預測在各種情況下，可能會遇到的現象。

在這個過程中，他們經常會發現異例，或發現與理論不一致

圖表 4.1　理論建構的過程

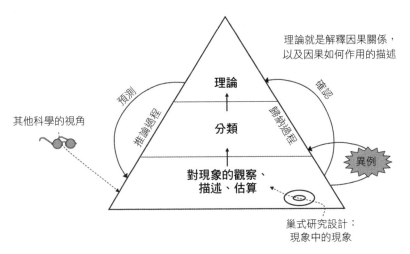

其他科學的視角

理論就是解釋因果關係，
以及因果如何作用的描述

理論

預測

推論過程

分類

歸納過程

確認

異例

對現象的觀察、
描述、估算

巢式研究設計：
現象中的現象

來源：Christensen, Carlile, and Sundahl, "The Process of Theory-Building." *經許可引用*。

的結果（見圖表 4.1 的右側）。異例迫使研究者重新審視描述和分類的階段，他們的目標是針對該現象所提出的解釋，能比之前的理論更精準和透徹。研究者必須在每一個階段往返循環，才能建立完善的理論，讓理論有更強的預測能力。

另外，理論必須可以證偽，而這對經濟學家來說是一個挑戰，因為許多經濟學的構想，已經在定義裡假設了答案。例如，效用最大化理論，主張個人行為旨在最大化其效用。但是，由於我們可以任意定義效用以符合結果，所以無法證偽這個理論。

財務學有一個相關的例子——資本資產定價模型（capital asset pricing model, CAPM）。經濟學家用 CAPM 來測試市場效率，而 CAPM 本身已經假設市場是有效的。就像知名的財務經濟學家理查德‧羅爾（Richard Roll）所言，任何針對 CAPM 的檢驗，「實際上是同時在檢驗 CAPM 和市場有效的假設。」[6]克里斯汀生等人提出，由於某些經濟學的核心概念無法直接證偽，所以稱這些概念為「構想」而非「理論」比較妥當。

當然，並非所有研究者都會致力改善理論。許多人傾心於強化理論，並證明**它不是錯的**，許多管理顧問給的建議都符合這種現象。例如，顧問可能會爭論說「外包比較好」，並找到一些例子來「證明」這個論點。由於研究者在開發理論的過程中，沒有經歷描述／分類／理論完善的過程，因此理論可能根本不夠紮實。因此，紙上談兵時他們的理論看似完美，實踐時卻失敗了。[7]

重點不在屬性，而是何時適用

克里斯汀生等人給我們最重要的一課，也許是正確的分類對於建構好理論來說十分重要。更具體來說，隨著理論不斷完善，人們會從以屬性分類轉向以情境分類。以情境分類的理論，可以告訴實踐者在不同情況下應該怎麼做。相反地，根據屬性分類的構想，則會根據現象的特徵來採取行動。

對於十分仰賴屬性分類的投資人而言，這個觀念非常重要。有一個例子是低本益比投資，這往往是價值投資理論的核心。在過去 125 年來，投資人若以本益比判斷進出市場的時機（即本益比低時進場，本益比高時出場），效果其實並不理想。[8] 這並不表示低本益比不好，而是說本益比低時進場買股票，並不是長期帶來優異報酬的有效理論。

的確，旁觀者常說成功的投資人擁有兼容並蓄的投資策略。或許，更準確的形容應該是他們的方法是根據情境而定，而不是根據屬性而來。美盛價值信託基金（Legg Mason Value Trust）的比爾·米勒（Bill Miller）是一個好例子。在過去 40 年，他是唯一連續 15 年打敗標普 500 指數的基金經理人。米勒的方法顯然是根據情境而來，但他經常因為偏離以屬性為主的思考方式，而受到批評：

> 在美盛的價值投資組合裡，你幾乎看不到常常出現在價值型基金裡的低淨值比和低本益比股票。根據投資研究機構晨星（Morningstar）的數據來看，截至 1999 年底，該基金的淨值比比價值型基金的平均值高出 178%，本益比則比平均值高出 45%。[9]

所有投資人都有自覺或不自覺地使用理論。我們從理論建構過程所學到的課題，是健全的理論必須反映出情境的脈絡。太多投資人堅守以屬性為主的方法，因此當市場運作不如他們的預期時，他們便焦慮不安。

有風險的事
投資的風險、不確定性與預測

> 風險和不確定性在實務上的差異,在於風險是指一組事件的結果
> 分布為已知,而不確定性是指結果的分布為未知,因為我們面對
> 的情境非常特殊。
>
> ——法蘭克‧奈特(Frank H. Knight),
> 《風險、不確定性與利潤》(*Risk, Uncertainty and Profit*)

> 無論是人類社會還是自然界,我們對事物運作的理解,總是模模
> 糊糊。堅信一切都能得以確定,會為我們帶來無數災禍。
>
> ——肯尼斯‧阿羅(Kenneth Arrow),
> 〈我懂得鷹和鋸子的區別〉(*I Know a Hawk from a Handsaw*)

精確的火箭科學

認知科學家捷爾德‧蓋格瑞澤(Gerd Gigerenzer)在參觀建
造亞利安火箭(Ariane rocket)的戴姆勒賓士航太公司(DASA)
時,注意到一些不尋常的事。有一張海報追蹤了亞利安四號和五
號火箭,總共 94 次的發射紀錄表現中發生 8 次事故,包括第 63

次、第 70 次和第 88 次的發射。出於好奇,蓋格瑞澤問導遊發生事故的風險是多少。導遊回答,安全係數大約是 99.6%。

蓋格瑞澤問導遊,為什麼 94 次的發射出現 8 次事故,卻算出 99.6% 的安全係數?導遊說,他們計算時沒有把人為錯誤算進去。相反地,DASA 是根據火箭各個零件的設計特徵,去計算安全係數。[1]

這則發生在 DASA 的故事,讓人聯想到 2003 年太空梭重大事故的機率。美國國家航空暨太空總署(NASA)工程師,估計太空梭發射失敗的機率為一百四十五分之一(0.7%),但該計畫在前 113 次的發射裡,有兩次太空梭全毀。[2] DASA 和 NASA 的計算方式讓人們想問,我們該如何將不確定性和風險,與機率的計算連在一起。

所以,我們應該如何看待風險和不確定性?法蘭克·奈特的分類是一個合理的切入點:風險的結果雖然未知,但風險結果的分布卻是已知的;不確定性的結果同樣未知,但不確定性結果的潛在分布也是未知。像輪盤或 21 點這類機率遊戲有風險,但戰爭的結果卻是不確定的。奈特說,風險以客觀機率為基礎,而不確定性則以主觀機率為基礎。

為了用另一種方式了解風險和不確定性的差異,我們來看看字典怎麼說。字典上說，風險是「蒙受損害或損失的可能性」；不確定性（uncertainty）則是「處於不確定的狀態」，而不確定（uncertain）是指「未知或尚未確立」。因此，風險總是包含損失的概念，而某些事物雖然不確定，但不一定都可能帶來損失。

　　為什麼投資人應區分風險和不確定性的差異？主要原因在於，投資在本質上是牽涉機率的活動。投資人每天都必須把投資機會轉化成機率，這確實是必要的技能。我們需要仔細思考，**如何**為各種情況估算機率，以及過程中**哪裡**會有潛在陷阱。

從不確定性到機率

　　蓋格瑞澤在他的書《計算風險》（*Calculated Risks*，暫譯）中，提出三種估算機率的方法。這些分類從抽象到具體，可以幫助投資人分類機率陳述（probability statements）：[3]

● **信念度**（Degrees of belief）：信念度是主觀機率，是將不確定性轉化為機率最靈活的方式。這裡的關鍵在於，只要滿足機率論的法則，也就是所有可能的替代方案可以構成總和為1的互斥且周延的集合，那麼投資人就可以把一次性事件轉化為機率。此外，當新的相關資訊出現，投資人可以根據信念增減程度，頻繁地更新機率。

● **傾向性**（Propensities）：以傾向性為根據的機率，反映的是對某個事物或系統的特性。例如，如果骰子是對稱且平衡的，那麼你投出任何一面的機率，都是六分之一。在 DASA 和 NASA 的案例裡，風險評估看起來是根據傾向性而來。這種評估機率的方法，不一定會考慮到所有可能影響結果的因素，例如：發射火箭的人為疏失就不包含在內。

● **頻率**（Frequencies）：這種機率是根據大量觀察合適的參照對象而估算出來，因此如果沒有適當的參照對象，就無法根據頻率來估算機率。因此，使用頻率來估算機率的人，不在乎別人對擲骰子的結果有什麼信念，也不關心骰子的設計。他們只關心重複擲骰子的結果。

那麼，該如何看待股市的長期報酬率？市場上大量的預測分析，往往是根據不同的信念度而來，其估算的機率會嚴重受到最近經驗的影響。信念度有相當大的情緒成分。

我們也可以從傾向性的角度來看股市。根據傑諾米・席格爾

（Jeremy Siegel）的《長線獲利之道》（*Stocks for the Long Run*）一書，美國股市在過去 200 年裡，包括其中許多個較短的時期，每年的實際報酬率略低於 7%。[4] 問題是，是否真的有某種特徵導致經濟與利潤的成長，能夠支持如此一致的結果。

我們還可以從頻率的角度來看市場。例如，我們可以觀察 1926 年到 2006 年，市場的年報酬率。在這期間，報酬率分布的算術平均數是 12.0%，標準差是 20.1%（假設此期間適用常態分布）。如果我們假設未來年報酬率的分布，將與過去相仿（例如，過去 80 年是合理的參考對象），那麼我們就可以對未來的報酬提出機率陳述。[5]

在這三種估算機率的方法裡，財務學術圈主要傾向採用最後一種方式。大多數的財務模型都假設價格變動會遵循常態分布。例如，布萊克－休斯選擇權定價模型（Black-Scholes options-pricing model）就是一例，該模型其中一個關鍵輸入是波動率，也就是未來價格變動的標準差。

但是，股票價格的變動並非遵循常態分布，這一點對於我們的風險和不確定性、市場時機以及資金管理等觀念，有其重要的影響。更具體來說，股價變動的分布顯示出高峰度（kurtosis）。亦即，與常態分布相比，其平均值比較高且尾部更肥。（我們還是可以說，市場變化仍展現出某些分布的型態，但它不是常態分布。）想要了解股市長期報酬率的特徵，這些離群值的意義尤其重要。

為了說明這一點，我查看了 1978 年 1 月 3 日到 2007 年 3 月 30 日之間，標普 500 指數每日的價格變動。在那段期間，指數不含股息的年報酬率為 9.5％。我接著從這個樣本裡（七千多個日子），剔除表現最差的 50 天，以及表現最好的 50 天。如果你可以避開表現最差的 50 天，你的年報酬率將達到 18.2％，而不是實際的 10％。如果沒有那 50 個表現最好的交易日，你的報酬率將只有 0.6％。

這個分析也許引人矚目，但欠缺參照對象。為了給大家更完整的脈絡，我根據實際的數據計算出平均值和標準差，並利用這兩個統計數字，產生出相同規模和特性的隨機樣本。當我從建立好的樣本裡，剔除表現最糟糕的 50 天後，報酬率只有 15.2％（實際數據為 18.2％）。同樣地，當我剔除表現最好的 50 天，報酬率為 3.5％，顯著高於實際數據的報酬率。

簡單來說，這個分析顯示表現極端的交易日對市場總報酬的影響，遠比常態分布所說的更重要。除非投資人有系統性的方法，能夠預測哪些交易日會有極端表現，否則這個分析結論也強烈反對「擇時」進出市場的做法。

關於極端報酬的交易日，我還有最後一點想法：這些交易日並非隨機出現在時間序列上，而是有集中的趨勢（見圖表 5.1）。所以，剔除表現好和表現差的交易日的做法其實有點不切實際，因為在實際數據裡，這些表現極端的交易日（上漲和下跌）通常成群地出現。

圖表 5.1　1978 年 1 月到 2007 年 3 月，波動率呈現叢聚的型態

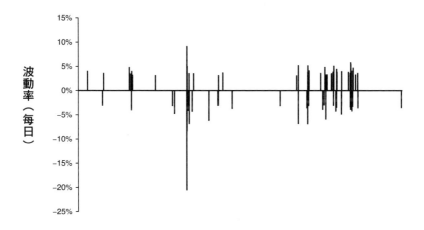

波動率顯示價格變化高於三個標準差的叢聚交易日。

來源：FactSet 和作者分析。

預測如何改變未來的報酬

談到預測，我們可以探討很多議題，但我在這裡討論風險與不確定性時，主要專注在討論預測帶來的行動，將如何改變預測的結果。

有一種思考方式是把人們對股市的預測，和輪盤賭注或與賽馬場賠率系統進行比較。或與賽馬彩池比較。如果你玩一場公平的輪盤賭注遊戲，無論你對結果有什麼預測，都不會影響結果。也就是說，預測結果與預測本身無關，但在賽馬場上的預測就不一樣了。如果你認為某一匹馬的表現會優於賠率，你就會下注這匹馬，但你的下注其實會影響賠率。舉例來說，如果所有下注者都預測某一匹馬會獲勝，賠率會反映大家的預測，結果該匹馬的投資報酬率會變得很差。

股票市場也適用類似的狀況。如果你認為某一檔股票被市場低估，並且開始買進持股，結果導致股價上漲，進而降低預期報酬。這一點說明了期望值的重要性，這是所有機率操作的核心觀念。期望值的概念是，你的投資報酬是各種可能結果的機率，乘以每個結果的報酬。[6]

彼得·伯恩斯坦曾說：「投資的根本之道，在於未來是不確定的。」身為投資人，我們的挑戰是把這些不確定性因素轉譯成機率和報酬，由此找出有吸引力的證券標的。在這個過程裡，具備對機率陳述分類的能力，將帶來極大的助益。

你是專家嗎？

專家與市場

> 整體來說，證據顯示專業知識並沒有帶來太大的好處……。讓人
> 訝異的是，我找不到任何研究顯示，具備專業知識可以帶來重要
> 優勢。

——史考特・阿姆斯壯（J. Scott Armstrong），
〈先知－無知者理論：專家預測的價值〉[1]

人機對決

如果你因為胸痛而前往醫院，醫生會迅速幫你做心電圖
（EKG）檢查。心電圖會測量你心臟的電脈衝，並在紙上繪製成
曲線。醫生判斷你是否為心臟病發作，有一部分是根據曲線的數
值而定。有時候數值很清楚，但其實數值經常模棱兩可，所以你
還需要仰賴醫生的專業判斷，才能得到正確的診斷。

醫生判讀心電圖的能力有多好？ 1996 年，隆德大學（Lund
University）的研究員拉斯・伊登布蘭特（Lars Edenbrandt），讓

他的電腦與瑞典知名心臟科醫生漢斯·歐林（Hans Ohlin）博士來一場人機對決。伊登布蘭特是人工智慧專家，他將數千份心電圖輸入到電腦裡，並標記哪些是真正心臟病發作的數值，以此訓練他的機器。50 歲的歐林每年固定要讀高達一萬份的心電圖，這是他看診工作的一部分。

接著，伊登布蘭特用超過一萬個心電圖樣本，其中一半確定屬於心臟病發作，然後將這些資料交給機器和歐林醫生各自判讀。歐林花了一週仔細評估這些圖，將它們仔細分成有心臟病和沒有心臟病的兩群。這場對決讓人想到西洋棋大師加里·卡斯帕羅夫（Garry Kasparov）當年對戰電腦深藍（Deep Blue）的景象，歐林完全清楚其中的利害。

最後當伊登布蘭特統計結果時，勝出的一方有壓倒性勝利：電腦正確診斷出 66％的心臟病發作病例；而歐林僅診斷出 55%的心臟病病例。在這個生死攸關的例行性任務裡，電腦的準確度比頂尖心臟科醫生高出 20%。[2]

我們的社會通常很尊敬專家。病人把自己的健康交在醫生手上，投資人聽從財務顧問的建議，電視頻道的觀眾還會收看各類型評論家的節目。但是，我們為什麼會這樣毫不保留地信任專家？

專家在哪些領域表現出色？

在某些領域，專家的表現明顯且穩定地超越一般人，想像一下你正在和大師下棋、在溫布頓中央球場和高手對打，或在做大腦外科手術，專家都會完勝你。然而在其他領域裡，專家額外帶來的價值則非常有限，他們的意見通常不如集體判斷。此外，一些領域的專家大多時候往往意見一致（例如氣象預報員），而在其他領域，他們觀點卻常常完全對立。這到底發生什麼事了？

讓我們把討論的範圍縮小到認知任務上。評估專家能力的方法之一，是根據他們解決的問題性質。我們可以把各種類型的問題看成一個光譜。[6] 一端是靜態、線性和離散的問題；另一端則是動態、非線性的和連續性的問題。圖表 6.1 用了更多形容詞來說明每一端。

雖然成千上萬小時的刻意練習，可以讓專家內化其領域的許多特質，但這種練習也可能降低他們的認知彈性。隨著問題從簡單變得複雜，認知彈性會逐漸降低，因此讓專家的表現愈來愈不如人意。

這裡有兩個很有用的概念。第一個概念是心理學家所說的功能固著（functional fixedness）。這種觀點認為，當我們以特定方

圖表 6.1　問題光譜的兩端

離散	連續
靜態	動態
序列	同步
機械	有機
可分離式	互動式
普遍通用	條件限制
同質	異質
規則	不規則
線性	非線性
表層	深層
單一	多個
靜止	非靜止

來　源：Paul J. Feltovich, Rand J. Spiro, and Richard L. Coulsen, "Issues of Expert Flexibility in Contexts Characterized by Complexity and Change," in *Expertise in Context: Human and Machine,* ed.Paul J. Feltovich, Kenneth M. Ford, and Robert R. Hoffman (Menlo Park, Cal.: AAAI Press and Cambridge, Mass.: MIT Press, 1997), 128–9：作者整理。

式使用或思考某件事情時，往往很難用新的方式思考這件事。我們會堅守既有觀點，要我們考慮其他觀點會很有難度。

　　第二個概念是簡化偏差（reductive bias），意思是我們傾向將非線性和複雜系統（光譜的右端），當作線性和簡單系統來看待。人們常見的錯誤是根據屬性來評估系統，而非考慮實際的情境。例如，有些投資人只在意統計上價格便宜的股票（屬性），卻忽略了價格是否真的反映價值（情境）。

對經濟學家來說，簡化偏差也是他們要面對的重要挑戰，因為他們都在用相對簡單的平衡系統工具和比喻，來建立模型並預測複雜系統。這種偏誤會對我們在觀點上帶來許多挑戰，包括未能想到創新的方法、新穎的線索和系統變革。

這樣說並非表示專家是死板的機器人。專家在特定領域的彈性明顯優於新手。心理學家將專家的彈性分成兩類。在第一類裡，專家內化了其領域的諸多明顯特質，因此能夠看到並應對領域裡大部分的情境及其影響。這種彈性在相對穩定的領域，可以運作得很好。

第二類彈性則比較難以執行。當專家的認知模型可能無法奏效時，他們必須對此有所認知，並要求自己跳出他們熟悉的思維框架來解決問題。想在非線性、複雜系統裡取得成功，擁有這種彈性非常重要。

那麼，專家如何確保自己兼顧這兩種彈性？支持認知彈性理論者認為，專家能否具備更廣泛彈性的主要因素，在於他們在刻意練習過程裡，簡化偏差的程度有多高。[4] 簡化偏差的程度較高也許可以提高效率，但會降低彈性。為了減少簡化偏差，該理論建議要在多個不同個案探索抽象的概念，以領略情境依存的重要性。專家還必須研究真實案例，了解規則何時有效，何時無效。

圖表 6.2 整合了這些觀點，並提出一個快速指引，以顯示專家在各種認知領域裡的表現。與圖表 6.1 一樣，我們呈現出一系列領域，左邊是最簡單的領域，右邊最複雜的領域。該圖表顯示，專家的表現好壞，很大程度上取決於他們處理的是哪一類的問題。

在低自由度的規則系統裡，電腦的表現始終比人類更好。[5]人類的表現其實不錯，但電腦的表現更好，而且成本通常更低。心理學家早就知道，為什麼電腦演算法可以勝過人類，原因是人類很容易受到建議、近期經驗與資訊呈現的方式影響。人類對於變數的衡量，也同樣表現不佳。[6]因為在這些系統裡，大多數的

圖表 6.2　專家的表現優劣取決於問題的類型

領域描述	規則模式： 低自由度	規則模式： 高自由度	機率模式： 低自由度	機率模式： 高自由度
專家表現	劣於電腦	普遍優於電腦	相當或劣於集體	集體優於專業
專家共識	高（70～90%）	中等（50～60%）	中等／低（30～40%）	低（＜20%）
例子	信用評分、簡單的醫學診斷	象棋、圍棋	招生辦事處、撲克牌	股市、經濟

來源：Beth Azar, "Why Experts Often Disagree," *APA Monitor Online* 30, no. 5 (May 1999)；作者整理。

決策都是根據規則而來，所以專家往往容易達成一致的看法。讀取心電圖的例子可以說明這一點。

圖表 6.2 的第二欄，顯示出高自由度的規則系統。專家往往可以在這裡發揮他們最大的價值。例如，雖然電腦深藍險勝了西洋棋大師加里・卡斯帕羅夫，但在規則簡單而棋盤比較大（19×19）的圍棋比賽裡，電腦距離打敗頂尖選手還差得遠了。[7]（譯按：本書新版於 2008 年出版，Google Alpha Go 則於 2016 年 3 月，以 4：1 擊敗韓國九段職業棋士李世乭。2016 年底至 2017 年初，在網路上匿名挑戰中韓日台的一流圍棋高手，測試結束時 60 戰全勝。）然而，隨著電腦運算能力的提升，這類專家的優勢終究將受到挑戰。在這個領域裡，專家之間的共識相當高。

往圖表的右邊移動，開始出現低自由度的機率領域。由於結果涉及機率，於是專家的價值開始下降，但和電腦與集體決策相比，專家仍占有一席之地。此外，在這些領域裡，專家之間取得的共識再次下降。針對這類問題，統計學可以改善專家的決策，麥可・路易士在《魔球》一書中，以美國職棒球員的選拔為例充分說明這一點。

最右邊那一欄則是難度最高的情境：高自由度的機率領域。在這裡，證據明確顯示，集體決策的表現優於專家。[8] 股市就是一個明顯的例子，絕大多數的投資人無法增加價值，這一點不足為奇。在這個領域裡，專家對同一個問題往往會有截然不同的看法。[9]

　　我們經常仰賴專家，但他們的預測實際上有多準呢？心理學家菲利普‧泰特洛克在將近 20 年裡，邀請近 300 位專家做過數以萬計的預測。這些難度很高的預測和政治與經濟的結果有關，十分類似投資人遇到的問題。

　　結果專家的表現不如人意。和簡單的統計模型預測相比，專家即使能夠改善結果，也只有些微的改善。此外，當泰特洛克質疑專家的預測能力不佳時，專家也和常人一樣，會為自己的觀點辯護。泰特洛克並未詳細說明，如果把專家的意見整合起來會有什麼結果，但他的研究確實顯示，當問題的難度很高時，專家的能力並不會帶來良好的預測結果。

　　泰特洛克在分析數據後發現，雖然整體而言專家的預測表現不佳，但有一些專家的預測卻比其他專家出色。預測能力的關鍵，不在於這些人是誰或他們相信什麼，而是在於他們**思考的方式**。泰特洛克仿效社會政治理論家以撒‧柏林（Isaiah Berlin），引用希臘詩人阿爾基羅庫斯（Archilochus）的比喻，將專家分成刺蝟和狐狸。刺蝟專精一件重要的事，並將那件事用來解釋他們遇到的所有事情。相反地，狐狸通常略懂很多事，在面對複雜問題時，也不會拘泥於單一的解釋。

泰特洛克有兩個發現特別值得我們注意。第一個是媒體曝光度和預測準度之間的關聯。泰特洛克指出：「比較受媒體歡迎、比較有名的預測家，他們預測的準確度通常比低調的同儕差勁。」[10] 這項研究再次提醒我們，要對電台和電視上的評論家保持警惕。

其次，泰特洛克發現，狐狸預測準確度比刺蝟高。他寫道：

> 表現優異的人看起來像狐狸，他們了解許多小事（交易的眉角），對宏大的計畫則持懷疑態度。對他們來說，解釋和預測不是什麼演繹推論，而是靈活的「即興發揮」（ad hocery），需要將各種資訊來源融合在一起，並對自己的預測能力保持謙虛。[11]

我們可以說，刺蝟只有一個威力強大的工具，但是狐狸的工具箱裡卻有許多工具。當然，刺蝟能高明地解決某些問題，也的確能夠因此出名，但長期來說他們的預測能力不如狐狸，尤其一旦條件發生變化時更是如此。泰特洛克的研究在學術上證實了多樣性的力量。

投資的熱手現象
連勝紀錄與認知、機率和技能的關係

想要長期連勝，必須擁有高超的技巧，以及超好的運氣。

——史蒂芬・傑伊・古爾德（Stephen Jay Gould），
《連勝的特徵》（*The Streak of Streaks*，暫譯）

理論上來說，每個人都可以連續 12 次擲出 7 點。

——傑出人物，比爾・葛洛斯（Bill Gross），
《巴倫週刊》（*Barron's*）

尋找熱手

人類天生擅長尋找模式，其中一個眾所周知的例子，是籃球比賽的熱手（hot hand）現象。球員如果連續幾次得分，大家會認為他手感發燙，認為他下一次投籃的命中率也會高於正常水準。研究顯示，體育迷和運動員本身都相信熱手現象。

這裡只有一個問題：熱手現象根本不存在。科學家研究了費城 76 人隊（Philadelphia 76ers）整個賽季的投籃數據，以及波士

頓塞爾提克隊（Boston Celtics）的罰球紀錄，並找到熱手現象的證據。當然，球員確實會連續進籃，但這一連串得分完全符合機率。連勝和連敗都屬於機率的範圍。[1]

人類之所以會看到根本不存在的模式，是因為我們天生就會預期機率的特徵——以為機率不僅會出現在整個事件的序列之中，也會出現在序列的一小部分。心理學家阿摩司‧特沃斯基和丹尼爾‧康納曼稱之為「小數法則」（Law of Small Numbers）。

例如，在多次投擲硬幣的過程裡，如果你給某人看過程中的一部分片段，就算這個片段通常會系統性地偏離機率，但這個人還是會預期在整個投擲的過程中，他看到正面和反面的比例是50：50各半。甚至，只要短暫出現連續的正面，也足以讓大多數人誤以為更長序列的結果並不是隨機的。這就是我們相信手感發燙的原因。[2]

這裡要強調的重點，並不是人類無法將機率和結果序列連結起來。更重要的問題在於，連續出現相同的結果，其實告訴了我們機率是怎麼一回事。人類的作為和擲公正的硬幣不一樣，每個人成功或失敗的機率都不一樣。持續成功往往發生在領域裡技能最好的人身上，因為他們的成功機率高於平均水準。

連勝和技能

　　這裡有一個例子，可以說明連勝與技能之間的關係。假設你有兩位籃球員，他們分別是擅長投出空心球的莎莉，以及常丟出空氣球的艾倫。在這兩人中，莎莉的投籃技巧比較好，她的命中率達到 60%，艾倫的命中率則只有 30%。那麼，這兩位球員連續投進 5 球的機率各是多少？對莎莉來說，機率是 0.6 的 5 次方，或是 7.8%，這表示莎莉大約每投 13 組（共 65 球），就會有一組是連中 5 次。艾倫的機率只有 0.3 的 5 次方，即約 0.24%，所以他必須投 412 組（共 2,060 球），才會出現一組連續 5 投都中的結果。在沒有違反任何機率法則的情況下，莎莉連勝的次數會比艾倫多。[3]

　　威爾特・張伯倫（Wilt Chamberlain）在 1967 年 2 月 24 日連續投中 18 球，創下 NBA 史上單場比賽連續命中次數最高的紀錄，這個紀律與上述論點一致。張伯倫職業生涯的投籃命中率達到 54%，讓他成為賽事裡命中率排名前 20 的球員。

　　我們應該把連勝和技能（與運氣）連結起來，而棒球裡的連續安打則是檢驗這個看法的另一個好方法。在美國職棒大聯盟史上，有 42 位球員曾在比賽時，連續 30 場或以上擊出安打。這些球員的生涯平均打擊率是 0.311。從這個角度來看，生涯打擊率達到 0.311 的打者，將在歷史上排名前 100 名。

此外，歷史上擁有最多次 20 場連續安打紀錄的五位球員，他們的生涯平均打擊率為 0.333。他們是彼得‧羅斯（Pete Rose）、泰‧柯布（Ty Cobb）、特里斯‧史畢克（Tris Speaker）、海尼‧曼納許（Heinie Manush）以及查克‧克萊因（Chuck Klein）。長久以來，棒球的打擊率大約維持在 0.260。[4]

在體育界，最無法以機率解釋的紀錄，是喬‧迪馬喬（Joe DiMaggio）在 1941 年締造的 56 場連續安打的紀錄。在迪馬喬之後最長的紀錄是 44 場，這是迪馬喬紀錄的 80％，由彼得‧羅斯和威利‧基勒（Wee Willie Keeler）共同創下。諾貝爾物理學獎得主愛德華‧普塞爾（Ed Purcell），在仔細研究過棒球的連勝和連敗紀錄後，得出一個結論：棒球場上發生的一切，都在機率的範圍內，除了迪馬喬的連勝紀錄之外。[5]

誠然，迪馬喬是偉大的打擊手，他職涯裡的打擊率是棒球史上第 27 高。但即使是他，他連續安打的可能性也不到百萬分之一。[6] 因此，多數重視統計的棒球迷認為，迪馬喬的連續安打紀錄，是最不可能被超越的。[7]

拋開擲硬幣的遊戲

大多數財務專家認為，基金經理人的連勝——也就是連續多年出現優於大盤基準的表現——是因為運氣好。比方說，財務老師很喜歡用擲硬幣的比喻，來說明市場的效率。[8] 它的基本觀念是，如果你從夠多的基金經理人樣本數開始研究，機率可以事先就告訴你，有些人會出現持續優異的表現。如果以約 1,000 檔基金來說，假設打敗大盤的機率是 50%，那麼大約會有 30 檔基金連續 5 年表現優於市場：$(0.5)^5 \times 1,000$。

這個邏輯本身沒有任何問題。問題在於，並非所有基金經理人的能力都一樣，因為資產管理業也有類似空心球莎莉和空氣球艾倫這樣的人物。所以，如果把任何一檔基金的連勝歸因於運氣，就忽略了技巧純熟的人其實最有可能出現連勝的表現。

在共同基金的世界裡，最受矚目的成就是美盛價值信託基金的比爾·米勒。截至 2005 年，其基金連續 15 年超越標普 500 指數。在過去 40 年裡，沒有任何一檔基金，能夠在這麼長的時間裡超越市場表現。出現這種表現的機率有多大？

有一些專家信心滿滿地認為，米勒的紀錄出於偶然。例如，格里哥利·貝爾（Gregory Baer）和加里·根斯勒（Gary Gensler）

寫道：「雖然，我們為美盛及其經理人比爾‧米勒高興，但我們認為，這樣的結果大致上反映出機率的隨機性，也駁斥了主動管理的效果。」[9]

更讓人難以置信的是，備受推崇的債券經理人比爾‧葛洛斯所做的評論（本章一開始引述他的話）。2003 年，當比爾‧米勒已經創下連續 12 年打敗大盤的紀錄時，葛洛斯「咆哮」地說，米勒的表現相當於用兩個骰子，連續 12 次擲出「7 點」。葛洛斯擁有優異的投資紀錄，而且深諳賭博之道，我們希望他會說出那樣的話只是因為被誤導，因為要連續擲出 12 次 7 點的機率，約為二十二億分之一。

我們可以從兩個角度，來看米勒的表現。首先，假設每年都有一定比例的基金，其表現優於市場。接著，我們可以選擇一個百分比，計算某一檔基金每年表現優於其他基金的機率（參見圖表 7.1）。

例如，如果你假設共同基金的表現，在本質上有如擲硬幣那樣，有一半基金的表現會優於市場，另一半表現不如市場，那麼某檔基金連續 15 年打敗市場的機率是三萬二千七百六十八分之一。米勒在開啟這段輝煌的連勝時，市場上只有 900 支相似的基金，他的表現確實令人印象深刻。

圖表 7.1 基金每年表現優於市場的機率

		表現優於市場的基金比例			
年數		30%	40%	50%	60%
1	1 in	3	3	2	2
2	1 in	11	6	4	3
3	1 in	37	16	8	5
4	1 in	123	39	16	8
5	1 in	412	98	32	13
6	1 in	1,372	244	64	21
7	1 in	4,572	610	128	36
8	1 in	15,242	1,526	256	60
9	1 in	50,805	3,815	512	99
10	1 in	169,351	9,537	1,024	165
11	1 in	564,503	23,842	2,048	276
12	1 in	1,881,676	59,605	4,096	459
13	1 in	6,272,255	149,012	8,192	766
14	1 in	20,907,516	372,529	16,384	1,276
15	1 in	69,691,719	931,323	32,768	2,127
16	1 in	232,305,731	2,328,306	65,536	3,545

來源：作者分析。

　　然而，這個分析的問題在於，對於一般的共同基金來說，打敗市場的機率並非對等的五五波。事實上，在過去 15 年裡，基金大敗大盤的平均機率是 44%。如果我們以 44% 為準，則一檔基金連續 15 年擊敗大盤的機率，大約是二十二萬三千分之一。[10]

另一種理解米勒連勝的方式，是查看每年打敗市場的基金的
實際比例（見圖表 7.2）。我們可以根據真實的情況，計算出累積
機率。這項計算顯示，連續 15 年（截止至 2005 年）打敗市場的
機率，大約是二百三十萬分之一。快速瀏覽這些數據後，我們可
以清楚看出為什麼機率如此渺茫。1995 和 1997 這兩年，打敗大
盤的基金只有約 10%，難度有如駱駝穿過針眼般困難。

圖 7.2　1991 ～ 2006 年，表現優於標普 500 指數的基金比例

年度	基金數量	打敗標普 500 指數的百分比
1991	889	47.7
1992	1,018	50.9
1993	1,289	72.0
1994	1,733	24.0
1995	2,325	12.6
1996	2,894	20.7
1997	3,761	7.9
1998	4,831	26.1
1999	5,873	51.4
2000	6,966	62.2
2001	8,460	49.7
2002	9,749	58.7
2003	10,780	56.7
2004	11,466	54.9
2005	11,329	67.1
2006	12,500	38.3

來源：Lipper Analytical Services；作者分析。

連勝和運氣

在資金管理中，經風險調整後打敗市場的幅度，才是真正的關鍵所在。但連勝的紀錄很迷人，因為期間沒有例外發生，沒有哪一年出現壞績效。此外，隨著連勝的紀錄拉長，也不斷增加人們的緊張和壓力。

米勒這一路上是否真的很幸運呢？這一點毫無疑問。就像史蒂芬·傑伊·古爾德所說，長期的高績效，是超好的運氣加上精湛的技術才能獲致。[11] 這裡的重點是，在各個領域裡，長期成功通常表示有出眾的技巧。除了最簡單機率外，人類很難理解其他機率，所以我們經常無法看出出現連續結果的意義。

CHAPTER 8

時間站在我這邊
短視的損失規避與投資組合周轉率

> 風險資產的吸引力，取決於投資人投資的時間長度。投資人如果
> 願意等很長的時間才去評估投資是賺是賠，那麼對他來說，風險
> 資產會比過沒多久就想評估投資結果的投資人，更有吸引力。
>
> ——理查・塞勒（Richard H. Thaler）、阿摩司・特沃斯基、
> 丹尼爾・康納曼和艾倫・施瓦茨（Alan Schwartz），
> 〈短視與損失規避對承擔風險的影響：一個實驗測試〉
> （*The Effect of Myopia and Loss Aversion on Risk Taking: An
> Experimental Test*）

> 人性都想規避損失。但是，要等多久才評估賺賠，卻取決於我們
> 選擇的策略，起碼這一點原則是可以改變的。
>
> ——薛洛姆・貝納茲（Shlomo Benartzi）與理查・塞勒，
> 〈短視損失規避與股權溢價之謎〉
> （*Myopic Loss Aversion and the Equity Premium Puzzle*）

一次或一百次

1960 年代初期，經濟學家保羅・薩繆爾森（Paul Samuelson）

有一次吃午餐時，對同事提出一個賭注。他要擲一枚公正的硬幣，如果同事猜對硬幣的結果，他將給他們 200 美元；如果同事猜錯，同事要給他 100 美元。結果，他的同事沒有人要和他賭。一位知名學者說：「我不會和你賭，因為**比起贏 200 元，我更在意失去 100**。但是如果你讓我玩這個賭注 100 次，我就接受你的挑戰。」（重點粗體字是作者加上的）。

　　這個回答讓薩繆爾森提出了一個證明，顯示「如果人們無法接受單次的賭注，他們也不會接受一系列多次的賭注。」照經濟理論來說，薩繆爾森那位博學同事的回答，其實並不合理。[1]

　　儘管這場賭注的期望值為正值，但對大多數人來說，薩繆爾森的理論仍然說服不了大多數人。「損失規避」的概念解釋了個中原因。展望理論發現，損失規避是指當人們在面對有風險的選擇時，我們對損失的厭惡程度，大概是對收益偏好的 2 倍。[2]

　　因此，儘管薩繆爾森提出了他的定理，但大部分人還是會憑直覺同意他同事的看法：輸掉 100 美元的潛在痛苦，會超過贏得 200 美元的快樂。但另一方面，抓住機會多次下注似乎是明智的做法，因為人們懊悔的可能性比較低。

　　預期效用理論（expected-utility theory，薩繆爾森理論的基礎）與展望理論之間有一個顯著的差異，那就是決策架構不同。

預期效用理論，是以投資人的**整體財富**為脈絡來思考報酬和損失（宏觀架構）；相反地，展望理論則是將報酬和損失與**部分的財富**一起考量，例如特定的股票或投資組合的價格變動（狹窄架構）。實驗研究顯示，投資人在評估金融交易時，會以價格或價格變動作為參考點。換句話說，投資人關心的是狹隘的架構。[3]

如果展望理論確實能夠解釋投資人的行為，那麼股票或投資組合上漲的可能性，以及評估投資期的長短，就變得非常重要。我想釐清和這兩個變數相關的做法。

解釋股權風險溢酬

金融圈有一大謎團，即各種資產類別的風險裡，為什麼長期以來股票的報酬率，比固定收益的報酬率高出很多。從 1900 年到 2006 年，美國股票的年報酬率比國庫券的報酬率（幾何報酬率）溢價達 5.7%。[4] 全球其他已開發國家，也有類似的結果。

1995 年，薛洛姆・貝納茲和理查・塞勒，在一篇別具開創性的論文中，根據他們所謂的「短視損失規避」，提出解決「股權風險溢酬之謎」的看法。他們的論點是根據以下兩大概念：[5]

1. 損失規避：損失帶給人們的懊悔，相當於同等規模獲利的 2 到 2.5 倍之多。由於股價通常作為參考架構，所以賺錢或賠錢的**機率**非常重要。在金融市場裡持有資產的時間愈長，獲得正報酬的機率自然愈高（人們必須對金融市場有正期望值才會投入資金，因為投資人必須放棄當前的消費才能投資）。

2. 短視：我們愈常評估我們的投資組合，就愈有可能看到虧損，進而遭受損失規避帶來的影響。相反地，投資人評估其投資組合的頻率愈低，他們就愈有可能看到獲利。

圖表 8.1 提供了一些數據，說明這些概念。[6] 這項分析以每年 10% 的幾何平均報酬率，以及 20.5% 的標準差為依據（與 1926 年到 2006 年的實際平均數和標準差幾乎一樣）。[7] 下表還假設，股價遵循隨機漫步理論的觀點（這種假設並不完美但尚且可行），而且損失規避係數為 2（效用＝價格上漲的機率－價格下跌的機率 ×2）。

瀏覽圖表可知，短期獲利或虧損的機率，接近五五波。此外，想擁有正效益——也就是避免受損失規避的狀況所擾——需要持有資產將近一年。

如果貝納茲和塞勒的看法正確，那麼其中的含義非常重要：

圖表 8.1　時間、報酬與效用

投資期	報酬率	標準差	報酬率為正值的機率	效用
1 小時	0.01%	0.48%	50.40%	−0.488
1 天	0.04	1.27	51.20	−0.464
1 週	0.18	2.84	53.19	−0.404
1 個月	0.80	5.92	56.36	−0.309
1 年	10.0	20.5	72.6	0.177
10 年	159.4	64.8	99.9	0.997
100 年	1,377,961	205.0	100.0	1.000

來源：作者分析。

長期投資人（即不會常評估其投資組合賺賠的人）比短線投資人（經常評估投資組合賺賠的人），更願意投入更多資金來持有相同的風險資產。

價值評估取決於你的投資期長短。

這可能就是為什麼許多長期投資人，都說他們不在乎市場波動性的緣故。這些投資人對短期波動無感，因為只要股票持有的時間夠長，就很有可能得到報酬，因此他們的效用為正。

貝納茲和塞勒使用多種模擬方法，估算出和實際股權風險溢酬一致的評估期，大概是一年。要注意的是，評估期和投資人的規劃期並**不一樣**。某位投資人也許在規劃 30 年後的退休生活，但如果她每年或每季評估自己的投資組合（或更準確地說，每年或每季都會經歷一次損益的效用），那麼她的作為等於短期的投資規劃。[8]

現在，我要提出一個有點跳躍的觀點（希望不會跳得太遠）：大多數基金可以用投資組合的周轉率，當作評估期長短的合理指標。高周轉率意味著想在相對較短的時間尋求獲利；而低周轉率則表示願意等待以評估損益。對許多成功的基金（和公司）而言，評估期是一種策略選擇。正如巴菲特所說，你終究會得到你應得的股東權益。

無作為的價值

現在，我們來探討投資組合周轉率與績效之間的實證數據，我們把共同基金根據投資組合周轉率分成四類。數據一致顯示，低周轉率的基金（即投資人持有超過 2 年）在 3 年、5 年、10 年和 15 年的時間架構下，表現最好（見圖表 8.2）。

我們可以把這種績效差異歸因於較低的成本，而這個理由本身就是許多投資組合減少其周轉率的原因之一。但我們要注意的是，交易成本通常只占一般共同基金總成本的三分之一左右。

雖然，經驗數據一貫支持「買進並長期持有」（buy-andhold）的策略在績效上較有優勢，但平均來說主動管理的共同基金，平均年周轉率仍高達 90%，這是怎麼回事？首先，一個效率良好的股票市場，需要交易風格和時間架構多樣的投資人共同參與。所以，並不是每個人都能夠或應該成為長期投資人。所謂「道瓊 36,000 點」（Dow 36,000）的理論，其背後的缺陷就是這種合成謬誤（fallacy of composition）。該理論認為，如果所有投資人都是長期投資，那麼股票的風險溢酬將消失，市場也會迎來一次性的上漲。[9]但是，投資人的性質如果改變，市場的性質也會改變。如果所有投資人都以長期為導向，那麼市場的多樣性將崩解，市場也會變得比目前的市場更缺乏效率。

高周轉率的第二個原因是代理人成本（agency cost），這個原

圖表 8.2　投資組合周轉率與長期表現

周轉率 （％）	3 年期 年報酬率 （％）	5 年期 年報酬率 （％）	10 年期 年報酬率 （％）	15 年期 年報酬率 （％）
≤20	9.8	8.7	9.5	11.2
20–50	10.3	9.1	9.3	11.3
50–100	10.1	8.4	8.1	10.0
≥100	9.2	7.6	6.6	8.8

註：使用截至 2006 年 12 月 31 日的數據。
來源：作者分析；晨星公司。

因的影響更深遠。研究顯示，即使是低於期望值的股票投資組合，**長期而言**（經風險調整後）也會打敗市場。但大多數機構投資人，由於太過注重結果而非過程，因此他們的投資期太短，通常遠比投資策略能夠帶來報酬所需的時間短得多。

基金經理人的表現如果不如大盤，他們會面臨虧損的風險，甚至可能丟掉工作。[10] 所以，他們自然會盡量減少其投資組合與市場基準的追蹤誤差。許多投資組合經理，不會購買他們認為三年內應有獲利卻有疑慮的股票，因為他們無法預測該股票三個月內的表現。這也許解釋了我們在市場上看到的一些過度反應現象，並說明短視的損失規避可能是導致市場無效率的重要原因。

一張圖勝過千言萬語

圖表 8.3 到 8.6 重現投資大師威廉·伯恩斯坦（William Bernstein）的一些想法，有助於我們將短視損失規避現象背後的重要概念加以量化。[11]

圖表 8.3 顯示風險與報酬之間的關係。由於風險（以標準差衡量）和時間的平方根成正比，而回報（以報酬率衡量）則隨時間複利成長，所以在權衡風險和報酬時，有一個明顯的轉折點存

在。注意，座標軸是對數（log）刻度。

還有另一種方法看這張圖，就是把 x 軸標為風險報酬比，也就是標準差除以報酬率（見圖表 8.4）。

現在我們可以來看看，出現正值結果的可能性有多少。根據我們假設的統計特性，圖表 8.5 顯示投資增值的機率，如何隨著時間拉長而增加。如果投資人以損益相對於買價當作參考架構，這張圖揭示的就是時間與後悔之間的關係。

圖表 8.3　累進報酬及標準差

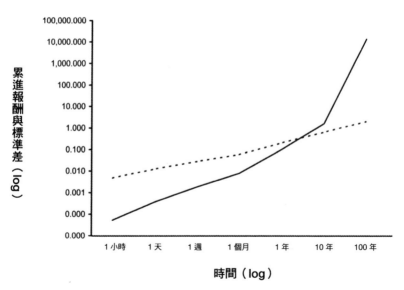

來源：FactSet；作者分析。

圖表 8.4　標準差／報酬率

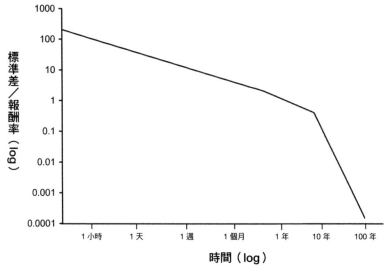

來源：作者分析。

圖表 8.5　時間與獲利機率

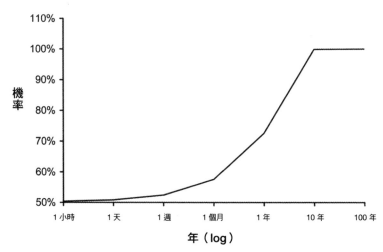

來源：作者分析。

圖表 8.6　效用指數

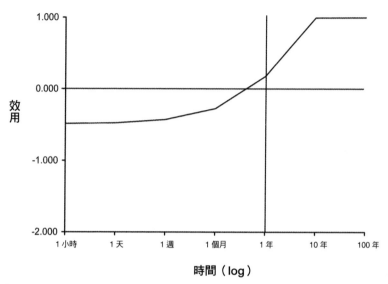

來源：作者分析。

　　根據圖表 8.5 中的機率為基礎，並假設損失造成的影響相當於獲利的 2 倍，我們就可以畫出一個簡單的效用函數（見圖表 8.6）。效用軸的刻度從 -2.0（100% 損失的機率 ×2），到 1.0（100% 的獲利機率）。

CHAPTER 9 一窺高層內幕
管理評估與投資流程

在我們的年度股東會議上往往會有人問:「如果你被卡車撞了,這裡會發生什麼事情?」我很高興他們仍繼續問這個問題。但過不了多久,大家就會問:「如果你沒有被卡車撞到,這裡會發生什麼事情?」

——巴菲特,〈1993 年波克夏海瑟威致股東信〉
(Berkshire Hathaway Annual Letter to Shareholders, 1993)[1]

第五級的領導者會把自我的需求,轉化成更大的目標:打造卓越的公司。這樣說並非表示第五級的領導者沒有自我或個人利益。他們確實很有野心,但他們的野心會先成就組織,而不是為了成就自己。

——詹姆・柯林斯(Jim Collins),《從 A 到 A+》(Good to Great)[2]

管理很重要

「在投資的過程中,評估管理層是否重要?」這是客戶和學生經常問我的一個問題。

答案是肯定的，但我要強調我對這個答案有所保留。我建議讀者仔細想想三個領域：管理層的領導力、激勵措施和資本配置能力。本文無法包羅萬象地討論，而事實上專業學者已經針對這個領域，寫過無數的文章和書籍。我的目標不大，只是想要刺激大家思考這個重要但常被忽略的領域。

那麼，什麼時候可以不用評估管理層？

對於短期投資人來說 —— 或更準確地說是投機者（speculators）—— 了解管理層的動機，並不是非常重要的事。短期內，股票價格對特定事件和市場波動十分敏感。至於公司管理階層的作為，比較有可能在長期對公司的業績產生持久的影響，進而影響其股票價格。

毫無疑問，執行長的工作並不輕鬆，當前的環境尤其如此。根據最近的研究，相較於 10 年前，2006 年執行長被換掉的比例大幅上升，而且這並非美國獨有的趨勢。研究者還發現，歐洲和亞洲都有類似狀況，甚至趨勢更明顯。[3]

那麼，什麼樣的管理團隊對股東比較有利？我將在接下來的篇幅中，討論一些想法。

領導力

領導力不僅難以定義，更難以評估。不過即使如此，我還是希望在高階經理人身上看到三種特質。綜合這些特質，似乎是判斷領導力的合理方法。這些特質包括**學習**（learning）、**指導**（teaching）和**自我覺察**（self-awareness）。

渴望持續學習，是傑出領導者的特徵。在某種程度上，這涉及智識上的好奇心，渴望持續不斷地建構有助於決策的心智模型。一位優秀的經理人，能夠吸收和權衡相互矛盾的觀點和資訊，並以機率思維思考。我甚至想含蓄地說，這種學習層面幾乎與學術訓練相差無幾。我喜歡經常閱讀和思考的執行長。[4]

學習的另一個關鍵面向是，熱切渴望了解組織的運作情況，並以實事求是的誠實態度面對事實。想要了解情況，唯一方法就是走出辦公室，去拜訪員工和客戶，提問並**傾聽**他們的回應。在幾乎所有組織裡，比起組織的中樞（執行長的位置所在），組織邊緣處（在第一線處理日常事務的員工）擁有的資訊往往更多。如果執行長的身邊有很多想要取悅而非督促他們的經理人，那麼執行長不太可能做出明智的決定。

學習的最後一個面向，是讓組織中的所有人，都能毫無保留地表達自己想法與意見，而無需擔心自己被拒絕、忽視或羞辱。這裡的重點不是說管理層應該接受所有不成熟的想法，而是應該鼓勵並獎勵知識上的冒險精神。[5]

美國前財政部長羅伯特・魯賓，具體說明了這種領導力的相關特質：

> 我們財政部的會議內容，包括尋找、質疑和辯論，這樣做都是為了盡可能全面探索各種選擇方案。會議的重點是討論，你的職級是什麼並不重要，這一點在華盛頓很少見。
>
> 一位 34 歲的副助理祕書和財政部長一樣，都有充分的權利表達自己的意見。這種不拘泥於形式的做法，反映出我在華爾街和白宮的工作經驗，我知道哪一種討論方式，往往最能帶來啟發和成效。如果有一個人的態度有所保留，而且他比較資淺且往往最接近問題所在，我就會引導他表達意見。對我來說，最重要的是論點的價值，而不是發表論點的人的頭銜。[6]

下一個關鍵是**指導**的能力，或者向組織表達簡明願景的能力。指導必須平衡兩個面向：一方面要不斷重複某個訊息（傑出的執行長需要對無數人，重複核心訊息數百遍）；另一方面則需要隨著業務環境的變化來適應環境。擁有這種技能的執行長包括傑克・威爾許（Jack Welch）和比爾・蓋茲。

對於心懷熱忱的主管來說，他們通常比較容易做到指導。我喜歡看到對事業充滿熱忱，因而熱愛工作的領導者，因為成功常常來自於熱情。

評估領導力的最後一個面向是**自我覺察**，領導者必須在自信和謙虛之間取得平衡。自信是指在面對事實時，執行長能夠憑藉自己的知識、經驗和他人的建議，做出明智的決策。至於謙虛，則是承認我們每個人都不完美，我們都有需要改善的弱點。一個能夠自我覺察的主管，清楚明白自己的弱點，並靠真正優秀的人才來彌補這些弱點。

自我覺察同時意味著在一定程度上具備情緒商數（emotional intelligence），能夠在情感層面上與他人和組織互動。這項能力不僅包含在一對一交流時，能夠看出對方的想法，還能夠判斷組織的文化和氛圍。

獎勵措施

雖然經濟學備受批評，但它對於人們理解誘因與行為之間的關係，確實帶來很大的貢獻。長期投資人不能只聽信管理層的陳腔濫調，必須了解真正驅動他們的因素。股東委託書可能是最少人閱讀，但最重要的公開文件。

許多投資人和評論家，都很認同近期獎勵員工的趨勢，也就是從員工認股權轉向限制性股票（restricted stock，編按：需完成特定條件後，才會完全轉移公司股票）。但我對於這種做法興趣缺缺，因為改變報酬方式並不能解決基本問題：「這些獎勵措施，能否促進管理層根據股東長期的期望來經營公司？」

我們以員工認股權為例來說明這一點。我們可以提出有力的論據，說明一般的員工認股權計畫，其實**未能**為員工帶來合適的激勵誘因。具體來說，在多頭市場裡，所有持有選擇權的人都能受益；而在空頭市場裡，無論公司業績優劣，所有人都會蒙受損失，業績好壞沒有明顯的差異。再加上選擇權的重新定價（正面我贏，反面你輸），以及那些有關選擇權會計的混亂思考，我們就不難理解為什麼選擇權一直無法為獎勵的問題，提出讓人滿意的答案。

限制性股票也無法清楚回答獎勵的問題。股票的數量應該根據什麼來發放？如果我們並非明確根據公司經濟表現來發放股票，而取得股票的人（大多數是員工）又無法影響股價，那麼發放股票怎麼可能是合適的獎勵措施？

我認為，獎勵要能真正影響人們的日常作為，必須直接和員工控制範圍內的業務有關。這表示將公司各層級的獎勵措施，與適當的價值激勵因素彼此對應，才是確保公司營運滿足管理者和股東要求的關鍵。[7]

經理人經常宣揚「主人翁文化」（ownership culture），並試圖在公司上下分配股權給人們。雖然員工樂於成為股東，但我猜大多數人是透過「心理帳戶」（mental accounting）在思考他們的股份。他們認為，股票是獨立於現金收入的心理帳戶，那些股票和他們日常的預算無關，也不影響他們平日的工作。

另一個關鍵的判斷是，經理的薪水高低是根據公司的會計表現，還是實際業績而定。當公司的所有者就是經營者的情況下，通常不太會有高昂的代理人成本。但是，對於負責要讓每股盈餘（EPS）取得成長以獲得報酬的經理人，或是認為每股盈餘成長非常重要的人（這群人仍然很多）來說，顯然很容易遇到代理人成本的風險過大。更具體來說，你會希望當管理者在遇到提高會計獲利或提高經濟價值的抉擇時，他們都會選擇經濟價值。

以下內容摘自安隆公司（Enron）內部的風險管理手冊，其內容完全與上述的理念相反：

> 我們的公告盈餘依循會計原則，其結果不一定永遠
> 與經濟基本面一致。然而，公司管理層的績效通常根據
> 會計盈餘來衡量，而非潛在的經濟表現。因此，我們的
> 風險管理策略是針對會計績效而定，而不是經濟表現。[8]

獎勵指的是能夠激勵人們努力的措施。長期股東應該尋找合適的獎勵措施，但實際上這種情況非常罕見。

資本配置

在管理評估裡，所有辦法最後都會影響資本配置。我把資本配置定義成分配公司資源，以產生超過資本成本的長期報酬。資金管理者深諳資本配置是一切的關鍵。

你如何評估資本配置的能力？第一步是仔細研究過去的資本配置決策。管理層如何運用並在哪裡投入公司資本？這些投資是

否取得足夠的報酬？如果是，為什麼？如果不是，又為什麼？過去的資本配置，往往可以清楚點出企業對資本的胃口如何，並呈現出管理層的焦點和偏好。

併購活動值得我們特別提出來說明。許多併購研究都得到一個相同結論：大多數併購會減損收購方的價值。至於那些能夠創造價值的併購，透過併購增加的價值還是很少。這並不是說併購無法在整體上創造價值——當然，賣方的股東往往會獲益，問題在於收購方付出的「控制權溢價」（control premium），經常會超過當下的綜效價值。

均值回歸就像微觀經濟學裡的死神，所有高報酬的公司，遲早會屈服於死神之下（優秀的經理人，會讓那一天來得晚一點）。重大的併購活動，幾乎都在告訴我們一件事：公司的獲利正逐步向資本成本靠攏。[9]

評估資本配置能力的第二步是面談經理人，了解他們的資本配置架構。他們如何看待自己的投資？他們對產業潛在變化的了解是否確實？他們了解競爭策略嗎？

巴菲特是美國商業史上最擅長資本配置的人，根據他的看法如下：

許多公司高層並不擅長資本配置。他們在這方面缺乏能力，並不讓人意外。大多數老闆之所以能夠升到高位，是因為他們在某個領域的表現出色，比如說行銷、生產、工程、管理，有時候是很懂組織裡的政治。

一旦他們成為執行長後，就要面臨新的責任。他們現在必須決定資本配置，這是很關鍵的任務，這項決策他們可能從來沒有做過，也不容易掌握。說得誇張一點，這就好比一個極有才華的音樂家，他的最後一站不是在卡內基音樂廳演奏，而是被任命為聯準會主席。

許多執行長欠缺資本配置的能力，這件事非同小可：一位執行長如果在位十年，公司每年的保留盈餘相當於淨值的 10%，那麼這位執行長負責配置的資金，已經超過整體營運資本的 60%。執行長若承認自己欠缺資本配置的能力（並非所有人都會承認），他通常會尋求員工、管理顧問或投資銀行家的協助。我和查理經常看到這種「協助」的結果。整體來說，我們認為這種做法可能讓資本配置的問題更加嚴重，而非解決問題。

結果，美國企業進行了大量不明智的資本配置。（這就是為什麼你常常聽到「重組」的相關消息）。[10]

最後，我們來談談人事。管理層是否知道如何安排合適的人，到合適的職位？很多公司在提拔高階主管時，往往只看重人選的「正確特質」，例如良好的溝通能力、聰明才智，以及在特定環境下的成功經歷，而忽視了他們實際的工作能力和經驗。結果，這些公司的人力資源配置失當，對企業和高層人員都造成不良的影響。

結論

評估管理層的領導能力、獎勵措施及資本配置能力，對長期股東來說極度重要。儘管人們愈來愈重視公司治理，但很少有董事會能夠積極主動地適當處理這些領域。我在本章嘗試提供一些指導原則，幫助大家思考這些問題。

PART 2

投資心理學

總叼著雪茄的普吉・皮爾森（Puggy Pearson）是賭界的傳奇人物。他出生寒門，只讀到八年級（他曾打趣說：「當年的八年級，相當於今天的三年級。」），卻擁有令人印象深刻的成就。他在 1973 年贏得世界撲克錦標賽，曾是世界排名前十的撞球選手，還在高爾夫球場上贏了一位職業高球選手 7,000 美元。

他是怎麼做到的？普吉解釋：「賭博不就那三件事？找到對自己有利的 60 ─ 40 賭盤、資金管理，以及了解自己。」他還補充說：「連蠢蛋都知道這些。」[1]

皮爾森前面兩個建議，屬於投資哲學的範疇，也是本書 Part 1 的主題。但是第三點「了解自己」，則剛好屬於心理學的範疇。

心理學可能是投資圈裡最被低估、最少人教，也最疏於好好思考的層面。但是投資心理很重要，因為它可以解釋人在各種情況下可能犯的錯，告訴你別人如何影響你的決策，並讓你了解該如何作為。在大多數情況下，傳統商學院的教育對於這些重要領域，不會有太大的幫助。

在過去幾十年裡，行為財務學明顯縮小財務理論與心理學之間的落差。例如，丹尼爾・康納曼和阿摩司・特沃斯基提出一個理論，具體說明人類行為的最佳化程度，並不如標準經濟理論所說的那麼好。然而即使到了今天，行為財務學依然無法提供投資人一套融貫的方法去面對市場。Part 2 的文章，目的是敦促你評估自己的決策過程。

當人們談到心理學時，幾乎都以為是在講個人的行為方式。但是，**個人決策**與**集體決策**之間，有一個重要且常被忽視的差異。它們都很重要，但在面對市場問題時，集體決策才是真正的關鍵所在。

請不要誤會，提升個人的決策能力當然有價值，就像皮爾森告誡大家要「認識自己」。在個人層次上，接下來的章節將探討壓力如何影響人們的決策、人們用來說服你的技巧，以及直覺的好處和壞處。

為什麼集體決策對市場非常重要？主要原因在於，個人的錯誤往往會在市場上相互抵銷：如果你和我都過度自信，但你說要做多，我說要做空，那麼我們各自的錯誤，仍可能帶來準確或有效的價格。實際上，多元的意見是市場順利運作的必要條件之一。

因此在大多數情況下，市場真正的面貌，會從許多投資人各自犯的錯裡浮現出來。由於每個人都是整體的一小部分，因此企圖以個人來解釋整體，是愚蠢的想法。一旦你意識到這一點，就會知道電視上的評論員雖然滿足了人們對專家的**需求**，卻無法提供專家的**價值**。

個體擁有獨立性很好，但並非所有人都能獨立判斷，因為人類和許多動物一樣，天生就是社會性的生物。社會性固然有很多好處，但也有一些壞處。舉例來說，模仿就有壞處。模仿在生活裡很好用，尤其當某人擁有你沒有的寶貴資訊時，模仿他就很有幫助。但是，模仿也和生活裡的其他事物一樣，如果過頭了也不好。無腦的模仿可能會帶來無厘頭（例如美國紅極一時的「寵物石頭」風潮），或災難性（例如 1987 股市崩盤）的後果。

　　所以，人在市場交易時，只有自己的觀點不夠，你還**必須思考別人怎麼想**。新古典經濟學喜歡把人看成一部邏輯推演的機器，認為我們可以從一般前提，推導出具體結論。問題在於，除了最簡單的情況（例如井字遊戲）之外，我們根本沒有推理所需的計算能力。的確，人類往往擅長辨識模式；實際上，我們這種能力強大到能夠在沒有模式的地方看到模式。當人拋開理性決策，事情就會變得很複雜。

　　投資是互動的、有機率的，而且雜訊很多，因此投資人需要能夠有效掌握心理學，才能具備成功的決策。可惜的是，沒有單一來源能給你所有答案，而想要進步則需要不斷地努力。這種努力是必要的。就像普吉・皮爾森曾說：「人生裡的一切都是心理造成的。」[2]

CHAPTER 10 早安，迎接壓力吧！
壓力導致次佳的投資組合管理

事實一再證明，當事情發展得太快太複雜時，就像我們今天遇到的狀況，人類的應對能力就會明顯下降。

——葛林斯潘（Alan Greenspan），〈國際金融體系的結構〉
（The Structure of the International Financial System）

為什麼斑馬不會胃潰瘍？

哪些事情會讓斑馬覺得壓力很大？嗯，斑馬當然會擔心自己的身體遇到問題。剛才有一隻獅子攻擊你，你雖然成功逃脫，但獅子還是像看著午餐一樣盯著你。演化確保斑馬能像大多數動物（包括人類）那樣，能夠很有效地應對這些緊急情況。

現在請你寫下一個清單，列出會讓你覺得壓力很大的事情。你的清單應該和斑馬的清單，沒什麼相同之處。在大部分情況下，我們擔心的不是身體上的狀況，而是心理上的問題。例如，工作的截止日期、你的投資組合上週的股價表現、個人關係等。

人類主要的壓力源，來自心理和社會方面。

知名的大腦科學家和壓力專家羅伯・薩波斯基（Robert Sapolsky），在他趣味橫生的書《壓力》（*Why Zebras Don't Get Ulcers*）強調過一個重點：人體的生理反應，非常適合用來處理短期的身體威脅。人類在大部分歷史裡，曾面臨幾種威脅。現在的問題是，我們今天感受到的**心理壓力**，會引發相同的生理反應。現代人和古代人有不同的壓力源，但反應是一樣的。心理壓力一旦長期存在，可能導致嚴重的健康和表現問題，因為它會讓我們的身體失去平衡。[1]

面對壓力時，我們會做哪些事？薩波斯基指出，我們的反應「往往目光短淺、效率低下，並且因小失大。」當眼前出現威脅時，身體會動員起來面對威脅。這種壓力反應在危機裡很有效，但是如果你**每天**都處在緊急狀態，代價可能非常高昂。[2]

為什麼基金經理會罹患胃潰瘍？

研究顯示，壓力來自失去**預測能力**和**控制能力**，而其中的共通元素則是新穎性（novelty）。我認為，經濟和資金管理產業的長期趨勢，讓人們強烈感受到自己缺乏預測能力和控制能力。

比方說，喪失預測能力說的是全球經濟的創新速度不斷加快。例如，標普 500 指數裡的公司，其平均壽命從 1950 年代大約 25 年到 35 年，縮短到現今大約 10 年到 15 年（見圖表 10.1）。[3] 近年來，公司以極快的速度出現興衰起伏，無疑強化了人們對商業世界變幻莫測的感覺。

我們也在波動性的數據裡，看見預測能力變差的現象。儘管市場等級的波動依然穩定，但自 1970 年代以來，個別公司的風險卻穩定上升。在過去幾個世代，市場投資組合的波動雖然沒有

圖表 10.1　標普 500 指數成分股企業的平均存續時間

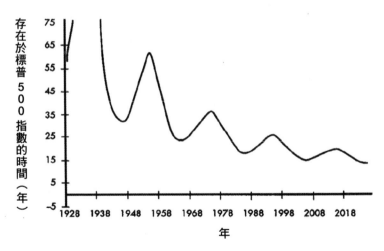

來源：Foster and Kaplan, *Creative Destruction*, 13。經同意後重製。

太大變化，但當今資金管理者因為選錯股票而面臨的風險，卻比過去任何時候都高。[4]

至於失去控制力，指的不只是投資組合內的行動，也包括持有者對投資組合**的**評估。股東和基金評級公司，至少每 90 天會評估一次資金經理的績效，而為了保全資產標的，許多基金經理會努力降低資產報酬率相對於市場基準的追蹤誤差。若想管理追蹤誤差，通常必須緊貼著市場走，而且一般來說需要短期交易。[5] 從某種意義上來說，降低追蹤誤差對基金經理來說非常合理，因為如果你在管理期間失去工作，那麼投資組合在未來三年的表現好壞，對你來說就沒有什麼意義了。但是，秘櫃式指數基金（closet indexing）對投資人來說並不理想。

有充分的證據顯示，我們擔心投資人愈來愈輕浮躁動其來有自。在 1950 年代，投資人持有共同基金的平均期限超過 15 年。但到了 2006 年，持有期縮短到大約 4 年。[6] 退休基金監管機構，也更頻繁聘用和解僱基金經理。例如，雖然聯博資產管理公司（Alliance Capital）的長期表現很好，但佛羅里達州政府在 2001 年開除了該聯合基金，一部分的原因和安隆公司的損失有關。[7]

我認為，許多基金經理覺得自己的預測能力和控制能力被削弱，因此長期感到壓力。這種對壓力的預期反應，可能導致基金經理做出次佳的投資組合管理決策。

投資期愈來愈短

面對壓力，人的身體會出現哪些反應？事實上，我們會優先
處理當下立即的狀況。我們的血壓上升，身體將能量輸導到最需
要的細胞組織。我們的短期記憶會改善，而像免疫系統和生殖功
能這類長期的系統，則被擱置一旁。當身體遇到壓力時，關注短
期或長期問題的抉擇，可能攸關生死。當壓力過去後，我們就會
回到較平衡的狀態。但是如果壓力**長期**存在，我們繼續保持警
戒，就會壓抑我們自然的平衡。

對基金經理來說，壓力讓他們更注重短期目標。[8] 最新研究
顯示，人類和其他動物一樣，常常偏好小而立即的回報，而非未
來較大的回報。舉個例子來說，人往往會選擇今天拿到一顆蘋
果，而不是等到明天拿兩顆蘋果。但是，如果兌現的日期夠久，
例如一年後拿到一個蘋果，以及一年又一天後拿到兩個蘋果，人
們就願意等待更高的回報。為了短期利益而犧牲更有吸引力的長
期回報，對長期投資人來說是次佳的選擇。[9]

我們怎麼知道基金經理愈來愈短視？我們在投資組合周轉率

的數據裡看到這一點。近幾十年來，投資組合平均的周轉率急劇上升，從 1950 年代的約 20%，成長到今天接近 100%（見圖表 10.2）。光是 2006 年，就有十四分之一的股票基金，以每年 200% 以上的周轉率調整其投資組合；有十分之三的基金，周轉率超過 100%；只有四分之一的基金周轉率低於 30%。[10]

「被動型」標普 500 指數的周轉率上升，加上更低的佣金成本，顯示當今合理的周轉率一定比三、四十年前更高。但大多數

圖表 10.2　1946 ～ 2006 年的共同基金周轉率

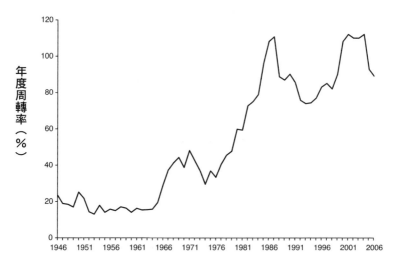

來源：柏格金融市場研究中心（Bogle Financial Markets Research Center），經許可後重製。晨星公司；作者分析。

基金經理的投資組合周轉得太快,帶來大量的交易和市場衝擊費用及不必要的稅務負擔。短視主義正在侵蝕投資組合的表現。

在競爭激烈的資產管理產業裡,成本往往是決定好基金和壞基金的關鍵因素,因此,我們預期高流動率和低相對報酬率之間彼此相關。數據證明了這一點。1997 年,晨星公司對美國股票基金的周轉率和表現,進行過一次全面性的研究。研究顯示,低周轉率基金在各種投資期的表現,皆優於高周轉率基金(見圖表10.3)。[11] 研究還指出,高周轉率確實提高了高風險基金的績效,這個發現也得到學術研究的支持。[12]

這些數據更新到 2006 年底時,也顯示出類似的結果。分析顯示,基金周轉率第二低的組別(20 ~ 50%),在過去 1 年、3

圖表 10.3　投資組合周轉率與長期績效

周轉率 (%)	1 年期 年報酬率 (%)	3 年期 年報酬率 (%)	5 年期 年報酬率 (%)	10 年期 年報酬率 (%)
<20	27.0	23.9	17.2	12.9
20–50	23.1	21.9	16.6	12.5
50–100	21.8	21.8	17.0	12.6
>100	17.6	19.8	15.0	11.3

註:資料更新至 1997 年 6 月 30 日。
來源:晨星公司。

年和 5 年期間，帶來了最佳回報。根據這個分析，我們認為主動型基金適當的周轉率，應該在 20 ～ 100% 之間。對價值型基金而言，平均持有 18 個月到 5 年的做法看起來很恰當，而對成長型基金而言，持有 12 到 18 個月則顯得合理。這些準則有許多需要注意的地方。[13]

模仿尤利西斯

如果你告訴醫生自己的壓力症狀，他會給你一份標準的建議清單：多社交、適度運動，並確保飲食健康。但是，財務管理上的壓力，你又該如何面對？訣竅在於努力讓自己把焦點放在適當的長期目標上。

尤利西斯讓船員把他綁在船桅上，以防止他受到海妖吟唱的誘惑。基金經理很容易被短線操作所誘惑，尤其當他們覺得自己喪失預測和控制能力時。他們要像尤利西斯一樣，應採取必要行動專注在長期目標，才能讓基金有最佳的長期表現。如果壓力源主要來自心理層面，那麼應對壓力的方法也應從心理著手。

特百惠派對給我的人生啟示

洞悉人性

任何熟悉特百惠派對（Tupperware party）操作方式的人，都會發現它們運用了各種極強大的手法。

——羅伯特・席爾迪尼（Robert Cialdini），《影響力：讓人乖乖聽話的說服術》（*Influence: The Psychology of Persuasion*）

我認為特百惠……發展出一套操縱人心的腐敗系統，但這個做法有用，而且成效很好。數十年來，特百惠派對創造的銷售額，達到數十億美元。

——查理・蒙格，收錄於在惠特尼・蒂爾遜（Whitney Tilson）的《查理・蒙格談話：第二部分》

擦鞋啟示錄

在我以前的辦公室附近，有一家鞋店在櫥窗上打出免費擦鞋的廣告。我經過這家店很多次，但都不以為意。有一天，我的鞋子有一點磨損，剛好我也有點閒暇時間，所以決定善用這個小小的優惠。

鞋子擦完後，我給擦鞋匠一些小費，但他婉拒了。他說免費就是免費，不收錢。我從椅子上下來，覺得自己受人恩惠。我心想：「這個人幫我擦鞋，他怎麼可能什麼都不圖呢？」

於是，我和大多數接受這個小惠的人一樣，在店裡看看我可以在店裡買些什麼，心想多少要回報對方一點東西吧。雖然我不需要鞋子，卻默默地在看鞋撐、鞋帶和鞋油，但最後還是垂頭喪氣地空手走出鞋店，覺得有點過意不去。雖然我成功離開現場，一分錢也沒花，但我相信很多人沒有我這麼幸運。

在投資和生活裡，有一個話題非常引人入勝，那就是為什麼人類會有某些行為模式。經歷過那一次讓我額頭冒汗的擦鞋服務後，過了幾個月我讀到羅伯特・席爾迪尼的著作《影響力：讓人乖乖聽話的說服術》，這本書針對上述問題，提出了許多相關的答案。

在過去 30 年的研究裡，席爾迪尼主要研究哪些事情會讓人們改變其特定行為，也就是順從別人的要求。席爾迪尼認為，人類有六種行為傾向，會讓人們順從別人的要求。[1] 這些傾向對日常生活而言都很重要，其中有幾項對投資人尤其重要。

當我在讀席爾迪尼的書時，我意識到當時那家鞋店，也在利用人類行為的一種基本規則：互惠原則。如果有人給你一些東西，你會覺得自己必須回禮。如果你想利用人類這種天生傾向，你可以先給別人一點小惠，然後再要求對方給你更大的回報。免費提供價值 2 美元的擦鞋服務，以換取客人花 200 美元買皮鞋，是一筆划算的交易。

我會檢要說明人類的六種傾向，討論特百惠派對的銷售人員如何利用這些傾向，再著重其中對投資人最重要的三個傾向。

你可以騙過人性

這六個傾向是：互惠、一致性、社會認同、喜好、權威和稀缺性，簡要說明如下。我認為，這些傾向深植於人類的演化心理中，雖然，席爾迪尼本人並沒有特別強調這一點。每一種行為都可能有助於我們祖先的繁衍。

● **互惠**：研究顯示，每一個人類社會都認為有互惠的義務。[2] 企業機構充分利用這種傾向，從慈善機構寄送免費回郵標籤，到房地產公司提供免費房屋估價服務，都是如此。
● **承諾和一致性**：一旦我們做了決定，尤其如果大眾都認可該決定，我們就不願意改變自己的想法。席爾迪尼針對這個傾向，提出兩個深刻的理由。第一，一致性可以讓我們不用再思考那個問題，我們的精神可以稍微休息。第二，一致性可以讓我們避免理性行事必然會有的結果，也就是我們終究必須改變。第一個理由可以讓我們不用思考；第二個理由可以讓我們不用行動。

● **社會認同**：我們做決定的主要方法之一，是觀察別人的決定。[3] 心理學家所羅門・阿希（Solomon Asch）舉了一個有名的例子。他將八位受試者聚在一個房間，並給他們看一系列長度不一的垂直線。他請這群人辨認右邊哪一條線，與左邊的線長度一樣（見圖表 11.1）。答案再明顯不過，但阿希先要其中七位受試者都說出同一個錯誤答案，剩下的那個人對此完全不知情。

這些受試者都是聰明的大學生，他們顯然覺得很困惑，其中三分之一的人即使明知別人說錯了，仍然同意大多數人的答案。雖然這個例子很極端，但阿希的實驗顯示人在某種程度上，會仰賴別人的行為。[4]

圖表 11.1　阿希的從眾實驗

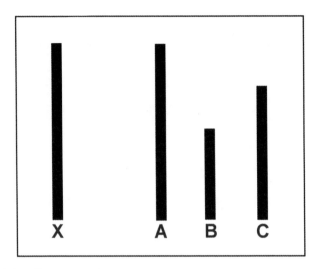

來源：作者根據 Asch, "Effects of Group Pressure Upon the Modification and Distortion of Judgment." 繪製。

● **喜好**：我們都比較容易順從我們喜歡的人。我們比較可能喜歡和自己相似、讚美我們，以及和我們合作且具有吸引力的人。

● **權威**：社會心理學家史丹利·米爾格蘭（Stanley Milgram，以「六度分隔理論」聞名），進行過最有啟發性且令人不安的人類實驗。他邀請受試者扮演「老師」的角色來測試「學習者」。受試者在一名穿實驗制服、表情嚴肅的監督員的指導下，對學習者提問。如果學習者答錯問題，他們就要逐漸提高對學習者的電擊強度。學習者會因為被電擊而痛苦尖叫，並哀求憐憫，請他們住手不要再電擊。雖然，沒有人真的逼迫這些受試者去做任何事，事後也不會有報復，但許多受試者最後還是給予學習者致命的電擊。

在這項實驗裡，學習者其實都是演員，電擊也是假的，但米爾格蘭的發現卻非常真實又讓人不寒而慄：即使人們自有判斷，但他們還是會服從權威。在這種情況下，這種行為通常合乎情理，因為權威人士對於自己的專業領域，往往比其他人了解更多，但這種順從可能導致不當的反應。[5]

● **稀缺性**：證據顯示，人們認為某個東西和資訊如果稀缺，或人們認為它很稀缺，它就更有吸引力。公司經常利用人們這種傾向，限時提供產品或服務。

上述這些傾向的影響力都極其強大，但當它們被調用並疊加在一起時，影響力甚至更強大，形成查理·蒙格所說的「魯拉帕路薩效應」（沒錯，字典裡真的有 lollapalooza 這個詞）。

一切我真正需要知道的事

　　根據《紐約時報》報導表示，紐約市富裕的郊區，特百惠派對狂潮正在強勢回歸，這種看似無害的活動，就是掌握住魯拉帕路薩效應的精髓。[6]

　　特百惠派對利用了人類六種傾向裡的四種。這是一門大生意：特百惠透過一群家庭「顧問」，每年創造出約 10 億美元的銷售額。

　　首先是互惠。派對一開始，大家會玩一個測驗遊戲，參與者可以贏得玩具幣，並且可以用這些玩具幣「購買」贈品。他們也鼓勵每一位參與者，和小組分享她購買的產品用途，這就是承諾的見證。一旦開始銷售，每一筆交易都表示其他人也想要這個產品，因此為人們帶來社會認同。

　　但是，在特百惠的手法裡，最重要的一個因素，也許是人們傾向順從喜歡的人的意見。邀請你加入購買行列的人不是陌生人，而是你的朋友。特百惠的手冊的確建議銷售人員，使用「感受、覺得、發覺」（feel、felt、found）的 3F 方法，有效地透過同理心鼓勵人們做類似的事，同時強調產品特點。

　　綜合這些效應，不難看出為什麼很多人一開始就避免參加特百惠派對，因為他們知道一旦去了，就會買東西。例如，《紐約時報》報導，一名與會者花的錢「遠超過她原本的預算」，毫無疑問是受到魯拉帕路薩效應的影響。

投資心理學

投資人要非常留心哪些因素會影響他們的行為。席爾迪尼的六個影響力傾向裡，有三個對投資人特別重要：一致性與承諾、社會認同和稀缺性。

心理學家發現，賽馬場的賭客一旦下注，他們對自己相中的馬匹的獲勝前景，會比下注前更有信心。[7] 一旦作出決定，我們感受到內在和外在壓力，會讓我們傾向保持與初始決定一致的看法，即使後來的證據質疑該決定的有效性，我們還是會盡力維持一貫立場。

因此，持有某一支股票的投資人公開推薦該股票，或鼓勵同事參與，會讓他們覺得自己有必要堅持這個選擇。這個傾向會讓人陷入確認陷阱（confirmation trap），也就是做出決定後，開放接受支援該決定的數據，並否認或拒絕不支援該決定的數據。有一個方法，可以有效降低一致性的傾向，那就是把世界看成由不同值域（ranges of values）及其相關機率組成，而不是一連串的單點。當我們認知到有多種情況存在時，可以適時地為心理提供安全感，以便改變觀點。

很多研究探討過社會認同在投資裡的作用。投資在本質上是一種社會性活動，投資人也會週期性地做出一致的行動。意識到多樣意見有崩解的危險，並尊重極端的評估，有助於抵銷社會認同傾向的負面影響。

最後，稀缺性在投資領域發揮很重要的作用（在企業高層的心中，也一定有很大的影響）。投資人非常在意稀缺的資訊，所以我們的挑戰在於分辨哪些資訊是真的稀缺，哪些不是。其中一種方法是將市場預期進行逆向工程的思考，也就是弄清楚市場目前的看法。

所有系統準備就緒
決策裡的情緒與直覺

人們對一項活動或技術的評價，不僅由他們的**想法**決定，也由他們的**感受**決定。如果他們喜歡一項活動，他們會認為該活動風險低且報酬高；如果他們不喜歡該活動，則往往會認為它風險高而報酬低。在這種模式下，情感不僅優先，還會主導人們對風險與利益的判斷。

——斯洛維克（Slovic）、菲紐肯（Finucane）、彼得斯（Peters）
和麥奎格（MacGregor），〈分析的風險與感受的風險〉
（Risk as Analysis and Risk as Feelings）

我們有時候會自欺欺人，以為自己是用理性的方式行事，並權衡各種選項的利弊，但這種狀況其實很少見。很多時候，我選擇支持 X 只是因為我喜歡 X。我們買我們「喜歡」的車、選擇我們覺得有「吸引力」的工作和房子，然後再用各種理由來合理化這些選擇。

——羅伯特‧查瓊克（Robert B. Zajonc）
〈感受與思考：喜好無需理由〉
（Feeling and Thinking: Preferences Need No Inferences）

無論是演化或個人，人類理性策略的發展可能都離不開生物調節機制的引導，而情緒和感覺正是生物調節機制的顯著表現。此外，即使理性策略在形成階段已經穩固成形，要能有效運用這些策略，在相當大程度上可能仍取決於持續體驗感受的能力。

——安東尼歐·達馬吉歐（Antonio Damasio）
〈笛卡爾的過失：情緒、理性與人腦〉
（Descartes' Error: Emotion, Reason, and the Human Brain）

情感與決策

神經科學家安東尼歐·達馬吉歐談過他在職涯之初，就意識到人們傳統的理性觀是錯誤的。他看過一位擁有一切理性行為能力的病人，他的專注力、記憶力和邏輯完全正常，但是腦部損傷讓這位男子喪失體驗情感的能力，因此失去在日常生活中做出成功決策的能力。達馬吉歐發現，情感受損與決策失誤息息相關。[1]

達馬吉歐後來的研究證實了他的觀察。他在某個實驗裡，讓受試者戴上皮膚電導反應（skin-conductance-response）儀器，並請他們從四副撲克牌裡翻牌。其中兩副牌可以贏錢（以遊戲代幣計算），另外兩副牌則會輸錢，但受試者不知道這一點。當受試者翻牌時，達馬吉歐都會請他們說明發生了什麼事。這樣進行了大概 10 次後，受試者在選擇會輸錢的牌時，身體開始出現反應。

進行到大約 50 張牌時，受試者直覺到其中兩副牌的風險比較高。不過，受試者又抽了大約 30 張牌，才能解釋為什麼他們的直覺是正確的。[2]

這個實驗帶來兩個在決策過程中值得注意的發現。首先，潛意識比意識更早知道發生了什麼事。第二，即使受試者從未表達過任何看法，他們的身體也會出現無意識的反應，指引他們進行決策。

當達馬吉歐在大腦損傷患者身上重複相同實驗時，發現他們沒有出現任何典型的反應。從皮膚電導反應，以及病人的口頭說明，證實無論是在潛意識或表意識，他們完全不知道到底發生了什麼事。[3]

系統二緊跟系統一

康納曼在他的諾貝爾獎得主演講裡，說明過兩種決策系統。[4]系統一，即經驗系統，是「快速、無意識、自然不費力、連結式，而且難以控制或改變。」系統二是分析性的，「緩慢、循序漸進、費力，且有意識地控制。」圖表 12.1 比較這兩個系統。

圖表 12.1　經驗系統與分析系統的比較

經驗系統	分析系統
1. 整體性	1. 分析性
2. 情感：以快樂／痛苦為導向（哪一個感覺良好）	2. 邏輯：以理性為導向（什麼是合理的）
3. 聯想式連結	3. 邏輯連結
4. 以過去經驗的「共鳴」影響的行為	4. 以有意識的事件評估而影響的行為
5. 用具體的圖像、比喻和敘述轉譯現實	5. 以抽象符號、文字和數值轉譯現實
6. 處理速度較快：導向立即行動	6. 處理速度較慢：導向延遲行動
7. 改變較慢：靠重複或強烈的經驗改變	7. 改變較快：隨著思考速度改變
8. 粗略的差異化：粗略概化的梯度劃分；刻板思維	8. 細緻的差異化
9. 粗略整合：分離狀況、受情緒左右	9. 高度精密統整：跨情境處理
10. 被動和前意識地感受：我們被自己的情緒所控制	10. 主動且有意識地體驗：我們能控制自己的想法
11. 不證自明：「經歷為實」	11. 需透過邏輯和證據來證明

來源：Epstein, "Cognitive-Experiential Self-Theory."，經許可引用。

　　在康納曼的模型裡，系統一使用感知和直覺，產生對事物的**印象**，這些印象是無意識的，個人可能無法口頭表達出來。康納曼主張，不論個人是否明顯在做決策，系統二都會參與所有**判斷**。直覺就是反映印象的判斷。康納曼和他的共同作者阿摩司‧特沃斯基的研究顯示，印象會如何導致對古典經濟理論來說屬於次佳的判斷。

　　證據顯示，我們無法將情感（系統一）與決策（系統二）分開。事實上，達馬吉歐表示，我們需要有正常運作的系統一，才能做出良好判斷。從投資人的角度來看，這裡有兩個關鍵問題：什麼東西會影響我們的印象，以及這些印象如何形塑我們對風險和回報的認知？

情感捷思

形塑印象最主要的元素，是精神科醫生所說的「情感」（affect）。[5]情感是根據刺激而感受到的「好」或「壞」，例如「寶藏」這個詞帶來正面的情感，而「憎恨」這個詞則是負面的。

情感是在系統一的領域運作，因此快速且無意識。此外，情感通常以合理的方式引導我們的印象：大多數讓你感覺良好的事情確實是好的。但是，情感就像其他捷思（heuristics，或譯策略法）或經驗法則一樣都有偏見，投資人必須注意因情感而產生的偏見。

情感是展望理論的延伸，這一點值得關注。該理論表示，投資人在面對回報時傾向規避風險，而在面對虧損時則傾向冒險。實驗顯示，我們對財務機會的情感反應，會**放大**源自展望理論的次佳偏見（見圖表 12.2）。

圖表 12.2　風險的情感心理

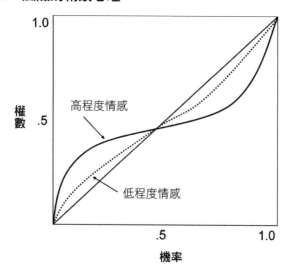

來源：Rottenstreich and Hsee, "Money, Kisses, and Electric Shocks.", 經出版社許可引用。

我們換個更具體的說法。投資人的目標是以低於期望值的價格購買資產。期望值是可能結果分配的加權平均值。你計算期望值的方法，是將給定結果的報酬，乘以該結果發生的機率。

我們對情感的研究，顯示出和期望值有關的兩個核心原則。第一，當某個機會的結果不具備強烈的情感意義時，我們往往會賦予其機率過度的權重。其次，當結果具有強烈的情感意義時，我們往往會過度強調該結果。

心理學家保羅・斯洛維克（Paul Slovic），用一個簡單實驗測試了第一個原則，即機率優勢。他請受試者為 16 個賭局評分，這些賭局涵蓋各種機率（7/36、14/36、21/36 和 28/36）和報酬（3 美元、6 美元、9 美元和 12 美元）。他發現，即使受試者想公平衡量賭局的機率和報酬（而且他們認為自己已經做到這一點），但事實上他們對機率的重視程度，比對報酬的重視程度高 5 到 16 倍。[6]

研究者認為，受試者之所以高度仰賴機率，是因為他們無法判斷報酬是否吸引人，也就是說報酬缺乏情感意義。科學家在其他領域，也看到了這種把機率放第一的例子，包括針對救生所做干預措施的研究。

相反地，當報酬具備重要的情感意義時，受試者則傾向過度強調結果，卻不夠重視機率。例如，研究人員發現，無論中獎機率是一千萬分之一還是一萬分之一，彩券玩家對於購買彩券的感受都很類似，因為獎金的吸引力很強。這個理論的特點，也解釋了為什麼賽馬場上的賭客，經常高估冷門賽馬的賠率，以及為什麼人們那麼害怕搭飛機的原因。

總而言之，當投資人對一個投資想法感覺良好時，他們會認為它的風險很低且報酬高，不把客觀的機率放在心上。[7]而當他們不喜歡一個想法時，情況正好相反，他們會認為它的風險高且回報低。好的投資人不會輕易受到情感影響，這也許是他們的系統一生來就是如此。

當經驗系統失靈時

我們的經驗系統大體來說運作良好，但系統一究竟什麼時候會失靈？

當外界力量操縱我們的經驗系統時，它就可能失靈，其中一個例子是廣告。廣告商經常靠生動的感官體驗來吸引你的情感。所以，每當你面臨牽涉機率和結果的決策時，要非常注意自己的感受（或是他人想讓你如何感受），並盡量不要讓這種感受影響到你對客觀機率的判斷。

在非線性或非恆定的系統裡，經驗系統也無法運行。在非線性系統裡，因果之間的關係並非密切相關，因此結果很可能是違背直覺的。在非恆定的系統裡，系統的基本統計特性會隨著時間變化，這表示過去可能無法有效預測未來。股票市場同時呈現出非線性和非恆定性，因此投資人必須以非常有條理，而且以自覺的方式來評估期望值。

情感：個人與集體

如果要根據情感的影響來推論市場缺乏效率，我們必須謹慎為之。每個人都有各自的天性和經驗，所以我們感受情感的方式都不一樣。由於市場是個體觀點的總和，如果情感驅動的偏見彼此互不相干，那麼市場仍然是有效率的（或接近有效率）。

西方社會的主流觀念是，我們應該把情感和理性分開，但新的科學研究顯示，這樣的區分不僅不可能，而且也不可取。然而，想要獲得成功的投資，投資人必須對機率和報酬有清楚的了解。對情感有所覺察的投資人，更有可能在長期做出好決策。

CHAPTER 13 孔雀魚的模仿行為
市場裡的模仿作用

當人們能夠隨心所欲時,他們通常會互相模仿。

——艾瑞克·賀佛爾(Eric Hoffer),

《群眾運動聖經》(*The True Believer*)

孔雀魚的模仿行為

從表面來看,生物學家李·杜加欽(Lee Dugatkin)似乎太閒了,因為他的研究重點看似想要解決一道深奧的問題:雌性孔雀魚如何選擇配偶。結果顯示,雌性孔雀魚先天偏好亮橘色的雄性孔雀魚。不過,當他讓一些母魚看到其他母魚選擇深色的雄魚後,其他母魚也開始選擇深色的雄魚。讓人驚訝的是,在許多情況下,看過同類選擇深色雄魚的母魚,會推翻自己的的本能,轉而模仿其他母魚。[1]

為什麼會有人在意雌性孔雀魚如何選擇伴侶?這個答案點出一個熱門議題的核心,即動物行為是否只由基因決定,或是文化也發揮了一定的作用。杜加欽研究顯示，在動物界裡，模仿顯然以文化傳遞的形式存在，並且在物種發展裡扮演重要作用。[2]

當然，模仿對人類來說是一種重要的力量，時尚、潮流和傳統都是模仿的結果。由於投資在本質上是一種社會性活動，因此我們有充分的理由相信，模仿在市場裡也扮演發揮重要作用。

大多數投資人和商人，都有基本的理念來規範他們的行為，就像基因會決定孔雀魚選擇配偶的方式一樣。然而，我們知道對於基金經理人和孔雀魚來說，模仿有時候會深刻影響他們的決策。那麼，模仿對投資人來說，是好是壞呢？

負向回饋、正向回饋

運作良好的金融市場和其他去中心化系統一樣，也要仰賴負向與正向回饋之間存在健全的平衡。負向回饋是穩定因子，而正向回饋則促進變化。任何一種回饋如果過量，都可能讓系統失去平衡。[3]

金融市場裡負向回饋的典型例子是套利。的確，套利是效率市場理論的核心基礎。例如，如果某個證券的價格偏離它的內在價值，套利者會買入或賣出相應的證券，以縮小價格與價值之間差距。換句話說，負向回饋則以反向運作阻止變化出現。[4]

相反地，正向回饋則往相同的方向作用，強化系統初始的變化。雪球效應、級聯反應（cascade）和放大作用，都是正向回饋的例子。雖然投資人通常不喜歡正向回饋的現象，尤其當這種現象導向失控的過程時，但正向回饋未必都是壞事。

在什麼情況下正向回饋是好的？正向回饋有助於人們做出明智的決定。例如，早期投資人可能會鼓勵其他人，投資有前景的新興產業，進而促進該產業發展。此外，正向回饋也可以讓系統走出困境。在自然界裡，使用「跟著你的鄰居走」的策略，可以讓群鳥躲避掠食者。同樣地，這個方式也可以幫助投資人避開不良的投資。[5]

跟著你前面的螞蟻走

模仿是正向回饋的主要機制之一，例如動能投資（momentum investing）假設正在上漲的股票，將繼續上漲。如果有夠多的投資人遵循這個策略，那麼認為價格會持續走高的預言，就可能自我實現。

不過，大多數投資人對於單純的模仿會有疑慮，所以他們會

掩飾自己的模仿行為。但其實模仿往往有其合理的根據,例如,思考以下幾種情況:[6]

資訊不對稱:當其他投資人比你更了解某項投資時,模仿他們可能對你很有利。我們經常在日常生活的決策使用模仿策略,以利用他人的專業知識。

代理人成本:許多資產管理公司必須在最大化投資組合的績效(長期的絕對回報),以及最大化資產管理業務的價值(透過取得資產和收取手續費)之間取捨。選擇最大化資產管理公司業務的企業,有動機模仿其他人的做法。這種模仿行為,會讓投資組合相對於市場基準的追蹤誤差降到最小。

從眾偏好:就像凱因斯所說,「世俗智慧告訴我們,如果考慮到自己的名聲,那麼從眾失敗也比特立獨行而成功來得更好。」人類喜歡成為群體的一部分,因為群體常常讓我們覺得安全又安心。

在某些情況下,正向回饋確實可取,投資人的模仿行為也很合理,然而正向回饋也可能發展得過於極端。

財務經濟學家所說的羊群效應,是指一大群投資人根據別人的行為做相同選擇,而不仰賴自己的知識。[7]實際上,當正向回饋主導狀況時,就會出現羊群效應。由於市場需要正向和負向回饋之間處在平衡狀態,因此這種不平衡會讓市場的效率低落。上述看法與傳統的觀點相左,傳統上認為投資人只會根據基本資訊進行交易。

我們也許永遠無法知道,到底多少的正向回饋屬於過量。許多科學研究顯示,在創新和概念傳播的過程中,通常會有一個臨界點,一旦傳播超過臨界點,正向回饋的效應便取得控制,於是正向的趨勢就能主導整個系統。市場泡沫和崩盤的相對頻率,強烈暗示價格和價值之間,總是有顯著差異。[8]

市場不是唯一會出現次佳模仿行為的去中心化系統,比方說行軍蟻(army ant)就是另一個讓人著迷的案例。一群幾乎沒有視力的工蟻,有時候會和蟻群分開。由於沒有任何一隻螞蟻知道該如何讓整個蟻群重新定位,因此所有螞蟻都必須仰賴一個簡單的決策規則:跟著你前面那隻螞蟻走。如果有足夠多的螞蟻遵循這種策略(即達到臨界點),它們就會繞行成漩渦,一隻跟著一隻繞著圈子轉,直到死亡為止。曾有一個死亡漩渦繞行了兩天,圓週長達 1,200 英尺(約 366 公尺),轉一圈需要兩個半小時(見圖表 13.1)。最後,有一些工蟻脫離原有路徑,創造出必要的多

圖表 13.1　行軍蟻的漩渦路徑

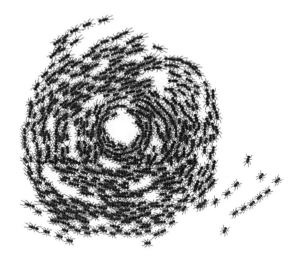

來源：作者分析。

樣性，才能打破漩渦。[9]

　　當然，模仿是螞蟻天生的遺傳行為，而不是文化，而投資人則具備獨立的思考能力。然而，查爾斯・麥凱（Charles MacKay）曾在 150 幾年前說過一句名言，提醒我們避免模仿的陷阱，這是一個古老問題。他說：「有句話說得好，人類的思考都是盲目從眾。他們會成群地瘋狂，然後一個接著一個慢慢恢復知覺。」[10]

市場裡的從眾行為

在投資哲學裡明確引用正向回饋的投資人，最有名的當屬喬治‧索羅斯（George Soros）。索羅斯的反身性（reflexivity）理論指出，公司股價及其基本面之間有正向回饋，而這種回饋可能導致繁榮和崩盤。索羅斯的策略是透過做多或做空股票，來利用這些趨勢。

金融文獻還指出，投資人之間出現不少從眾行為的例子：

● **共同基金**：拉斯‧維莫斯（Russ Wermers）發現了，共同基金有跟風現象，尤其是小型股和成長型基金。他發現群眾購買的股票，隨後六個月的績效比群眾賣出的股票高 4%。[11]

● **分析師**：伊沃‧韋爾奇（Ivo Welch）證明，賣方分析師的買入或賣出建議，對後面兩位分析師的建議有顯著的正向影響。分析師經常會在提出自己的建議之前，四處看看其他人如何分析。[12]

● **肥尾（fat tails）**：經濟物理學家利用簡單的從眾模型，成功複製了我們在市場上實際觀察到的肥尾價格分配。

比起假設投資人是理性的模型，這些模型對市場現實提出更有說服力的見解。[13]

在市場上，正向與負向回饋之間，通常存在共生關係。如果所有投機者都會讓價格變得不穩定，平均而言他們會買高賣低。市場會迅速淘汰這些投機者。此外，套利這種可以穩定價格的投機行為，無疑可以在市場上發揮十分重要的作用。但是，證據顯示，正向回饋可能會在短時間內主導價格。[14] 模仿行為可能讓投資人偏離他們既定的投資方法，而且很有可能提供有助於我們理解風險的重要線索。下次你買賣股票時，想想孔雀魚。

CHAPTER 14 小心行為財務學
誤用行為財務學，可能讓你思慮不周

雖然，我們常以「個體會最佳化其經濟行為」推導出競爭均衡，但從經濟實務來說，個體的行為不一定要最佳化，即可大致達到這樣的均衡。我們無須因為人類無法在複雜的任務裡達成最佳化，就認為從競爭模型推導出來的均衡是不重要的結論。我們已經證明，在複雜的經濟系統裡，即使我們對主體的行為假設相當薄弱，也可以達成這樣的均衡。

——安東尼・波希・多梅尼克（Antoni Bosch-Domènech）和
希亞姆・桑德（Shyam Sunder），〈追蹤看不見的手〉
（Tracking the Invisible Hand）

經濟學怎麼可能和行為無關？如果和行為無關，那它到底是什麼？
——查理・蒙格，《誤判心理學》（Psychology of Misjudgment）

糟糕的三段論

古典經濟學理論假設所有人都有相同的偏好，對所有選擇具有完備的知識，並了解其決策的後果。簡言之，人們的行為是理性的。但沒有人相信這種如田園般美好的狀態真的存在，事實上，大量的實證研究和軼事證據均顯示，人並非完全理性。這個橫亙在理論與實踐之間落差，催生了行為財務學這個相對較新的領域。[1] 行為財務學的研究人員，試圖弭平古典經濟學與心理學之間的鴻溝，以解釋人類和市場的行為及其原因。

行為財務學為投資人提出了幾個重要的議題。第一，當市場出現非理性的行為時，我們是否可能有系統地利用它。另一個問題是，投資人如何避免做出次佳的決策。這裡的目標是，當我們做決策時，如何縮小應有做法和實際做法之間的差距。[2]

對聰明的投資人來說，行為財務學無疑非常重要，但即使是這個領域的專家，有時候也會被躲在行為財務學外衣下的拙劣思維所影響。誤用行為財務學的概念，和忽視心理學在投資裡的作用一樣，問題重重。

究竟會有什麼問題呢？我們用以下的三段論，來表達這種拙劣思維的問題本質：

> 人類是非理性的。
>
> 市場是由人類組成。
>
> 所以市場是非理性的。

這一連串的邏輯推論，看似帶出行為財務學的一個主要結論。行為財務學的知名專家赫許‧謝弗林（Hersh Shefrin）寫道：「行為財務學認為，由經驗法則造成的謬誤和框架效應，會導致市場價格偏離其基本價值。」[3] 這裡傳達出一個簡單（且有點直觀）的訊息：非理性個體聚在一起，必然帶來非理性的市場。

要看出這個論點的問題，我們必須從兩個層面思考投資人的行為：集體層次和個體層次。集體行為探討群體可能出現的不理性行為。個體行為則立基於一個事實，即我們經常陷入心理陷阱，包括過度自信、定錨與調整（anchoring and adjustment）、不當框架（framing）、非理性承諾升高（commitment escalation），以及確認陷阱。

我主要的看法是：**當個別的投資人不理性時，市場仍然可能理性**。[4] 充分的投資人多樣性，是形成有效價格的關鍵要素。即使投資人的決策規則各有不同，即使他們的決策均屬次佳，但是錯誤往往會相互抵銷，所以市場最後還是會達到適當的價格。同樣地，如果這些決策規則失去多樣性，市場就會變得脆弱，而且容易出現效率低下的狀況。

所以，問題不在於個人是否不理性（他們確實不理性），而在於他們是否**在同一個時間裡**，以**同樣地方式**不理性。所以，雖然了解個體行為的陷阱，可能有助於你改善自己的決策，但理解市場的集體互動，才是打敗大盤的關鍵。行為財務學的狂熱分子，常常無法區分個體與集體之間的差異。

徒勞無功的事？

行為財務專家，深諳多樣性對價格形成的作用。就像安德烈·施萊費爾（Andrei Shleifer）在他那本出色的著作《無效率市場：行為財務學導論》（*Inefficient Markets: An Introduction to Behavioral Finance*，暫譯）中所寫：

> 有效市場假說是否有效，並不取決於投資人的理性。在許多情況下，即使有些投資人並非完全理性，我們預期市場仍然會有效率。人們經常討論的一種案例，是市場上非理性的投資人會隨機交易。當市場上有很多這類投資人時，而他們的交易策略互不相干，那麼他們的交易很可能就會彼此抵銷。在這樣的市場裡，價格接近它的基本面價值。

問題是，行為財務學認為投資人的多樣性是特例，而不是常態。施萊費爾繼續說道：「這個論點要能夠成立，非理性投資人之間的策略必須缺乏相關性，因此論點有很大的侷限。」[5]

最後，施萊費爾主張套利是讓價格與價值趨於一致的另一種方法，但由於套利有風險，因此在現實世界裡有其限制。總結這個案例：由於投資人不理性，而且他們的策略很少彼此不相關，所以市場的效率低落。此外，套利不足以讓市場恢復效率。所以效率低落是市場的常態，高效率則是例外。在一個根本無效率的市場，採取主動的投資組合管理，無異是自討苦吃。

我們猜想，大部分專業人士都認為效率是常態，而無效率才是例外。事實上，我們看到多樣性的個體，在許多複雜系統裡都產生高效的結果。在各種情況下，集體的表現皆優於個體的平均表現。一般來說，完整的投資人生態，足以確保人們不會有系統性方法可以戰勝市場。在此，多樣性是預設的假設，如果多樣性崩解則是值得注意（且可能有利可圖）的例外狀況。

炸彈落點

歷史上一場不尋常的搜索行動，成為展現集體力量的有趣案例。1966 年 1 月 17 日，一架 B-52 轟炸機和一架空中加油機，在穿越西班牙海岸線時在空中相撞。轟炸機帶著四顆核彈，其中三顆掉在岸邊後，馬上被找到。然而，第四顆炸彈消失在地中海，對美國國家安全來說，馬上找回那顆炸彈非常重要。

於是，美國國防部助理部長傑克·霍華德（Jack Howard），召見了一位年輕的海軍軍官約翰·克拉文（John Craven），要他去找炸彈。克拉文召集一群來自各領域的專家，請他們像在拉斯維加斯下賭注一樣，預測炸彈落點的位置。克拉文利用下注產生的機率，算出他們的方法和方案，不久後就發現炸彈。雖然每位個別專家都不知道答案，但將所有專家的智慧結合起來，就找到了答案。[6]

螞蟻和蜜蜂這類社會性昆蟲，在解決問題的能力上也具備多樣性這種基本特徵，包括它們如何取得食物和尋找新巢。一些簡單的例子也證明人類系統有這種狀況，包括傑克·特雷諾（Jack Treynor）知名的雷根糖罐實驗在內。特雷諾將罐子裝滿雷根糖，並請他的財務學學生猜罐子裡有多少雷根糖。他一次又一次地發現，學生猜測的平均數字，往往準確估計了實際的數字，也比每個人個別估算的數字更精準。[7]

既然我們已經了解人類的次佳行為，所以關鍵問題在於，投資人是否有充分的多樣性足以讓市場產生效率。如果你從多個面向思考，包括資訊來源、投資方法（技術分析與基本面分析）、投資風格（價值型與成長型）以及投資期（短線與長線），你就可以理解為什麼多樣性通常可以讓股票市場運作良好。

有樣學樣

多樣性有助促成高效的市場，多樣性若崩解則容易讓市場陷入低效。更直接地說，從行為財務學的角度來看，集體層次是尋找投資機會的正確方向。[8]

從眾就是一個很好的例子。從眾是指許多投資人看別人做什麼自己就做什麼，而不會靠自己的知識做抉擇。[9]有時候，市場確實會出現被某一種情緒主導的狀況，多樣性崩解與市場暴漲（所有人都看漲）和暴跌（所有人都看跌）有關。

據我所知，我們沒有精確且一致的標準可以衡量投資人的多樣性。客觀評估公共意見（媒體）和個人意見，也許可以給我們一些有用的線索。逆向投資的成功關鍵，在於掌握大多數人而非少數人的愚蠢荒唐。

向凱因斯致敬
長期預期、厄爾法羅酒吧與後見之明偏誤

> 高明的投資,應該致力於克服籠罩在我們的未來和無知的黑暗力量。當今最精明的投資,其真正目標就像美國人傳神的說法:「在鳴槍前偷跑」,也就是智取人們,把貶值的半克朗硬幣轉移到別人手上。
>
> ——凱因斯(John Maynard Keynes),《就業、利息和貨幣的一般理論》(*The General Theory of Employment*)

你的期望是什麼?

馬克·吐溫把「經典」定義為每個人都希望自己讀過,但沒有人想要讀的東西。凱因斯的《就業、利息和貨幣的一般理論》,絕對是投資人值得一看的經典之作,尤其是第十二章〈長期預期的狀態〉(The State of Long-Term Expectation)。我們在做任何決策時都會有期待,尤其是投資決策,但我們很少退一步思考,我們如何形成預期以及為什麼會有這些期望。凱因斯可以引

導我們進行這樣的反思。

讓我們更深入地探討期望的兩個面向。首先，區分演繹（deductive）與歸納（inductive）過程的期望。演繹性過程，會從一般的前提推導出具體結論；而歸納性過程，則從具體事實推導出一般原則。

演繹理性是新古典經濟學的基礎，卻不適用於現實世界中，因為人類的邏輯推理無法處理太複雜的情況（也就是說，我們的理性是有限的）。而且，人類互動裡任何偏離理性的行為，都會引發對他人行為的猜測。[1] 換句話說，如果其他人都不理性，那麼你就不會因為理性而得到好處。

期望的第二面向，是指事件發生後，人們往往會高估他們在事發前對結果所掌握的知識。這種後見之明的偏誤，會削弱我們改善分析能力所需的回饋品質。

投機與經營

凱因斯把預期未來報酬（他使用「收益」〔yield〕一詞）的基礎，分成兩個部分：大致確定的事實，以及你可以用不同程度的信心所預測的事件。這些不確定的事件，包含投資的規模和類型，以及需求的波動。他稱對這些事件的心理預期為「長期期望狀態」（state of long-term expectation）。

進行預測時，大多數人會仰賴凱因斯所說的「慣常」（convention），他們會從當前的情境出發，當有明確的理由預期將會出現改變時，他們就會調整想法。[2] 他指出，調整的幅度反映出人們的「信心狀態」（the state of confidence），結合了實際的市場觀察和商業心理。但是，我們無法預測信心狀態會是如何，因為信心狀態的形成取決於回饋而定。市場影響心理，而心理也影響市場。[3]

凱因斯認為，出於種種原因，人的慣常行為在本質上並不穩定。其中最有名的原因之一，是許多投資人致力於「投機」，也就是預測市場心理，而非致力於「經營」，即預測長期的投資報酬。他在這裡引用他最有名的比喻：市場就像選美比賽，選美的目標不是找出你認為最美的人，甚至不是找出你認為一般人覺得最美的人。你很快就會發現，你在嘗試破解大眾對於大眾意見的看法。凱因斯用選美比賽的比喻，描述演繹法在經濟學和市場裡的局限性。

這並不是說，凱因斯認為市場只靠情緒在運作。他說：

長期預期的狀態通常是穩定的，即使它並不穩定，其他因素也會發揮補償作用。我們只是要提醒自己，影響人類未來的決策，不論那是個人、政治還是經濟的決策，都不能依賴精確的數學期望，因為採用這類計算的基礎根本不存在。[4]

　　凱因斯在這段歷久不衰的觀察裡，還補充說道：「當企業如穩定的潮流發展時，投機者就像潮流上的泡沫，他們也許不會造成任何傷害。但是，當企業成為投機漩渦裡的泡沫時，情況就會變得很嚴重了。」[5]

　　現今的機構投資人更著重於企業發展，還是投機呢？這是一個很難回答的問題，而且市場確實需要多元的投資人生態，才能保持穩健。但股權投資的整體周轉率統計數據，會讓任何聰明的投資人心有疑慮。年度周轉率已經從 1970 年代初期約 30% 到 40%，暴增到今天大約 90%，這表示如今股票的平均持有期僅超過一年。這種周轉率不僅代價高昂，還會讓公司治理出現令人擔憂的衰退。[6]

拜訪厄爾法羅酒吧

在了解歸納法和演繹法在解決問題（包括選擇股票）上，經濟學家布萊恩‧亞瑟（Brian Arthur）為我們帶來重要的貢獻。亞瑟指出，我們只能用演繹法解決最簡單的問題。我們可以用這種方法解決井字遊戲，但不能用它下西洋棋。確實實驗顯示，人類並不那麼擅長演繹邏輯，但人類卻非常擅長辨識和配對模式。換句話說，我們擅長歸納。

亞瑟提出的歸納推理模型，有效地在凱因斯的學說基礎上繼續延伸。該模型發源自美國新墨西哥州聖塔菲（Santa Fe）的厄爾法羅酒吧（El Farol bar），這個酒吧在每週四晚上固定演奏愛爾蘭音樂。[7] 如果人不多的時候，去厄爾法羅酒吧很好玩，你可以好好享受啤酒和樂團表演，不會受到打擾。但是，當酒吧擠滿人的時候就很沒意思了，擁擠的人群會把你的啤酒打翻，嘈雜的聲音也會淹沒樂團的表演。那麼，你該怎麼決定要不要去厄爾法羅酒吧呢？

為了讓問題更具體一點，亞瑟假設酒吧可以容納 100 人，而且當人數在 60 人或以下時，才不會覺得擁擠；超過 60 人就會覺得擁擠。於是，有一個人心想，酒吧現場人數少於 60 人他才會去；如果超過 60 人，他則會待在家裡。他去與不去的決定，和他過去的選擇無關，客戶之間也不會互通消息或協調，所以他下決定的唯一根據是酒吧過去的來客數狀況。

這個問題有兩個明顯的特徵。首先，這個問題太複雜，無法用演繹法解決。由於個人只能查看酒吧過去的來客數情況，因此會有許多預期模型。想去酒吧的客人必須採用歸納法。其次，普遍的預期容易帶來事與願違的結果。如果大家都認為很多人會去酒吧，結果會變成沒有什麼人去酒吧；如果大家都認為沒有人會去酒吧，那麼所有人都會去酒吧。這個狀況和凱因斯的選美理論類似，問題不只是你相信什麼，而是你認為他人相信什麼。

研究者為「厄爾法羅酒吧問題」建構模型，模型裡的個人擁有不斷演化的決策規則。當規則有充分的多樣性，且迭代次數夠多時，酒吧的平均來客數會接近 60 人這個過度擁擠的門檻。有一項研究假設進行了 2 萬次迭代，相當於 385 年的每個星期四晚上。[8] 這表示只要有充分的策略多樣性，即使是歸納法，也有可能產生和演繹方法相似的成果。

凱因斯和亞瑟都點出了市場的一個基本事實：許多投資選擇不是、也不能單純地仰賴數學式的演繹法。我想補充說明的是，完整的策略生態系統，足以創造出高效率的市場。但是，當多樣性受到威脅時——而這種情況經常會發生——市場就會明顯偏離基本面。

自以為的後見之明

討論期望時，如果不提到一種奇怪的人類特性會顯得不夠完整：一旦事情發生後，我們往往認為自己在**事前**就已經非常了解結果，但實際上並非如此。這項研究顯示，人們其實並不擅長回憶結果發生之前的不確定狀況，這種現象稱為後見之明偏誤（hindsight bias），或更常見的說法是馬後炮症候群（Monday-morning-quarterback syndrome）。[9]

財務學教授赫許·謝弗林，透過分析加州橘郡（Orange County）前財務長羅伯特·西倫（Robert Citron）的評論，來說明這一點。[10]西倫在 1993 年 9 月的年度報告中寫道：「在這個十年間，我們將保持利率穩定，甚至降低利率。當然，至少在未來三年裡，沒有任何跡象顯示利率會上升。」1994 年 2 月，美國聯邦準備理事會（Federal Reserve Board，聯準會）提高了利率。當時西倫回應表示：「最近升息並不讓我們意外，我們早就預料到並做好準備。」現在看來，西倫可能是在升息之前改變了他的想法，但更合理的說法是他受到了後見之明偏誤所影響。

　　後見之明的偏誤有礙人們產出高品質的回饋，讓我們難以探究當初會做某個決策的原因和方式。有一個方法可以解決這種偏見，也就是在做決定的當下，明確記錄你做出該決定的原因。這些紀錄可以成為寶貴的客觀回饋，並能幫助我們提升自己未來的決策品質。

直覺致勝
採取自然決策的方式投資

> 靠決策維生的人逐漸意識到,在複雜或混亂的情況下,例如戰
> 場、交易所或當今殘酷且競爭的商業環境裡,直覺往往優於理性
> 分析。當科學進一步研究時,逐漸發現直覺不是一種天賦,而是
> 一種技能。
>
> ——湯瑪斯・史都華(Thomas A. Stewart),
> 〈如何用直覺思考〉(How to Think with Your Gut)[1]

海軍陸戰隊與交易員的對決

美國退役中將保羅・范・瑞普(Paul Van Riper)在美國海軍
陸戰隊受訓時,學到經典的決策過程:界定問題、制定方針,以
及評估選項。所以,他在 1990 年代擔任海軍陸戰隊領導與作戰
發展計畫的負責人時,毫無意外地教的也是經典的理性方法。然
而,范・瑞普意識到,在模擬戰鬥時,理性決策的方法運作得不
如預期。

范・瑞普於是轉向認知心理學家蓋瑞・克萊恩(Gary Klein),

克萊恩主要研究消防員如何在複雜情境裡做決策。克萊恩的研究發現，消防員根本不會權衡選項——他們會採用自己第一個想到的可行方法，然後再找下一個方法，如此下去。消防員不會根據任何類似古典理論的東西來做決策。

范‧瑞普發現，紐約商業交易所（NYMEX）的交易大廳，和戰情指揮室有許多共通之處。因此，他在 1995 年帶領一群海軍陸戰隊員到紐約，讓他們在一個交易模擬器和專業交易員比賽。結果，交易員大勝海軍陸戰隊，而這個結果早就在大家的意料之中。但是大概一個月後，交易員去了維吉尼亞州的匡提科（Quantico），和海軍陸戰隊進行戰爭遊戲。交易員再次擊敗了海軍陸戰隊，讓所有人大為震驚。[2]

人類研究決策的歷史悠久。丹尼爾‧白努利（Daniel Bernoulli）在兩百五十多年前提出的經典決策模型，至今仍被經濟學奉為圭臬，[3] 但是這個模型並不切合實際。1950 年代，經濟學家赫伯特‧西蒙（Herb Simon）指出，該理論對於資訊需求的程度，遠遠超過人類的認知能力，因此提出一個反對古典理論的重要論點。他認為，人類的理性是有界限的，所以人們不會根據最佳的結果做決定，而是會根據夠好的選擇做決定。西蒙主張人們不會追求最佳解，而是做到「滿意即可」。

近年來，逐漸興起「自然決策法」（naturalistic decision making）這種新方法，解釋了許多領域的專家，如何在他們熟悉且重要的現實環境做決策。[4]證據顯示，自然決策法的重要特徵和原則，也適用於有經驗的投資人。深入研究自然決策，可能有助於投資人更了解自己的方法，並對訓練有重要的意義。[5]

砍斷決策樹

羅伯特・奧爾森（Robert Olsen）在他最近一篇論文裡，列出自然任務（naturalistic tasks）裡的五個條件，並指出它們與投資人的關聯：[6]

1. 結構含混且複雜的問題：在這些情況下，沒有明顯的最佳程序來解決這個問題。舉例來說，確定某個證券的公平價值，是一個結構含混且複雜的任務。

2. 資訊不完整、含糊且不斷變化：選股靠的是對未來財務表現的預期，這表示我們不可能考慮到所有資訊。

3. 不明確、變動和互斥的目標：即使投資看起來有明確的長期目標，但目標也可能在短期內出現明顯的改變。例如，投資組合經理可能會採取防禦性的策略以保持績效，或採取更積極的策略來彌補虧損。

4. 時間壓力、高風險或兩者兼有而導致壓力：壓力顯然是投資特徵之一。

5. 決策可能牽涉多位參與者：這表示決策者可能會和各種夥伴合作，這些夥伴可能會限制決策過程。

自然決策者實際上如何做決策？奧爾森確認了三個主要行為。第一，決策者具備能夠仰賴心像（mental imagery）和情境模擬，以評估情況及可能選項的能力。[7]

第二種行為是根據模式比對（pattern matching），以辨識問題的能力；專家能夠將已知的模式連結特定的情境。蓋瑞・克萊恩和他的同事，研究在西洋棋一般比賽（每步限時 135 秒）和快棋比賽（每步限時 6 秒）裡，大師級棋手與 B 級棋手的平均棋步品質。他們發現，儘管 B 級棋手在一般條件下的平均棋步品質顯著較佳，但對高手級棋士來說，他們的棋步品質無論在哪一種條件下，基本上都沒有變化（見圖表 16.1）。大師級棋手掃視棋盤後，能夠迅速看出棋盤上的模式，並在短時間內下出相對較好的棋步。[8]

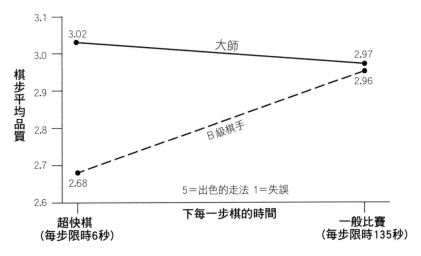

圖表 16.1　大師級棋士在時間限制下，也不會降低棋步的平均品質

來源：Gary Klein, *Sources of Power: How People Make Decisions* (Cambridge, Mass.: MIT Press, 1998), 163.

　　自然決策者的第三種行為特徵，是以類比的方式推理。面對表面上看似不同的情況，專家可以看到其中的相似之處。

　　自然決策有一個地方很有趣：專家如何在自己幾乎沒有意識到的情況下做出決策。在一個實驗裡，神經科學家安東尼歐．達馬吉歐給受試者四副撲克牌，抽中其中兩副牌可以贏得遊戲代幣，抽中另外兩副則會輸掉遊戲代幣。他要求受試者從任何一副牌中抽牌。達馬吉歐讓受試者戴上測量皮膚導電反應器，這種儀器和測謊器的用法相同,並定時詢問他們對遊戲狀況的看法。等到受試者翻了大約 10 張牌後,當他們抽到會輸錢那副牌時,身體會開始出現反應。但是,等他們抽了大約 40 張牌後,他們才明確指出,四副牌裡有兩副牌的輸錢風險比較高。只有當受試者繼續再抽 30 張牌後,他們才能解釋為什麼自己的直覺是正確的。即使是無法用言語清楚表達直覺的人,他們的身體也會有反應。[9]

研究人員雷‧克里斯汀(Ray Christian)說明無意識在決策上可能發揮的作用。他指出,我們在任何時刻認知到的事物,也就是我們的意識頻寬,只是感官接收到的所有資訊裡的極小一部分。具體來言,他估計我們感官系統的容量為每秒 11 百萬位元,而我們的意識頻寬每秒只有 16 位元。[10]

自然投資法

奧爾森測試過自然決策理論,是否能解釋真實投資人的實際投資行為。由於自然決策理論和特定領域的專家有關,因此他將研究對象設定為取得特許財務分析師(Chartered Financial Analyst; CFA®)資格的投資人。在他兩百五十多個樣本裡,超過 90% 的人擁有 6 年以上的投資經驗;超過 50% 的人,在這個產業已經有

圖表 16.2　具備 CFA 資格的投資人的行為反應

問題一：利用當下真實情境為基礎，去創造一個連貫與完整的「故事」，這種能力是做決策或提出建議時最重要的事？

　　贊成 93%　　　　　　　　　　　　　　　　反對 7%

問題二：當預測或提出建議的工作變得太複雜時，我傾向更相信自己的判斷，而減少依賴形式化的量化分析？

　　贊成 64%　　　　　　　　　　　　　　　　反對 36%

問題三：分析新公司或比較不穩定的企業時，量化的證券估價模型幫助不大？

　　贊成 89%　　　　　　　　　　　　　　　　反對 11%

問題四：如果難以提出高準確度的預測，或者成本太高，我傾向使用成本較低的預測流程，即使預測結果的準確度較低？

　　贊成：80%　　　　　　　　　　　　　　　反對：20%

問題五：為了較容易做決策，我會忽略不太可能發生的結果：

　　贊成：62%　　　　　　　　　　　　　　　反對：38%

問題六：為了較容易做決策，除非我的結果和別人的預測明顯不同，否則我會忽略？

　　贊成：82%　　　　　　　　　　　　　　　反對：18%

問題七：為了較容易做決策，我用機率看待預測結果，而非定值的估計？

　　贊成：75%　　　　　　　　　　　　　　　反對：25%

問題八：當我不確定自己的預測能力時，我會加重對選項中負面資訊的權衡？

　　贊成：86%　　　　　　　　　　　　　　　反對：14%

來源：Robert A. Olsen, "Professional Investors as Naturalistic Decision Makers: Evidence and Market Implications," *The Journal of Psychology and Financial Markets* 3, no. 3 (2002): Table 2, 163.

超過 15 年的資歷。奧爾森提出八個問題，以了解他們的投資行為。

　　圖表 16.2 顯示該調查的結果。奧爾森總結表示，這些專家對

第一個問題的回答，證實專業投資人大量仰賴心像的看法。超過九成的受訪者表示，根據事實為基礎創造故事，對他們的投資決策非常重要。

第二題到第四題的答案，顯示專業投資人的決策仰賴情境。投資人會根據情況的變化，調整他們的方法。

受試者對最後三個問題的回答，都顯示出投資人的行為符合「但求滿意的策略」（satisficing）觀點。投資人並不會按照傳統所說追求最佳化，他們會忽略結果或簡化分類，讓決策過程更容易掌控。

奧爾森的研究強烈顯示，專業投資人是自然決策者。對於親眼見過出色投資者的人來說，這個結論其實並不會太讓人意外。這裡有一個重要的啟示是——當我們在訓練投資人時，可能要強調和飛行模擬器的模擬與情境分析類似的訓練內容，並提供及時且清楚的回饋。

還有一些細節

自然決策顯然與投資人和投資過程密切相關，但在思考理論的重要性時，有幾點值得謹記在心。

首先，自然決策最適合用在複雜的環境。當問題牽涉規則或單純只是繁瑣（complicated）時，傳統的框架通常非常有效。不同的決策方法，適用於不同的環境情境。

與此相關的另一個重點是，由不同個體組成的群體，往往比一般的個體更能解決複雜問題。股市就是一個很好的例子。即使是投資「專家」，長期來說也很難打敗市場。成功的專家似乎是能夠在腦海中重現出複雜情境的人。自然決策並不表示一定能夠打敗市場。

這一點引出了最後一點：最擅長自然決策的人，他們可能無法將自身的技巧轉移給其他人。最優秀的投資人，似乎兼具天生的才能（先天條件）與刻苦的努力（吸收各種資訊）。雖然，所有投資人當然都可以改善他們的決策（即使是自然決策），但我們推測，只有少數投資人具備天生的條件和敬業態度，才能夠持續打敗市場。

17 把關權重
你從上一次的調查學到什麼？

> 從實驗和觀察得到結論的藝術，在於評估機率並估算這些機率是
> 否夠大或數量夠多，進而足以構成證據。計算機率比一般人以為
> 的更複雜和困難。
>
> ——安托萬‧拉瓦節（Antoine Lavoisier）[1]
>
> 世上有三種謊言：謊言、可惡的謊言、統計。
>
> ——雷納德‧考特尼（Leonard H. Courtney）[2]

我願意——你呢？

並非所有資訊都一樣重要。穿著燕尾服在牧師和會眾面前說
「我願意」的意義，比起老闆問你是否要在咖啡裡加牛奶時回答
「我要」，來得更重要很多。妥善權衡生活裡各種資訊的重要程
度非常重要，這一點對投資人來說尤為如此。

在投資的過程裡，我們需要收集和分析資訊。長久以來，投
資人是透過收集資料或分析數據尋求競爭優勢。但是，隨著科技

進步和法規的影響，近年來想要在取得資訊上具備優勢，變得愈來愈困難。

例如，網路化個人電腦的普及，讓資訊傳播變得非常迅速且幾乎沒有什麼成本。今天，網路當沖客可以隨時隨地取得的資訊，是 25 年前大型機構夢寐以求的內容。

此外，「公平資訊揭露規定」（Regulation FD）的目的是確保所有投資人，從最大的基金經理到最小的散戶投資人，都能同時接收到重要的資訊。

然而，分析師並未因此放棄取得專有資訊。近年來，我們看到調查和通路檢查（channel checks）的數量激增，以及企圖以其他不那麼正當的方式收集資訊。雖然追求更好的資訊並沒有錯，有一些公司也確實做得很好，但我質疑目前許多所謂的「專有」研究到底有多少投資價值。

我的懷疑來自三方面的考量。第一，投資人能否正確評估資訊。第二是抽樣問題，也就是分析師使用的抽樣技術，能夠真實反映人口基數到什麼程度。最後一個問題是，當今的專有研究，是否能夠為投資人帶來更好的投資績效。

篩選權重

1990 年代中期，比爾‧蓋茲會隨身攜帶一份微軟的業務優先清單。網際網路才剛起步時，只排在他清單上的第五或第六名，但是，一旦蓋茲意識到網路對微軟未來的重要性時，他就把網路列為優先任務。[3] 蓋茲徹底重新權衡他已知的資訊，進而為微軟的股東帶來大量價值。同樣地，我們如何權衡資訊，將對我們看待世界和評估資產的方式有重大影響。

我們對特定假設有多少信心，通常取決於兩類證據：證據的**強度**，亦即極端程度；以及證據的**重量**，亦即預測效度（predictive validity）。[4] 例如，你想檢驗一個假設：有一枚硬幣比較容易投出正面。在投擲的樣本裡，出現正面的次數比例反映出強度，而樣本數的大小則決定了重量。

機率論告訴我們該如何正確結合強度和重量的規則，然而大量實驗數據顯示，人類並不遵循這樣的理論。具體來說，證據的強度往往主導了人們的心。

這種偏誤會導致特定的過度自信和缺乏自信的模式。誠如許多華爾街贊助的研究結果顯示，當證據的強度高而重量較輕時，人們往往會過度自信；相反地，當證據的強度弱而重量較重時，人們往往會缺乏自信。

圖表 17.1 顯示強度與重量的組合。當兩者都很高時，可能出現以下顯而易見的結論；當兩者皆低時，研究結果可能不太重要。然而，我們在剩下的兩個框框裡，可能會出現誤判證據的狀況。

贏家詛咒（winner's curse）是另一個具體例子，說明錯誤權衡資訊會帶來什麼風險。[5] 贏家詛咒是指在競爭激烈的拍賣會上，出價最高的人通常會為所購買的資產付出過高的溢價。因此，該投標者雖然「贏」得拍賣，卻得到「高溢價」的「詛咒」。投資人在

圖表 17.1　假說檢驗的證據強度和重量

強度（激烈程度）

	低	高
重量（預測的有效性）低	未顯示相關性	信心過高
高	信心不足	明確結果

來　源：Dale Griffin and Amos Tversky, "The Weighing of Evidence and the Determinants of Confidence"；作者分析。

評估資產價值時，經常把焦點放在其他出價者出的平均價格。但是，最後唯一重要的價值，是出價最高者願意支付的價格。[6]

　　資訊權衡強調的是，並非所有資訊的價值和重要性都一樣。投資人必須時時謹慎，避免陷入因錯誤衡量資訊而產生的陷阱。

被樣本誤導

　　投資人若能了解實際的狀況，對投資非常有幫助，例如附加價值經銷商（value-added resellers）的意見、員工對公司的感受，或者資訊長（CIO）的採購意圖等。但想要精確了解這些組織的情況，往往並不容易。

　　統計數據可以指引我們，需要多大的樣本數才能描繪出相對精準的群體樣貌，但很多情況下潛在母體屬於常態分布。例如，一個成年女性身高的好樣本，可以適當反映出女性身高的平均值和分布狀況。

　　然而，還有很多樣本並非常態分布，這便產生了一些問題。例如，資訊長對於技術支出所做的預期調查，通常是根據《財星》1000大企業（Fortune 1000）為樣本而來。假設技術支出占銷售額的比例屬於隨機分布，那麼哪一些公司的資訊長被納入調查，可能會對結果造成重大影響。

例如，在《財星》1000 大公司裡，前 10% 的企業創造了超過 50% 的總銷售額，而後 10% 的企業只貢獻不到 2% 銷售額。如果沒有將樣本適當分層，而將所有資訊長的回答一視同仁，可能會嚴重扭曲潛在的狀況。圖表 17.2 顯示《財富》1000 大企業的銷售分布狀況。

在今日的市場裡，證據強度強而預測效力弱所產生的過度自

圖表 17.2　美國《財星》1000 大企業的營業額分布

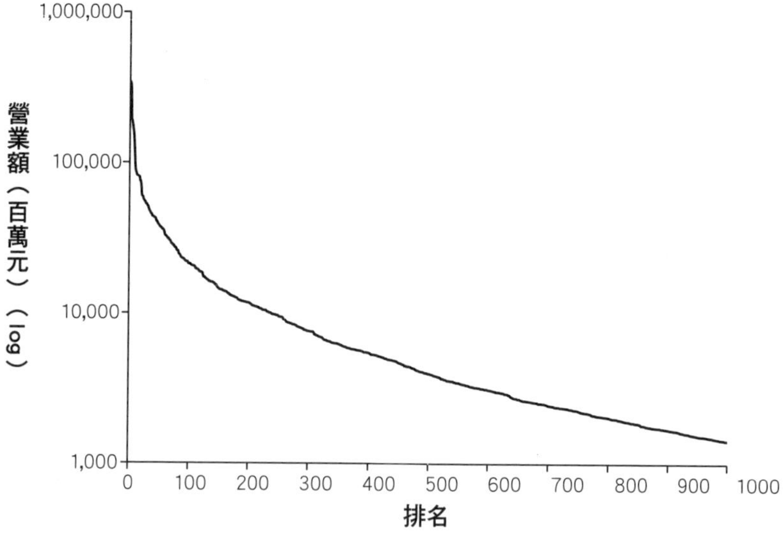

來源：Fortune.com；作者分析

信，似乎非常明顯。投資人似乎樂於用兩、三個數據點，就決定下一次該如何交易，但是想靠這種方式賺錢，難度非常高。[7] 於是，這引出了我最後一個論點。

告訴我一些市場不知道的事

想要檢驗根據調查所做的研究有多少價值，最基本的標準是這研究是否能夠帶來更優秀的選股決策。在我們看來，這個答案就算不是否定的，頂多也只是模稜兩可。

第一個原因和市場吸收新資訊的速度有關。[8] 證據顯示，市場確實很快就會對新資訊有所反應，果真如此，想從這些數據獲得超額回報，似乎不太可能。想要取得資訊優勢確實不容易：賣方分析師的報告和通路檢查必須統一發布，而大規模的買方公司額外獲得的資訊，往往很快就會反映在股價上。與當前情況或未來可能發生的事情的相關資訊，最有可能已經有效反映在股票的價格上。相反地，有些證據顯示市場對於長期資訊的看法則十分短視。[9]

第二個問題在於，理解一個產業或公司的基本面（或基本面的變化），與掌握當前股價的預期之間，有很大的差異。[10] 價格反映了市場集體的預期,而且包含的資訊往往遠超過任何一個人所能掌握的程度。所以關鍵問題在於,對你來說是新的資訊,對市場來說是否也是新的。

最後,我冒著太過自信的風險,測試了某項針對資訊長所做的知名研究與股市超額回報之間的相關性(見圖表 17.3)。[11] 證據顯示,兩者之間的相關性缺乏說服力。

有些投資人,不會直接用調查結果來評估被調查的產業,而

圖表 17.3 資訊長調查資料和股票價格走勢之間的相關性

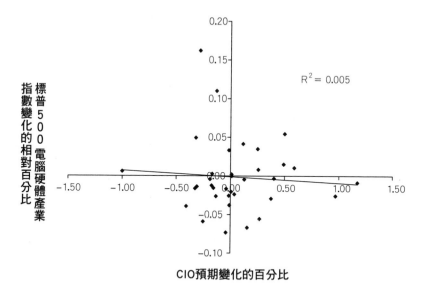

來源:http://www2.cio.com/techpoll/index.cfm;作者分析。

是尋找延伸性的應用，也就是判斷趨勢還會影響哪些其他的產業。這種分析可能會遇到條件機率的問題。假設你根據一些新的調查結果，判斷某家公司的訂單低於預期的機率是 70%。另外，假設某個特定供應商受到影響的機率也是 70%。所以，這些供應商訂單不如預期的機率小於 50%（0.70×0.70 ＝ 0.49）。

研究人員發現，人們往往高估了這兩件事同時發生的可能性，我們稱這種錯誤為「合取謬誤」（conjunction fallacy）。之所以會出現這種謬誤，是因為人往往會把思維歸類。投資人延伸解讀調查結果時，必須保持高度警覺以避免落入合取謬誤。[12]

對投資人來說，取得新資訊是我們值得追求的目標。[13] 但我的擔心的是，許多所謂的增量資訊幾乎沒有或根本沒有價值，因為投資人未能正確衡量資訊，仰賴不可靠的樣本，並且未能認知到市場已經知道的東西。相反地，我發現鮮少有針對某家公司或某個產業的長期競爭力，進行深入探討的研究。

PART 3

創新與競爭策略

為了讓讀者了解過去一百多年來的變化，我們來看看查爾斯‧道（Charles Dow）在 1896 年 5 月組成的第一批工業成分股名單：

- 美國棉花油製造公司（American Cotton Oil）
- 美國菸草公司（American Tobacco）
- 芝加哥燃氣公司（Chicago Gas）
- 田納西煤、鐵與鐵路公司（Tennessee Coal & Iron）
- 蒸餾與家牛飼料公司（Distilling and Cattle Feeding）
- 奇異公司（General Electric）
- 拉克列德煤氣公司（Laclede Gas）
- 北美公司（North American）
- 美國皮草公司（U.S. Leather）
- 美國橡膠公司（U.S. Rubber）

如今仍存在的唯一一家公司是奇異公司，而這家公司如今早就不只是「電氣」公司了。上述公司都是當時的藍籌股（Blue chip），反映出它們在以商品為基礎的經濟世界裡競爭。很難想像蒸餾與家牛飼料公司，以及美國棉花油製造公司曾經這麼出名，但未來的世代看到現在的微軟和默克（Merck，編按：全球性的製藥和生物科技公司），可能也會噗哧一笑。

上個世紀的變化，能否為我們下個世紀帶來啟示？嗯，我們確實知道幾件事。第一，針對遙遠未來提出的所有預測，很可能都會大錯特錯。其次，我們唯一能夠確定會往前邁進的，幾乎只有**創新**。這個部分的主題是談如何思考和應對創新。投資人需要了解創新，因為這是決定公司成敗的主要機制。但這裡的問題在於，雖然大多數投資人都知道，明天的成功企業將和今天的領導企業全然不同，但推動這些變革的因素通常微小且漸進。所以，除非仔細思考創新**累積**的效應，否則你會忽略這些細微變化，結果是你還繼續抱著昨日黃花。

這個部分有一個主要觀點，認為我們無法避免創新。創新是將既有的觀點，重新加以組合的結果，所以既有的觀點愈多，我們就愈能更快運用這些觀點，迅速提出有用的解決方案和創新。確實，我們有充分的理由相信創新正在**加速**。此外，創新自然會帶來贏家和輸家，證據顯示今天的贏家很可能成為企業競爭的目標，一旦公司由盛轉衰，就很少能夠重新站起來。

另一個重要原則是，人類很不擅長應對變化。身為投資人，我們通常會推測未來的趨勢，而隱含在公司估值裡的預期，往往假設現況不會有任何改變——好公司將繼續繁榮，而表現不佳的公司將持續低迷。企業高層也會變得安逸，於是埋下未來競爭失敗的種子。

最後一個主題是如何因應變革。當新產業出現時，我們幾乎不可能分辨出策略的好壞。所以，我們常常看到業界採取許多不同的策略，並讓市場決定哪些策略有效（這種做法和大腦發展有著同樣讓人驚奇的相似性）。於是，我們最後得到一些很有用的策略，但代價是也有很多失敗的策略。不過，與其認為這些失敗不討人喜歡，不妨視為我們探索商業模式的關鍵所在。

深入了解創新的基本原則，或許無法讓你預測你的子孫將來應該持有哪些股票，但對於你預測投資組合的預期變化卻會有莫大的幫助。

CHAPTER 18 萊特兄弟的故事
為什麼創新勢不可擋？

所有創新都代表突破過去，例如電燈取代煤氣燈，汽車取代馬車，輪船取代帆船。同樣的道理，所有的創新也從過去的元素建構而成，例如愛迪生的系統源自煤氣業，早期的汽車則是由馬車製造商製成，而第一艘蒸汽船是以既有的帆船為基礎，再加上蒸汽引擎。

——安德魯・哈格頓（Andrew Hargadon），
《發明大王不必是天才》（*How Breakthroughs Happen*）

我們必須確保我們的工業，每年能夠生產 5,000 萬噸的生鐵、6,000 萬噸的鋼鐵、5 億噸的煤和 6,000 萬噸石油。只有我們能夠成功做到這些，才能確保自己的國家能夠應對所有突發狀況。

——史達林（Josef Stalin）演講，1946 年

未來的帝國，將是思考的帝國。

——溫斯頓・邱吉爾（Winston Churchill），
1943 年哈佛大學的演講

重組後起飛

1903 年 12 月 17 日，奧維爾·萊特（Orville Wright）創造了歷史，操控著引擎飛機飛行，飛行距離達到 120 英尺，持續了 12 秒鐘。就這樣，萊特兄弟開創了許多產業，並永遠改變人類的長途旅行。

萊特兄弟如何實現他們改變世界的壯舉？他們既不靠神啟，也不是從零開始。最適合描述第一架飛機的說法，是將已知的概

圖表 18.1　萊特兄弟第一次飛行

來源：Corbis Corporation.

念重新組合技術。[1] 誠如管理學教授安德魯‧哈格頓所說，所有創新都再現（represent）了對過去的一些突破，由過去的片段組成。萊特兄弟之所以天才，在於他們洞察到將輕汽油引擎、一些鋼索、螺旋槳，結合白努利原理（Bernoulli's principle），便能打造出飛行裝置。

出於以下幾個原因，投資人應該重視創新的過程。第一，我們的物質水準很大程度上要仰賴創新。第二，創新的根源就在創造性破壞之中，透過創新的過程，新技術和新企業取代了其他技術和企業。快速的創新表示公司會有更多成功和失敗。

財富從何而來？

經濟學家保羅‧羅默（Paul Romer）常常從非常簡單的問題談事情，例如我們為什麼比一百年前或一千年前的人更富有？畢竟，世界上的原料數量，甚至可以說是地球的總質量，並沒有改變，而我們卻必須把這些資源分配給更多的人。然而，現在的人均 GDP，大概是一千年前的 30 倍，而其中大部分成長發生在過去的 150 年內（見圖表 18.2）。[2]

羅默的答案相當直接了當，他認為原因是人類逐漸學會如何

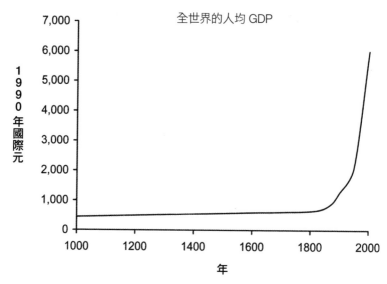

來源：Angus Maddison 和作者估算。

重新配置原料，讓原料變得愈來愈有價值。一百年前，人類取得
財富的主要來源是控制物質資源（1896 年，道瓊工業平均指數
12 家成分股裡，有 10 家是大宗商品業者），但如今利用原料的
做法和方法，才是創造財富的引擎。邱吉爾在 60 年前即正確指
出，未來的帝國是思考的帝國。[3]

　　羅默為了更具體說明他的觀點，將價值創造的過程分成兩個
部分：發現並執行新的製程、想法或做法。只有當人們能夠有效

執行新製程時，這些新做法才有價值。

羅默認為，1900 年的美國鋼鐵公司和 2000 年的默克公司之間的差距，顯示經濟出現巨大的轉變。如果你研究過一個世紀前的美國鋼鐵公司，會看到許多員工遵循指示做事，包括運輸礦石、投料至熔爐、塑形鋼材等，卻只有少數人在制定新製程。當然，製程的演變很重要，只是當時不那麼明顯而已。

今天，你如果參觀一家像默克藥廠這樣的公司，會發現它們的做法已經翻轉過來：大多數員工都在找新的製程。毫無疑問，有些工人仍照既有指令工作，但他們只是其中一小部分。你可以用這些說法來重新界定將工作外包的爭論：如果把按照指令辦事的工作外包出去，確實能夠為制訂新製程的員工帶來機會，那麼外包是否就是合理的做法？

形塑世界的指導方針是創造財富的核心（諷刺的是，古典經濟學的成長模型把這一點當成外生變數），這一點有重要的意涵。

首先是，經濟學家所說的競爭性商品和非競爭性商品之間的差別。所謂競爭性商品，是指一個人的消費，會減少他人可以消費的數量，汽車、筆和襯衫是這一類的例子。相反地，非競爭性商品——例如新製程——則是許多人可以同時使用的技術，軟體則是典型的非競爭性商品，公司可以廣為散布它們的軟體。由於額外使用這些知識不會讓資源稀缺，更廣泛的分享可能會帶來更多成長。[4]

其次，由於創新是將各種想法的基本要素重新組合，所以基本要素愈多，我們解決問題的機會就愈多。可以用一個簡單的數學例子，說明這個原則。假設你有四個基本要素可以創造潛在的解決方案，那麼潛在擁有的組合數量是 4×3×2×1，總共 24 種。現在，我們把基本要素的數量增加到 6 個，那麼潛在的組合數量將是 6×5×4×3×2×1，也就是 720，是 24 的 30 倍之多。羅默總喜歡說，你可以在 20 個步驟裡排列出大約 10^{19} 種方式，這個數字大於宇宙大爆炸以來歷經的總秒數。

這於是衍生出最後的結論：想法愈多將帶來愈多的創新，最後會讓整體成長得更快。高度仰賴實體資源的公司，會因為稀缺性所帶來的成本，而出現規模不經濟（diseconomies of scale）的現象，進而限制其規模和成長。至於以創造知識為主的公司，則不會遇到相同的障礙（不過它們可能會遇到其他挑戰）。

我們可以看到這種由規模促成的成長，如何在國家層次上開展。在過去 200 年裡，儘管美國經濟的規模不斷擴大，但美國的人均 GDP 成長（我們大概以 40 年為一個週期來衡量）速度，實際上仍持續在**加速**（見圖表 18.3）。在這個重視想法的世界裡，

圖表 18.3　規模並不妨礙美國的經濟成長

年度人均 GDP

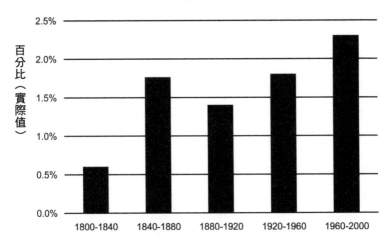

來源：Angus Maddison 和作者估算。

規模本身可能不是成長的決定因素；實際上，情況可能剛好相反。

循此旅途，以達星辰

我們認為，有三個相互關聯的驅動因素，將繼續加速推動人類的創新。這三個因素是科學進步、資訊儲存量，以及由摩爾定律（Moore's Law）推動的運算能力提升。[5] 在這裡，我要專門談創新的其中一個面向：傳輸資訊的變化。

璜‧安利奎斯（Juan Enriquez）在他發人深省的著作《訂製人：生命科學如何改變全球經濟》（*As the Future Catches You*）一書裡，追溯了人類符號交流的演變。[6]兩、三萬年前，舊石器時代的人類在洞穴牆壁上畫圖（見圖表18.4），科學家認為這些圖傳達出和狩獵相關的儀式。這些畫作相當漂亮，但由於無法複製或移動，因此傳播訊息的價值很有限。

圖表18.4　山洞壁畫

來源：Corbis Corporation.

大約五千年前，當美索不達米亞和埃及文明引入楔形文字和象形文字的書寫符號時，於是大幅改善傳播訊息的技術（參見圖表 18.5）。人類也在這段時期，出現了最早以實體代幣為基礎的數學表達符號。這些粗糙的符號雖然走出正確的一大步，但仍十分繁複。一般來說，只有社會裡的精英階層才能夠識字。

　　後來，中國人發展出更能夠標準化的文字（見圖表 18.6）。這種符號更簡單的溝通方式，讓中國人早在歐洲的古騰堡（Gutenberg）發明印刷術之前的 500 年，就利用木刻版來印刷

圖表 18.5　象形文字 ── 音節符號

來源：Corbis Corporation.

書籍。

希臘人將許多發音簡化成少數幾個字母，成為今天許多西方語言 26 個羅馬字母的基礎。我們可以組合這些字母來表示任何概念。這個字母有助於大幅提高人們的識字率，並改善人們的生

圖表 18.6　「The Consilient Observer」的簡體中文表達方式

探求融会贯通的观察者

來源：Jean Yu.

圖表 18.7　〈融會貫通的觀察者〉的二元編碼表達方式

0100001101101111
0110111001110011
0110100101101100
0110100101100101
0110111001110100
0010000001001111
01100001001110011
0110010101110010
0111011001100101
01110010

來源：http://nickciske.com/
tools/binary.php.

活水準。

　　但在二戰前不久，另一種語言開始崛起，那就是 1 和 0 的語言。二進位制或所謂的數位語言，讓我們能夠將任何潛在訊息加以編碼，從文字、音樂到人類基因圖譜皆然（見圖表 18.7）。

　　由於數位語言很簡單，因此我們可以利用它快速編碼、傳播和解碼。[7] 此外，數位語言可以讓訊息高度保真，且易於儲存。

　　圖表 18.8 顯示從 1999 年到 2002 年資訊生產的變化，可以發現磁儲存（magnetic storage）和光儲存（optical storage）媒介的大幅成長。

　　這對創新有什麼意義呢？由於數位語言十分靈活，現在的我們可以前所未有地辨識和運用概念要素。加上概念要素愈來愈多，所以結論是人類的創新速度可能會加快。例如，隨著科學家

圖表 18.8　全球的原始資訊儲存量

儲存媒介	2002 年的上估計（Terabytes）	1999 到 2000 年的上估計（Terabytes）	上估計變化百分比
紙	1,634	1,200	36%
底片	420,254	431,690	−3%
磁儲存	4,999,230	2,779,760	80%
光儲存	103	81	28%
總量	5,421,221	3,212,731	69%

來源：Lyman and Varian, "How Much Information? 2003."；經同意後重製。

結合數位化、生物知識（基因圖譜）和更強的運算能力，醫療保健領域可能會出現全面的變革。

持續的創新式破壞

21世紀的萊特兄弟們，擁有人類前所未有的資源和能力，找到並組合出解決方案。在未來，財富很可能會跟著那些創造有用概念的人，而不是那些執行這些概念的人。

CHAPTER 19 修剪出績效
大腦發展告訴我們創新的重要

> 我想這就是你在這裡看到的情況。我們（在網路）試過各式各樣
> 的實驗，很多實驗會成功，但也有很多實驗會失敗。
>
> ——貝佐斯（Jeff Bezos），1999 年網路高峰會

聰明反被聰明誤

每當我自以為聰明時，就會仔細看看三歲小孩的狀況，因為
這個年齡的孩子學習速度之快，讓人吃驚。研究顯示，完全不識
字的兒童，清醒時每兩小時可以學會一個新詞。高中畢業之前，
他們大概可以掌握 45,000 個詞彙。[1] 小孩在適應環境時，會展現
出驚人的學習能力。

但另一方面，成年人卻較難吸收大量新資訊。例如，中年人
學習第二個語言的難度，比小孩還高很多。為什麼會這樣？這個
問題的答案，不僅從兒童發展的角度來說很有意思，當我們在商
界談到創新的過程時，這個答案也有助於我們的思考。

從嬰兒出生到三歲為止,他們大腦神經元之間突觸的連結數量會大量增加。事實上,幼兒大約有 1,000 兆個突觸連結,是成年人的兩倍。兒童的大腦比成年人更加活躍、連結更強,而且更有彈性。[2]

突觸增生後,隨之而來的是重要的**修剪**過程:有用的突觸連結,會隨著發揮其用途而得以強化;未發揮作用的突觸連結,則會被修剪掉(這個過程由心理學家唐納・赫布〔Donald Hebb〕發現,因此稱之為赫布〔Hebbian〕過程)。[3] 據估計,幼兒每天會失去大約兩百億個突觸連結。[4] 這個過程將大腦進行精修微調,讓它適應其所屬的特定環境。待我們成年時,突觸的選擇已經形塑了我們的大腦,讓我們具備追求成功的能力。

突觸過度生長和修剪的過程,看起來也許平淡無奇,但如果把神經元組和耗費的能量成本考量進來,這其實是一種代價高昂的策略。為什麼演化會讓這種浪費資源的機制持續存在?其實,大自然非常聰明。神經網絡的模型顯示,過度生產/修剪的方法,比前饋神經網路(feed-forward network)更靈活,且更能夠可靠地保存資訊。從眾多選擇裡挑選出最有用的選項,這種做法雖然看起來效率不佳,後來證明是一種非常有效的過程。[5]

為什麼投資人和商業人士應該關心大腦神經的發展?腦神經

過度生成和隨後的修剪，似乎和新興產業的發展過程高度相似。
了解這個過程，可以為投資人帶來三大好處。第一，這是一個理
論上合理，而且經過研究人員實證過的創新模式。其次，這個過
程讓投資人了解為什麼會有狂熱和泡沫。最後，這一切證實創新
的過程往往會帶來投資機會。

創新動力學

詹姆斯・阿特貝克（James Utterback）在他富有洞見的著作
《掌握創新的動力學》（*Mastering the Dynamics of Innovation*，暫
譯）中，提出產業創新的三個階段。他稱第一個階段為流動階段
（fluid phase），這個階段充滿大量試驗，反映突觸連結的數量大
幅增加。接下來是過渡期（transitional phase），進化的力量將挑
出具有優勢的產品設計，這個階段類似修剪過程。最後一個是具
體化階段（specific phase），此時產品或流程的變動比較小，而
這對應到我們大多數成年人的狀況。

這些階段顯示，產業在早期發展的階段，企業的數量會急劇
上升，並在隨後的修剪整合過程急劇下降。當我們看到這個過程
清理掉大量選項時，會覺得非常浪費資源。但是技術能力與市場

選擇互動後，最後會篩選出最能適應環境的產品設計。

這種模式在商業的世界裡屢見不鮮，[6] 接下來，我以美國汽車和電視領域的工業巨頭為例說明（見圖表 19.1）。在這兩個產業裡，投資人在早期階段大膽投入資金，因為每個產業的成長潛力雖大，但不確定性也很高。但是，隨著產業的主流設計逐漸浮現，兩個產業裡競爭的公司數量都大幅下降了。

更近期的硬碟和個人電腦產業的歷史，也出現相同模式（見圖表 19.2），雖然，這段修剪淘汰的過程發生得更短一點。一個世紀前在汽車產業花了 30 年修剪，磁碟機產業則花了 15 年，而個人電腦製造商則只花了 10 年。

網路在進入 21 世紀時，同樣經歷過類似的過程（見圖表 19.3）。雖然網路本身並不是一個產業，但在 1990 年代末，網路曾經歷過瘋狂的實驗時期。2001 年的修剪淘汰過程來勢洶洶。根據 Webmergers.com 的數據顯示，2001 年有 544 家網路公司倒閉，比起 2000 年的 223 家數量多更多。截至 2002 年上半年，企業倒閉的數量較前一年的數量下降了近 75%。[7] 雖然，1990 年代末網路通訊產業的過熱現象，一直延續到 21 世紀，但這種繁榮與衰退的模式並非特殊現象。我預期將來還會看到相同的過程。

當我們從嬰兒長成大人，我們犧牲了龐大的心智靈活度，以

圖表 19.1　公司數量下降

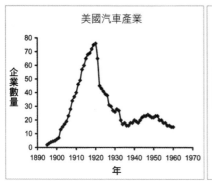

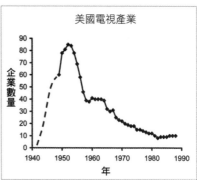

來源：Utterback, *Mastering the Dynamics of Innovation*, 35 and 38；作者估算；經許可引用。

圖表 19.2　更大幅度的下降：硬碟與個人電腦

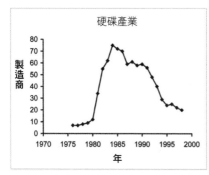

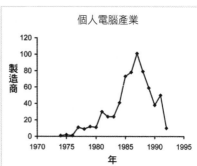

來源：DISK/TREND reports, *Management Science*；作者估算。

圖表 19.3　網路產業輸家的數量

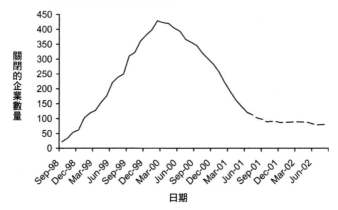

來源：WebMergers.com, CommScan；作者估算。

換取適應環境的能力。雖然成人的突觸連結數量減少，但他們的技術和能力仍然在提升。商界的狀況也很類似。當競爭對手的數量逐漸減少時，產業仍然會持續成長，因為市場的力量會選出主流的設計、流程或兩者兼具（見圖表 19.4）。

專家經常將產業繁榮與蕭條的現象，貶低為資源浪費與投機，即使這些現象都是未來成長所需的必要基礎。此外，在地球超過 30 億年的歷史裡，大自然一再選擇這個過程。實際上，古生物學家大衛・勞普（David Raup）直接將股市和化石紀錄之間做了類比。[8]

圖表 19.4　個人電腦和硬碟產業

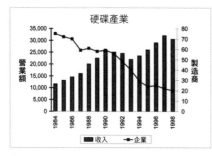

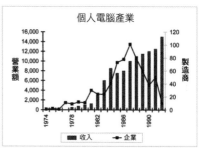

來源：DISK/TREND reports, *Management Science*；作者估算。

投資人：動動腦

　　現在，我們這幅圖像又更完整了，讓我們再回去討論投資人的利益吧。首先，我們要對繁榮與蕭條的模式有基本了解，以及為什麼這種現象如此普遍。事實上，當環境不確定時，最好從眾多的選擇（例如，突觸連結）開始，然後根據環境選擇（透過修剪）最適合的幾個選項。這個過程無疑代價高昂的，因為大量的能量和資源會被浪費掉，但這是目前最好的做法。

　　投資人得到的第二種利益，是了解這個過程如何帶來狂熱的情緒。把嬰兒的大腦想像成市場，每個突觸代表一家公司或新進者。嬰兒剛出生時，市場一片熱鬧，因為大腦正在建立大量的突觸，有些公司會非常成功。市場充滿了激情與狂熱。一旦價格被納入考量後，就為激情與狂熱奠定基礎。

投資人將價格視為評估企業潛在成功的重要線索之一。當價格被拉抬時，人們自然會想參與其中，於是正向回饋的循環開始發揮作用，進而引發狂熱。但我們知道，許多突觸或公司終究無法成功，通往創新的道路充滿了失敗與浪費。

然而，市場參與者必須知道，創新時期的商業環境通常是不斷變化的，因此我們很難判斷哪些企業會成功或失敗。然而，最後能夠存活下來的企業，其回報可能非常可觀，而這正是我最後要談的重點。

投資人應該在修剪過程結束時，尋找倖存下來的企業，因為由倖存公司組成的投資組合，通常有機會為股東帶來很有吸引力的回報。

例如，如果你在 1985 年初，投資倖存下來的 12 家硬碟公司，並持有它們的股票至 2000 年 6 月，將可得到 11% 的複利。此外，即使這些公司持續面臨殘酷的激烈競爭，並最終以失敗告終，投資人如果在股價最高時賣出獲利的股票，甚至可以得到每年 21% 的複利回報（見圖表 19.5）。[9] 我也在 1989 年到 2000 年的個人電腦股票裡，發現了類似結果。

圖表 19.5　存活下來的代工硬碟生產者

	市值（千元）		
公司	1984 年 12 月 31 日	2000 年 6 月 30 日	歷史
Miniscribe	$51,720		破產後資產售予 Maxtor
Masstor	$51,786		破產
Rodime	$53,095		僅授權專利
Iomega	$106,068	$1,100,000	營運中
Cipher Data	$298,056		被 Archive Corporation 收購
Computer Memories	$35,685		被投資人集團收購
Onyx + IMI	$14,399		被 Corvus System Inc. 收購
Seagate	$220,795	$12,000,000	營運中
Quantum	$199,836		分割成兩種追蹤股票
DSS (Quantum)		$1,400,000	營運中
HDD (Quantum)		$888,000	營運中
Micropolis	$43,826		售予 Singapore Technologies
Priam	$77,682		破產後資產出售
Tandon	$304,710		資產售予 Western Digital
總額	$1,457,658	$15,388,000	

來源：Bygrave, Lange, Roedel, and Wu, "Capital Market Excesses," 13。經許可重製。

雖然市場和企業都屬於社會建構，但它們表現出來的特徵，卻與自然有著明顯的相似之處。大腦的發展與產業創新之間的相似性，只不過是其中一個例子。

領先曲線
創造性破壞與期望值的關係

你心知肚明自己的顛峰已過,你的心雖許下承諾,肉體卻無法實
踐承諾。

——搖滾樂團 Little Feat,〈Old Folks Boogie〉

榮景不再

任何在電視上看過大自然節目的人,都很熟悉這樣的畫面:
一隻年輕魯莽的獅子,挑戰獅群裡年邁的獅王,年邁的獅子以威
嚇和適度的力量,成功壓制挑戰者一段時間。不過,獅王終究還
是會屈服,被那頭年輕力壯的公獅取代。[1]

當然,並非所有挑戰者都能成為獅群的新領袖,但獅群的新
領袖都是挑戰者。[2] 商界和草原一樣,領導地位的爭奪戰永無止
境。在自然界裡,成功表示可以把你的基因傳給下一代;在商界
裡,成功指的是公司能夠創造出高經濟回報,股東的總回報率也
會超過同業的平均水準。

思考領導者和挑戰者之間的較勁，對投資人有什麼幫助？這些較勁牽涉的不只是創新的思維模式，還反映了投資人對創新似乎有明顯的規律反應，因此了解這一點非常有用。投資人往往低估和高估成長的前景。

股票市場為創新的過程帶來一些曲折，因為股價反映的並非當下狀況，而是人們對未來的預期。[3] 投資人會用各種手段和方法，評估公司未來的現值——或者，更精確地說，是公司未來現金流的現值。股價反映的是投資人的集體期望。

因此，投資人不能只考慮到創新，還必須評估市場會如何看待創新。創新蘊藏著潛在的機會。

金髮女孩的期待：太冷、太熱、剛剛好

大量證據顯示，產業在經歷斷層或技術變革後，其銷售和獲利會呈現 S 型的曲線[4]：一開始成長緩慢，接著加速成長，最後趨於平穩（見圖表 20.1）。這張圖表有助我們思考改變自己的期望。投資人（其實一般人也是）通常都是線性思考，因此投資人在 A 點時，未能完全預見該產業的成長和經濟回報，他們預測的成長相對較低，此時人們對未來財務表現的預期太低。持續成長

圖表 20.1　S形成長曲線往往導致認知差距

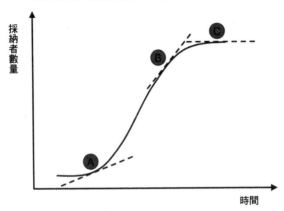

來源：作者分析。

一段時間後（B點），投資人天真地將近期的成長趨勢，投射到無限的未來，此時人們的期望又過高了。最後，在C點，投資人的預期收斂了，並調整股價反映更實際的前景。

　　因此，投資人的目標顯然應該在A點買入股票，然後在B點賣出，避免在S曲線的高峰，遇到讓人不愉快的預期向下修正趨勢。技術戰略家傑佛瑞‧墨爾（Geoffrey Moore）的著作，包括暢銷書《大金剛法則》（*Gorilla Game*），提供了可以預測這類期望上修的架構。墨爾討論了跨越A點或S曲線轉折處的關鍵問題，並說明用什麼策略來辨識潛在的贏家。當然，這裡的困難在於許多公司都在努力，但能夠順利成為新興產業領導者的公司極少。這個叢林危機四伏。

我的目標是記錄從 A 點轉換到 B 點的過程中，出現超額收益的機會，而從 B 點移到 C 點的過程，股價通常表現不佳。辨識這些轉折點對投資人來說非常有用，原因有幾個，第一，創新加速會讓產業和產品的生命週期紛紛縮短。[5] 隨著創新浪潮出現的速度愈來愈快，未來將有更多從 A 到 B 的機會，投資人必須更靈活地掌握修正的預期。

其次，當某些經驗「烙印」在人們心中時，他們往往會進入自動駕駛模式。例如，近期表現良好的股票會在許多投資人的心中留下印象，因此在經歷過艱難時期後，投資人往往會轉向持有曾經讓他們投資組合績效上升的股票。[6] 然而，此時此刻這些公司通常處在 B 點，因此一般來說，投資人應該避免持有這種股票。在瞬息萬變的世界中，押注新勢力幾乎總比押注舊勢力更有優勢。你可能不知道哪一間新公司會創造超額回報，但你幾乎可以確定的是，老公司不會創造超額回報。

汰舊換新

麥肯錫資深合夥人理查・佛斯特（Richard Foster）和創新研

圖表 20.2　優勢終將消失……

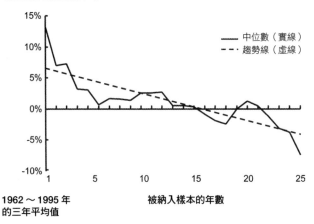

相對於各自產業的平均 TRS

中位數（實線）
趨勢線（虛線）

1962～1995 年
的三年平均值

被納入樣本的年數

來源：Foster and Kaplan, Creative Destruction, 47。經許可重製。

究專家莎菈‧凱普蘭（Sarah Kaplan），在他們的重要著作《創造性破壞》（*Creative Destruction*）中，說明新進者比更悠久、更知名的業界對手，更能創造出高股東整體報酬率（total return to shareholders, TRS）（見圖表 20.2）。圖表 20.1 的 A 點轉折到 B 點可以說明這個過程。這些數據涵蓋了三十多年來和數千家公司。他們篩選公司的條件是，公司的市值必須在所有公司排名前 80%，而且超過 50% 銷售額必須來自特定的產業，才會被納入樣本裡。

的確，這個分析偏重創新產業，但我們可以說，相較於既有的在位者，變化加劇的全球經濟如今顯然對挑戰者更有利。佛斯特在他 1986 年獨闢蹊徑的著作《創新：攻擊者的優勢》（*Innovation: The Attacker's Advantage*），闡述了創新的過程。

具體來說，研究顯示大多數新進者帶來的超額股東回報（相對於產業的平均值），通常出現在前 5 年。在接下來的 15 年中，該公司為股東帶來的總回報，與業界水準大致持平。公司上市 20 年後，其股價表現往往不如同業。

佛斯特和凱普蘭認為這種現象，有三個原因。第一，競爭對手模仿或改善過去的創新成果，讓原本的創新者很難得到高於資本成本的回報，或者取得有意義的成長。其次，和挑戰者相比，市場能夠更準確地反映出大眾對穩定且歷史悠久的企業的預期。最後，幾乎所有公司最後都會因為它的規模、過去的成功，或者既有的制度化做法，而失去創新的優勢（兩位作者稱之為「文化閉鎖」〔cultural lock-in〕）。

這裡有一個重要訊息：打敗市場的公司是「暫時屬於永久類別的一份子」。股票市場指數的總回報率，掩蓋了其成分股績效的快速變化。在這個市值資本的遊戲裡，年輕的創新者擊敗了老牌的競爭對手。企業的壽命正在縮短，而公司特有的波動性正在上升。[7]無論是企業還是投資人，都面臨巨大的機會和風險。

力不從心

企業策略委員會（Corporate Strategy Board）在 1998 年發表了一項詳盡的研究，探討他們所謂的「失速點」現象，也就是 S 曲線頂點的轉折處。[8]在圖表 20.1 中，失速點是從 B 點轉到 C 點的階段。委員會發現，83% 到失速點的公司，隨後 10 年的銷售額成長率約為 5% 或更低。對投資人來說，更重要的是，數據顯示這些公司當中大約有 70%，失去了至少一半的市值。這表示投資人會將近期的趨勢推測到可預見的未來，然而當企業成長放緩時，這些預期就會被下調。

研究者還發現，當營收達到約 200 億美元時，公司的營收成長率要達到兩位數（實質）極其罕見（不過，這個天花板也隨著時間逐漸上升）。現今，一些大型科技公司的股價，仍然反映出人們對強勁的兩位數成長率的預期。[9]

創造性破壞與**失速點**研究之間，有一個顯著的相似點：企業如果無法創新和成長，主因是由可控的組織和戰略因素造成。佛斯特和凱普蘭詳細討論企業的例行做法，如何使公司變得老化，並提供一些有用的指南，讓企業能夠持續革新。企業策略委員會的報告，詳細分析了失速點出現的原因，並指出只有不到 20% 的因素，是超出公司控制的範圍之外。

期望與創新

研究顯示，創新之處必有贏家和輸家。數據顯示，挑戰者占有優勢，而現任者往往缺乏足夠的創新來維持領導地位。由於股價反映預期，投資人除了考慮創新的動力外，還必須考慮市場的預期。證據顯示，人們往往一開始對挑戰者的期望過低，後來又變得過高。

CHAPTER 21

你的投資組合是否有短命果蠅？

產業變化加速對投資人的意義

持續的競爭優勢會帶來出色的經濟績效。從結果來看，我們能夠
維持這種優勢的時間已經變得愈來愈短。這些結果一體適用於各
種經濟領域。

　　——羅伯特・魏金斯（Robert R. Wiggins）和提摩西・雷菲利
（Timothy W. Ruefli），〈超競爭績效：好日子愈來愈短？〉
（Hypercompetitive Performance: Are the Best of
Times Getting Shorter?）

我認為科技股的本益比，應該比可口可樂和吉列這類股票低一
點，因為遊戲規則已經徹底改變。我很清楚，在接下來的 10 年
裡，如果微軟依然是領導者，我們就必須經歷至少三次危機。

　　——比爾・蓋茲，《財星》雜誌，1998 年

果蠅與商業演化

遺傳學家和生物學家都喜歡研究黑腹果蠅（Drosophila

melanogaster），這是一種常見的果蠅，並已經成為生物學主要的研究對象。的確，有三位科學家因為研究果蠅產生的見解，獲得1995 年諾貝爾醫學獎。成千上萬的研究者持續研究果蠅，以更了解各種遺傳和發育的問題。

科學家之所以對果蠅有興趣，是因為他們了解果蠅的特徵，而且這些研究比較容易處理。但果蠅還有一個科學家夢寐以求的重要特徵：它的生命週期很短。果蠅從胚胎到死亡，大約只要兩週的時間，其快速的繁殖速度，可以讓科學家在相對較短的時間內，研究數百代果蠅的發育和突變。快速演化的果蠅，可以為科學家就其他演化相對較慢的物種，帶來重要的線索。[1]

為什麼商業人士應該關心果蠅？如今有充分的證據顯示，商業世界的演化速度正在加快。就像科學家從果蠅身上學到許多和演化變化相關的知識，投資人也可以了解商業變革加速的因素和影響，藉此從中受益。

商業迅速演化最直接的後果，是一般公司維持競爭優勢的時間——即維持報酬高於資本成本的時間——比過去更短。這個趨勢對於投資人的估值、投資組合周轉率，以及投資組合的多樣性，都可能有重要的意義。

為企業測速？

查爾斯・范恩（Charles Fine）在他的書《脈動速度下的決策者》（*Clockspeed: Winning Industry Control in the Age of Temporary Advantage*）裡，為「脈動速度」（clockspeed）的概念下過定義：在多個層次下測量時間的週期。[2] 第一個層次是產品的脈動速度。這個概念相當直觀，談的是產業推出新產品的速度，以及產品壽命的長短。到處都有證據顯示，新產品推出的速度愈來愈快。例如，根據《科技評論》（*Technology Review*）報導，通用汽車已經將研發和製造新車款的時間，從 48 個月縮短到 21 個月。事實上，通用汽車平均每隔 23 天就推出新車款。[3]

下一個層次是范恩所說的製程脈動速度，其中牽涉到製作和遞送商品或服務的過程。衡量製程脈動速度的方法之一，是觀察資產的平均壽命。HOLT 資料庫顯示，美國排名前 1,800 大工業公司（包括研發支出資本化）的平均資產壽命，從 1975 年約 14 年，縮短到目前不到 10 年。如今，企業必須在比上一代更短的時間內，取得投資的經濟回報。圖表 21.1 呈現出范恩對多個產業的產品和製程脈動速度的估計。

圖表 21.1　各產業的脈動速度

產業	產品脈動速度	製程脈動速度
高脈動速度的產業		
個人電腦	＜6 月	2–4 年
玩具與遊戲用品	＜1 年	5–15 年
半導體	1–2 年	3–10 年
化妝品	2–3 年	10–20 年
中脈動速度的產業		
汽車	4–6 年	10–15 年
速食	3–8 年	5–25 年
工具機	6–10 年	10–15 年
藥品	7–15 年	5–10 年
低脈動速度的產業		
商用飛機	10–20 年	20–30 年
菸草	1–2 年	20–30 年
石化	10–20 年	20–40 年
紙	10–20 年	20–40 年

來源：Fine, *Clockspeed*, 239；經許可重製。

　　即使產業平均的脈動速度正在縮短，也不表示所有領域的變化速度都一樣快。影響平均變動的因素之一，是上市公司組成的變化。尤金‧法瑪（Eugene Fama）和肯尼斯‧弗倫奇（Kenneth French）的研究顯示，從 1970 年代中期到 1990 年代中期，Compustat 資料庫裡的公司數量增加了 70%。透過公開上市的新公司，其規模都比既有公司小，成長速度也較快。[4] 過去 25 年間，由於公司發展速度愈來愈快，因此市場整體的平均發展速度也相應變快。但證據顯示，部分公司可以並確實長時間維持高經濟回報。[5]

因此投資人需注意脈動速度，因為它與企業可持續競爭的優勢密切相關。羅伯特・魏金斯和提摩西・雷菲利，曾針對超額報酬的可持續性進行過實證研究。他們將持續的優異經濟表現，定義為「相對於一組長期的對照組，統計上顯著高於對照組的平均績效。」[6] 雖然，他們是用會計數據（資產回報率和托賓 q 比率〔Tobin's q〕）來衡量企業表現，而非根據準確的經濟數據，但我認為以他們的樣本數大小（來自 40 個產業、將近 6,800 家公司），以及時間跨度（從 1972 年到 1997 年，持續 25 年之久），已足以產生具代表性的結果。

魏金斯和雷菲利提出並測試了四個假設：

1. **經濟持續表現優異的時間會縮短**：他們的分析證實了這個假設，顯示公司離開「卓越績效層」的機率愈來愈高。

2. **超級競爭（hypercompetition）的現象不僅出現在高科技產業，大多數產業也會出現這種現象**：證據也支持這個假設，顯示非科技公司雖然比科技公司更有可能保持在高績效階層，但長時間看來公司離開這個層級的機率也會隨之增加。

3. **隨著時間推移，企業會傾向將一系列短期的競爭優勢連結起來，以維持競爭優勢**：這裡的意思是，成功的公司會把一系列短暫的競爭優勢連結起來，而數據也支持這個假設。研究人員發現，在後期階段裡，更常出現單一週期的卓越績效模式。[7]

4. **產業集中度較高、市場占有率較高，或兩者兼具，皆和產業喪失持續優異經濟表現的機會呈負相關**：不過，這個研究並不支持最後一個假設。無論是產業集中度高，還是市占率高，實證上都沒有證據支持與可持續競爭的優勢具一致性。

魏金斯和雷菲利的研究，呼應了其他近期的研究結果，包括佛斯特和凱普蘭的《創造性破壞》，以及坎貝爾（Campbell）等人的發現。也就是，自 1970 年代中期以來，特定公司的波動性一直穩定上升。[8] 創新的速度加快，導致個別公司面臨更劇烈的波動。

我認為，有兩個因素會讓脈動速度加快的趨勢持續下去。第一，資訊技術的發展，可能持續對微觀經濟產生顯著影響。[9] 技術提高了脈動速度，讓公司可以改進製程，並為消費者帶來更多透明度。第二，產業持續從實體資產轉向知識資產，讓資源分配有更大的彈性。比起改變工廠產量，公司更容易改變員工的任務。

投資人也要演化

更快的脈動速度，會以多種方式影響投資人。第一，投資人持續取得超額回報的時間愈來愈短，這一點對估值會產生重要影響。產品和製程的生命週期縮短，會讓歷史估值倍數的作用不如從前（尤其是本來就不太有用的本益比），因為比較的基礎已經不同。我認為，這裡面已經出現某種權衡取捨：較短期的高經濟回報，正逐漸取代較長期、較低的經濟回報。無論我的看法是否正確，過份簡化的估值假設，都會為投資人帶來風險。

另一個可能出現的估值陷阱，來自於現金流折現模型（discounted cash-flow model）的最後估值。許多現金流折現模型，都假設永續成長將持續到明確的預測期間之後，因此預設長期的價值創造。在可持續優勢不斷縮短的世界裡，這樣的假設似乎非常不恰當。[10]

　　脈動速度也會影響投資組合周轉率。就像企業必須連結一系列的競爭優勢一樣，如今的最佳投資組合周轉率，也比過去更高。不過話雖如此，我還是認為過去 25 年，投資組合整體的周轉率還是攀升得太高。但超低的投資組合周轉率（低於 20%），可能已不足以掌握市場動態的彈性。

　　此外，脈動加速表示我們需要更多元的投資組合。如果競爭優勢來得比過去快，去得也比過去更快，投資人就必須撒下更大的網，來確保他們的投資組合能反映這種趨勢。（當然，理想上投資人只想賺錢，不想賠錢，但實務上要做到這一點十分困難。）數據證實，多樣化確實有增加的趨勢。

　　最後，在瞬息萬變的商業世界裡，投資人必須花更多時間了解組織變化的動態。變化快速的公司，其成敗或許可以為投資人帶來一些有用的心理模型，有助於我們了解發展較慢的公司會有什麼變化。商業世界正走向如果蠅一樣的命運。

下對棋步
如何平衡長期和短期策略

我們在複雜系統裡的策略,必須類似於棋盤遊戲裡的策略。你制定出小而實用的選項樹,並根據棋子的排列和對手的動作,不斷加以修正。讓自己保有多個選項至關重要。你要發展出一套理論,確認要保留哪些選項是非常重要的。

——約翰・霍蘭德(John H. Holland),
2000 年 CSFB 思想領袖論壇演講

規劃長期管理

我參加過一個商業論壇,一家《財星》100 大公司的高階主管宣稱,他們公司是在「管理未來的 25 年,而不是管理下一季。」呃。這些陳腔濫調,無法讓投資人有信心。大多數經理根本不知道未來 5 年會發生什麼事,更別說是未來 25 年了。面對不確定的未來,你要如何管理?

然而,經理人必須明確找到短期和長期之間的平衡。這就好比在高速公路馳騁，如果你的眼光只放在引擎蓋的前方，就很難預期即將發生的情況；但另一方面，如果你看得太遠，就無法就眼前狀況採取必要行動，因而無法安全行進。短期與長期之間必須有所取捨，隨著情況變化，我們的焦點也會改變。

認為經理人應該只關心長期目標的觀點很荒謬。你聽說過一家公司連續 20 個季度都是虧損，結果 5 年的業績都很好嗎？這是不可能的。從定義上來說，長期是由多個短期累積而成。所以，在複雜的環境裡，思考長期管理的最好方法是什麼？

深藍的啟示

西洋棋大師的策略給了我們一些重要線索，讓我們知道如何制定商業策略。西洋棋的規則相對較少，棋盤大小僅 8×8，但西洋棋的棋局仍然極其複雜，每次都會有不同的結果。雖然，西洋棋並不涉及非常複雜的數學，但評估所有（或大部分）潛在的棋步，仍需要驚人的計算能力。

IBM 開發的下棋超級電腦「深藍」（Deep Blue），在 1999 年的六局比賽裡，擊敗了世界冠軍加里‧卡斯帕羅夫，展示出其強大的「暴力」運算力。這台價值 300 萬美元的電腦，每秒能評估兩億個棋步。在每一步有三分鐘的評估時限裡，深藍可以評估超過 350 億個棋步，而卡斯帕羅夫每秒大約能評估三個棋步。深藍還擁有過去 100 年，大師級棋手的開局棋資料庫。[1]

深藍的獲勝帶給我們的策略啟示，不在於機器戰勝了人類，而在於在明確定義的遊戲裡，純粹的計算力能夠勝出。只要稍微增加遊戲的複雜度，選項的數量便會急遽暴增，即使是最強大的電腦也無法處理。例如，目前沒有任何電腦程式，可以在圍棋中達到接近頂尖棋手的水準。雖然圍棋的規則很簡單，但棋盤規模卻是 19×19。[2]

由於商業世界遠比任何棋盤遊戲複雜，所以我們不可能知道未來所有可能的局面，更不用說還要評估那些局面。因此，人類在下棋或商業上的成功，靠的不是計算數字，而是靠制定策略來達到長期目標。

贏家的策略

頂尖棋手如何看待和處理這些棋盤遊戲呢？西洋棋大師布魯斯・潘道菲尼（Bruce Pandolfini）在西洋棋冠軍身上，看到共通的行為，這些行為對於我們思考長短期經營很有幫助。[3]

1. **別看太遠**：大多數人以為，厲害的棋手會思考未來 10 步或 15 步，以此制定策略，但實際上根本不是這樣。棋手只會根據需求，把注意力放在不久的未來，這表示他們通常只會思考接下來的幾步棋。想太遠是浪費時間，因為資訊根本不確定。

2. **根據局勢變化研擬選項，並持續調整選項**（見圖表 22.1）：頂尖棋手在尚未落子之前，就已經思考過他們的下一步。你永遠不應該逕自下腦海裡想到的第一個好棋，而是應該把那一步棋列入你的棋步清單，然後自問是否有比它更好的棋步。如果你想到更好的棋步，那就再找比它更好的——這是我的座右銘。好想法是比較出來的。

3. **了解你的對手**：棋要下得好，也必須善解人心。鮮少有人認為下棋是一種私密且個人的遊戲，但事實就是如此。棋手會詳盡研究對手，優秀的棋手更會試圖解讀對手的每一個動作。

4. **尋求小優勢**：要爭取看似微不足道的優勢。你的對手要嘛沒有注意到這些優勢，要嘛認為這些優勢無關緊要，心想「無所謂，你就拿去吧。」那可能只是一點點的好處，或者讓國王的位置稍微安全一點。一點點、一點點，就那麼一

圖表 22.1　避免單一比賽的計畫

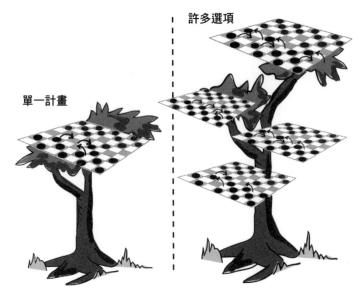

來源：Sente Corporation.

點點。這些「一點點」本身沒什麼大不了，但湊到七、八個，就可以讓你掌控局面。

潘道菲尼強調，他的目標不是讓學生成為偉大的棋手，而是成為偉大的思想家：

> 我的目標是幫助他們培養兩種我認為最重要的智

慧：讀懂他人的能力，以及了解自己的能力。這是想在棋局和人生裡取得成功，所需的兩種智慧。[4]

說經商好比下棋，這種比喻有很大的限制。除了商業的複雜度更高之外，這種比喻最明顯的侷限在於下棋是零和遊戲，也就是有贏家就會有輸家。但商業的世界不是零和遊戲，而且參與者之間較勁的時間並不確定。那麼，我們如何將下棋的經驗，應用到商業世界中？

簡單規則的策略

複雜系統其中一個特徵——簡單的規則會產生高度變異的結果。除非你刻意重複某一場棋局，否則你永遠不會看到兩次完全相同的棋局。這就是解決長短期之間緊張關係的關鍵所在。

公司應該制定長期的決策規則，並保有足夠的彈性，讓管理者可以在短期內做出正確的決策。這樣一來，即使公司對未來一無所知，也可以為長遠發展做準備。沒有任何一間公司可以預見商業環境的發展，就像棋手無法預知棋局的變化一樣，但無論發生什麼事，決策規則都會成為我們的行動指南。

凱薩琳‧艾森豪特（Kathleen Eisenhardt）與唐納‧薩爾（Donald Sull）將此稱為「簡單規則的策略」（strategy as simple rules）。[5] 他們認為，公司不應採取複雜的策略，這一點在快速變遷的市場裡尤其如此。而且公司應採行並堅持「一些簡單明確的規則，不僅能夠指引公司方向，又不會限制發展。」

艾森豪特和薩爾，特別提出以下五種規則：

1. **指導規則**（How-to rules），詳細說明公司應該如何執行某個流程的關鍵事項。指導規則回答了「我們的流程有哪些獨特之處？」這個問題。

2. **界限規則**（Boundary rules），界定管理者應該追求哪些機會，以及不應該考慮哪些機會。

3. **優先規則**（Priority rules），幫助管理者為眼前的機會安排優先順序。

4. **時機規則**（Timing rules），讓管理者的步調與公司其他部門的機會同步。

5. **退場規則**（Exit rules），幫助管理者決定何時退出已經逝去的機會。

艾森豪特和薩爾認為，一家公司應該有二到七條規則。年輕的公司通常規則太少，而較成熟的企業則是規則太多。制定一個維護會計完整性的決策規則（即避免企業管理的是每股盈餘，而非企業經營本身），也有助於減少不必要的短視行為。

這種「簡單規則策略」的方法，不僅和下棋的成功法則非常相似，也呼應了其他複雜適應系統。最重要的是，這種策略平息了公司應該管理短期還是長期的無謂爭論。企業應該擁抱簡單的規則，這種規則能夠**同時**管理下一季和未來四分之一世紀。

適者生存
適應度景觀與競爭優勢

> 能存活下來的不是最強的物種,也不是最聰明的物種,而是最能
> 適應變化的物種。
>
> ——達爾文,《物種起源》

另覓高峰

1997 年春天,老虎伍茲(Tiger Woods)不僅贏得最備受尊崇的高爾夫名人賽,更在這場賽事呼風喚雨。他和世上最優秀的高爾夫球手競爭後脫穎而出,以創紀錄的 12 桿優勢獲勝。接下來先讓你了解這個成就的背景:老虎伍茲加入巡迴賽不到一年時間,當時他年僅 21 歲。他在已經參加的 15 場 PGA 巡迴賽裡,贏得四場比賽。此時,高球愛好者開始把他和史上公認最好的高爾夫球手的傑克·尼克勞斯(Jack Nicklaus)相提並論。

老虎伍茲如何看待自己的非凡成就?他並不認為自己已經完全發揮潛力。他沒有懈怠。相反地,他仔細研究自己在名人賽裡

的錄影，並得到驚人的結論：「我的揮桿動作很糟糕。」[1]

伍茲打電話給他的教練布奇・哈蒙（Butch Harmon），請教練幫他調整揮桿動作。哈蒙知道伍茲可以把他的球藝提升到更高的層次，但也知道結果不會立竿見影。伍茲必須在短期內冒著表現下滑的風險，以換取長期的良好表現，但他毫不猶豫就這樣做了。他和哈蒙合作後，不僅力量提升，握桿的方式也改變了，讓他可以在維持力量的同時，得到更多控制力。

從 1997 年 7 月到 1999 年 2 月期間，伍茲雖然只贏得一場巡迴賽，但他堅信自己比以前更出色。「獲勝並非總是進步的指標，」他堅稱。1999 年春天，他新的揮桿方式終於成形。在 1999 年接下來的 14 場比賽裡，伍茲贏得了 10 場，其中包括 8 場 PGA 巡迴賽的勝利。2000 年，他又贏得另外 9 場 PGA 巡回賽，並在 2001 年贏得名人賽後，成為第一位同時在高爾夫球界四大錦標賽奪冠球手。

適應度景觀

這個故事把我們引導到一個概念：適應度景觀（fitness landscape）。演化生物學家一開始提出這個概念，幫助他們了解演化，尤其是物種如何提高其適應度。[2] 在這個過程中，這個框架為企業策略師帶來有益的想法。[3]

適應度景觀究竟是什麼樣子？想像有一個大網格，每個點代表某個物種（或某間公司）可以採取的不同策略。再進一步想像，每一個點的高度代表適應度，高峰代表高適應度，低谷代表低適應度。從公司的角度來看，適應度是指公司創造價值的潛力。每一家公司的營運環境，都充滿高報酬的高峰，以及價值破壞的低谷。[4] 這個景觀的地貌結構，取決於產業特性而定。

誠如達爾文所說，想要改善適應度重點不在於提升力量或智慧，而在於愈來愈能夠適應環境。總而言之，就是適應能力。想要改善適應度，必須先產生選擇，並從眾多選擇裡選出最佳選項。在自然界，重組和突變帶來物種多樣性，自然選擇可以確保最合適的選項能夠生存下來。[5] 對企業來說，適應能力關乎制定和執行創造價值的策略，目標是為了帶來最高的長期回報。

由於適應度景觀可能有許多高峰和低谷，即使一個物種達到某個高峰（局部最佳），它可能並非處在最高峰（全域最佳）。為了達到更高的高度，物種可能必須在短期內降低其適應度，以提升長期的適應度。公司也是一樣的道理。老虎伍茲的經歷，也可以用這個道理完美比喻。

適應度景觀豐富了我們思考企業的方式。面對個別公司，你必須回答兩個問題。第一，從公司的角度來看，其適應度景觀是什麼樣子？當然，公司的決策不僅受其適應度景觀所影響，其決策本身也會界定該景觀。第二，公司在當前環境裡採取的策略是否正確，能否在長期裡提升其經濟價值？

然而，這裡還要注意的是，你不能只專注在一家公司或一個產業的演化，因為共同演化（coevolution）扮演了非常重要的角色。行動會引發反應，有時候公司之間會彼此合作，有時候則會相互競爭。事情不會無端發生，公司總是在競爭中企圖改善自身的地位。[6] 此外，適應度景觀變化的程度愈高，就需要更快的適應速度。

為了協助回答第一個問題，以下有三大類的景觀：穩定型、粗糙型和混亂型（見圖表 23.1）。

● **平穩型**：這些產業的發展環境相對穩定。在很多情況下，這種景觀的地貌相對平坦，只有當週期性力量有利於企業時，企業才能產生超額的經濟回報。相關例子包括電力和電話公用事業、商品製造商（能源、紙張、金屬）、資本財、非耐久消費品，以及房地產投資信託。這類產

圖表 23.1　各種適應度景觀

適應度景觀與企業策略

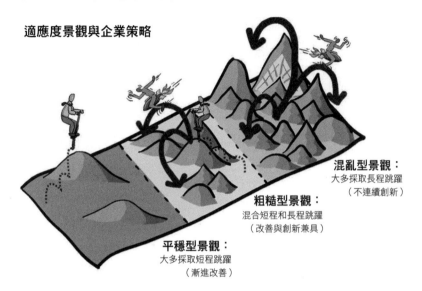

混亂型景觀：
大多採取長程跳躍
（不連續創新）

粗糙型景觀：
混合短程和長程跳躍
（改善與創新兼具）

平穩型景觀：
大多採取短程跳躍
（漸進改善）

來源：Sente Corporation.

業的公司，主要是以打倒競爭對手來提升自身實力，而
且它們的結構通常都可以預測。也就是說，你可以知道
它們未來大概的樣貌，因為它們的成長和商業機會皆有
限。

● **粗糙型：**這些產業的競爭環境正在變化，但變化的速度
並沒有快到無法預測。這裡的地貌比較崎嶇，某些公司
的經濟表現遠比其他公司更好。金融服務、零售、醫療

保健與其他技術領域，都是相關例子。這些產業明顯面臨被顛覆性技術取代（喪失適應度）的風險。[7]

● **混亂型：**這類企業的動態程度很高，商業模式不斷演變，充滿極大的不確定性，而且提供的產品日新月異。這裡的高峰和山谷不斷變化，難以預測，許多軟體公司、基因產業、時尚相關部門以及大多數新創企業，都屬於這一類景觀。屬於這類景觀的公司，其經濟回報可能很高（或承諾顯著），但通常很短暫。

你可以很肯定的指出，加速的創新步伐、持續的解除監管，以及全球化的進程，正在讓全球適應度景觀比過去任何時期都更扭曲。[8]一旦你大致理解了公司的適應度景觀，並且知道景觀變得愈來愈穩定或不穩定，就可以思考相應的策略流程，得到最大的長期價值。

三思而後行？

企業顧問艾瑞克‧班恩霍克（Eric Beinhocker），提出兩大策略以提升適應度。他稱第一種為「短程跳躍」，即朝著高峰邁出的小小的步伐，逐漸達到頂峰。大多數的流程改善作為，都屬於短程跳躍。他稱另一種策略為「長程跳躍」，這些不連續的移動，可能會讓公司跳上更高的巔峰，但也可能讓公司陷入更低的谷底。長程跳躍包括在與公司本業無關的領域，進行重要收購與投資新興產品。我認為公司的適應度景觀，很大程度決定了公司長短期的平衡。[9]

例如，在穩定的產業裡，企業通常將重點放在最佳化流程，也就是持續地小幅度改善。在這種景觀採用長程跳躍策略，可能帶來高昂的成本和分心，因此不會產生太多價值。這並不是說，科技不會影響這些產業。科技一直都有影響，也會持續造成影響。然而，技術進步通常是漸進式的，而且可以複製。

相反地，在崎嶇不平的適應度景觀裡競爭的公司，必須更著重在長程跳躍，追求下一個重大機會。因為即使它們處在高峰，不斷變化的環境一定會讓它們的優勢很快消失。由於產品的生命週期很短，在這個環境裡，適應度比最佳化改善更重要。[10]

在競爭激烈的環境裡，公司要在長短期策略之間找到平衡。的確，模型顯示混合長程和短程跳躍的做法，是因應這類景觀的最佳策略。[11]

工具的取捨

　　就像不同的長程和短程跳躍，適合不同的適應度景觀，不同的財務工具和組織結構也適合不同的環境。傳統的現金流貼現分析，非常適合用於穩定市場裡競爭的企業。在這種環境裡，產業活動往往定義明確，因此集中化的管理方式很有效。

　　如果是粗糙的適應度景觀，公司需要結合傳統的現金流量分析工具和策略選擇方案。為了尋求可能創造價值的商機，策略選擇是企業的權利，但不是義務。[12] 最後，在競爭激烈的產業裡經營的公司，更應該仰賴策略選擇，來評估其現有及潛在的競爭力。此外，這些公司應該採取「簡單規則策略」的方法。這種去中心化的方法有既定的決策規則，但同時讓個人能夠根據自己的判斷，在當前的狀況下做決策。[13]

適應度景觀	財務工具	組織結構
平穩型	現金流貼現分析	中心化
粗糙型	現金流貼現分析加上策略選擇	寬鬆的中心化
混亂型	策略選擇	去中心化

老虎伍茲的經驗告訴我們，有時候改變可能在短期內讓人覺得痛苦，但就長期來看，這是提升適應度的必經之路。適應度景觀可以幫你評估，公司是否在制訂正確的潛在策略，並擁有合適的組織架構。這樣的分析還指出，評估個別企業時哪些財務工具比較適合。

CHAPTER 24 一旦外推，厄運就來
採用平均本益比的荒唐把戲

用來計算平均值的數據必須取自相同的母體，歷史的平均值才有參考意義。若非如此，也就是如果資料來自不同的母體，那麼這些資料就叫做非平穩資料。當資料為非平穩時，以歷史的平均值當作預測的依據，通常會得到無意義的結果。

——布萊德佛·康奈爾（Bradford Cornell），
《股權風險溢價》（*The Equity Risk Premium*）

在大多數企業裡，無論是價值或是對成長的貢獻，無形資產都超越了實體資產，然而它們在財務報表裡經常被認列為例行支出，因此總不見於公司的資產負債表裡。將實體與財務投資資本化（被視為資產），卻將無形資產視為支出，這種不對稱的處理方式，會導致公司績效與價值報告出現偏差與缺陷。

——巴魯克·列夫（Baruch Lev），《無形資產》（*Intangibles*）

社會與安全

歐內斯特·阿克曼（Ernest Ackerman）是個幸運的人，他是

美國第一位申請社會安全給付的人，而且在該計畫於 1937 年啟動後的第二天就退休了。在他參加社會安全給付計畫那一天，他的雇主從他的薪水裡扣除了 5 美分，退休時一次提領 17 美分。

未來的社會安全保險受益人，可能就沒有那麼幸運了。雖然美國政府在過去六十多年來，對社會安全保險進行過重大變革，但該制度仍面臨嚴峻的挑戰。這些挑戰很大程度反映出美國人口結構的變化。

例如，政府一開始把退休年齡定為 65 歲，因為精算過後顯示，「以 65 歲當作退休年齡，可以制定出容易管理的系統，只要以剛好的所得稅，就可以自給自足。」[1] 但自從 1940 年到今天，21 歲到 65 歲的男性人口，從 54％上升到 72％；65 歲男性的預期壽命從 12.7 年，增加到 15.3 年，生育率則降低了近 10％。因此，從 1940 年起，勞動人口和退休人士的人口比例，已經從 42：1，驟降至今日的大約 3：1。

回顧美國社會安全制度的演變，反映出一個重要問題：當一個系統的基礎數據不斷變化時，管理這個系統就會變得很棘手。你無法根據過去的平均值得出結論，因為那些平均值無法精確反映今天的平均值。

這一點和投資直接相關。有一個例子很明顯：投資人草率地將歷史平均本益比,用來評估當今市場或個股的價值。只有當過去的平均比率符合當前的狀況,歷史資料才適用。沒有任何一個政策制定者,會用陳舊的人口資料來評估社會保險的未來,投資人也不應隨便用過去的本益比,理解當前的市場。

非平穩性與歷史本益比

非平穩性是所有時間序列分析的重要概念,尤其在氣候學和財務等領域更是重要。其基本概念:想要比較不同時期的平均值,前提是母體的統計特徵必須相同或穩定不變。如果母體的特徵會隨時間變化,它的資料就是不穩定的。當資料不穩定時,把過去的平均值套用在今天的母體上,可能會產生誤導的結論。

理論和實證分析顯示,本益比可能屬於非平穩數據。[2] 事實上研究顯示,在過去 125 年裡,年初的本益比和隨後 12 個月與 24 個月的報酬之間,並沒有顯著的統計關係。[3] 講更白一點,也就是在一般的投資期限裡,歷史平均本益比幾乎無法就市場回報,給予投資人任何指引可言。

知道本益比屬於非平穩數據很重要,但知道它們**為什麼**是非平穩數據,可以為我們帶來更多有用的見解。造成本益比不平穩的三大主因，分別是稅收與通貨膨脹的影響；經濟結構的變化；以及股權風險溢價的變化。

為什麼過去未必是未來的序曲？

金融領域有一個基本概念，認為投資人會根據資產的預期收益（認知風險後調整），並在扣除稅金、通貨膨脹和交易成本後為資產定價，以取得適當的報酬。因此，稅法變化和通膨率會對市場認定的適當價值水準產生重大影響，進而影響本益比。

賦稅在概念上非常直截了當。如果股息和資本利得的稅率提高，表示投資人要賺取更高的稅前利潤，才能維持相同的報酬。所以，如果其他條件不變，那麼較低的稅率會帶來較高的估值倍數，反之亦然。

自 1960 年代以來，美國的稅率一直在變化（見圖表 24.1）。1960 年代初期，美國政府對股息課徵近 90% 的稅率；2003 年稅率則趨降至 15%，並一直維持到今天。資本利得稅曾在 20% 到 35% 之間來回波動，並在 21 世紀初降到 15%。

稅率和通膨之間的相互作用也是重要因素。當追求稅後實質報酬率的投資人預期通膨會上升時，他們會提高對稅前報酬率的

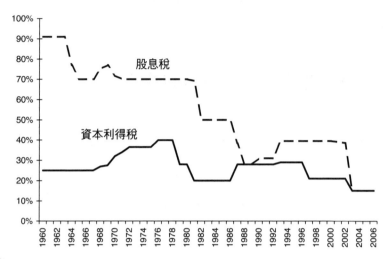

來源：HOLT, American Council for Capital Formation.

要求。圖表 24.2 顯示，從 1960 年到 2006 年的年度通膨率（包括預測），以及通膨的 5 年移動平均值。高通膨加上高名目資本利得稅率，讓美國在 1970 年代，出現高貼現率和低本益比的狀況。此外，通膨也會扭曲財務報表。因此，本益比會因為不同的稅率和通膨，而有顯著的變化。

影響本益比的第二個因素，是全球經濟從仰賴有形資本，轉向倚靠無形資本。公司可以在資產負債表認列有形投資，例如新廠房，並在資產的使用年限期間進行折舊計算。相反地，公司卻

圖表 24.2　通貨膨脹率

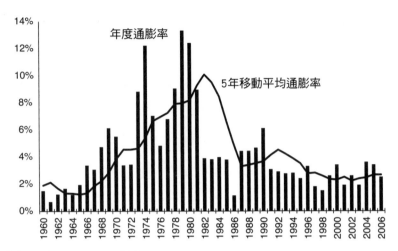

來源：U.S. Department of Labor.

會把像是研發或廣告這種無形投資，認列為立即性支出。

　　因此，影響公司報告財報收益的不只有投資的規模，還包括投資的形式。著重於有形資產的企業，以及專注於無形資產的企業，即使投資相同金額且獲得相同的回報，仍可能有天差地遠不同的獲利。一般來說，以無形資產為主的公司，擁有較高的現金流對淨利比。

　　為了說明這一點，我採用道瓊工業平均指數的兩組樣本為例。第一組是我所謂的有形資產組，包括美國鋁業公司（Alcoa）、開拓重工（Caterpillar）、聯合技術（United Technologies）以及沃爾瑪（Wal-Mart）。無形資產組則包括奧馳亞（Altria）、可口可樂、微軟和寶僑（Procter and Gamble）。到 2006 年為止的五個財政年度裡，有形資產組的現金流對淨利比為 28％，而無形資產組的比例則為 111％。

許多證據顯示，全球經濟正在從有形資產轉向無形資產，包括市價淨值比（market-to-book ratios）、勞動力配置，以及愈來愈重要的教育。此外，由於仰賴無形資產的企業，它們在資產負債表上擁有的資產比較少，因此往往會有較高的資本報酬率。在其他因素不變的情況下，較高的現金流對淨利比，再加上高資本回報率，會把本益比推升得更高。[4]

決定本益比的最後一個因素，是股權風險溢價，也就是股票投資人要求報酬高於無風險證券的部分（股權風險溢價本身似乎是非平穩的）。[5] 雖然很多因素都會影響風險溢價，包括對未來成長的預測，但整體投資人對風險的偏好程度，確實非常重要。當人們普遍樂觀的時候，股票風險溢價會縮小；而當投資人較小心謹慎時，溢價則會放大。投資人對風險的偏好消長，可能造成估值倍數呈現出非平穩的現象。

有界限的參數

過去 130 年來，市場本益比的平均值略超過 14，期間也曾多次在這個水準左右波動。[6] 難道這還不足以證明，14 是市場一再回歸的本益比倍數嗎？

我認為在某種程度上來說，答案是否定的。造成非平穩性的三大驅力之中，其中兩個——賦稅／通貨膨脹，以及股權風險溢價——可能是有界限的。也就是說，它們會在合理界定的範圍內來回波動，雖然這個範圍可能很大。在非常長的時間（例如十年或更久）裡，這兩股驅力可能達到平均值，但它們卻是數十年來，造成企業估值倍數出現顯著且合理差異的原因。

如果我們的會計制度沒有改變，那麼在其他條件不變的情況下，第三個驅動因素，也就是不斷演變的經濟，就會讓本益比升高。這個結論的基本根據是，相對於視投資為資本的公司，視投資為支出的公司往往擁有更高的現金流對淨利比。這很可能是目前的趨勢。

不過，對服務和知識型企業來說，可持續競爭優勢的時期，可能比過去以實體資本為主的企業短暫很多，可以抵銷上述本益比上升的趨勢。因此，這些彼此制衡的力量相互抵銷後，目前合理的本益比可能和歷史平均值相差不大。但即使如此,這個比率背後的基本經濟邏輯,卻早已出現顯著變化。

揭開數值的黑盒子

由於本益比可能並非穩定不變,所以投資人就算不至於完全放棄參考這個數值,也應該謹慎使用它。當然,本益比這個比率之所以吸引人,在於它常常是個有用的經驗法則。然而,我認為投資人如果堅持要用本益比倍數做決策,那麼探究其中隱含的假設,可以讓這個比率的用處更大。探究數據讓我們知道,今天的環境(例如成長、通貨膨脹、賦稅、風險偏好、經濟結構)和過去有什麼不同、不同的原因,以及這對估值倍數有什麼意義。

CHAPTER 25 我跌倒了，站不起來
均值迴歸與轉機

> 這項研究的重要發現是持續優越的經濟表現十分罕見，要達成這樣的經濟績效難度極高。另一項相關的發現是，即使在一段時間裡獲得並維持優異的表現，企業摔落神壇的機率仍然很高。
>
> ——羅伯特·魏金斯和提摩西·雷菲利，〈持續競爭優勢〉
> （Sustained Competitive Advantage）

報酬率與成長

財務學教授約瑟夫·拉科尼薛（Josef Lakonishok）在 2004 年《紐約時報》的一篇文章中表示，股票市場有許多「瘋狂的錢袋」。[1]拉科尼薛的論點，是根據成長率和本益比之間的關係而來。他認為，市場對於一些本益比高的公司，懷抱不切實際的盈餘成長率期待。但是，他和同事一起進行的研究，證實只有很少數的公司能夠維持高成長率。[2]

但是，真正決定本益比的是什麼？一家公司的價值，取決於

市場對其成長率和經濟回報的預期。這個基本概念，說明了為什麼只看成長率會錯得很離譜。成長可以是好的（當公司得到的回報超過資本成本）、不好（當回報低於資本成本）或中立（當回報等於資本成本）。

你必須先明確了解公司是否獲得適當的報酬，才能評估成長的效果。公司可能也的確會因為成長，而走向破產。[3] 同樣地，有一些低成長、高回報的企業，卻可以持續享有較高的估值。只研究成長而不考慮經濟回報，必將招致失敗。

想要全面掌握一間公司未來的經濟回報，必須深入了解其競爭策略。[4] 我們策略分析的目標，在於回答以下三個基本問題：

1. 公司目前的投資報酬率，是否超過資本成本？或者我們是否有充分的理由相信，未來可能獲得可觀的回報？

2. 如果投資報酬確實超過資本成本，那麼公司的超額回報能夠持續多久？[5]

3. 一旦企業的報酬低於資本成本，該企業有多大的機率能夠持續改善，以恢復應有的報酬？

在本章裡，我將深入探討後面兩個問題，並以科技和零售業的實證資料，讓論點更豐富。

死亡、賦稅與均值回歸

有一個微觀經濟學理論有大量實證資料佐證，說明企業的投資報酬，會在長期回歸到資本成本的水準。[6] 無論是理論或直覺，這個道理都非常直截了當。賺取高報酬的公司，會引來競爭對手和資本，進而將它們的報酬壓縮到機會成本的水準。同樣地，資本會逃離低報酬的產業，例如透過破產、撤資或合併，讓報酬回升到資本成本的水準。

根據圖表 25.1，從 1979 年到 1996 年，以 450 家科技公司為樣本數的研究，顯示出這個過程。（這個研究僅止於 1996 年，以免遇到網路泡沫的問題。）[7] 瑞士信貸（Credit Suisse）根據公司現金流投資報酬（cash flow return on investment; CFROI），將公司依四等份分成四組，並追蹤其報酬模式。由於 CFROI 是真實的稅後數據，因此這種時間序列，可免受利率和通膨變化所造成的扭曲。

第一組在初期平均賺到 15% 的 CFROI，但只過了 5 年就下降到 6%。表現最差的一組則只花了 5 年，就從負 15% 上升到接

圖表 25.1　美國科技公司 CFROI 的漸弱現象

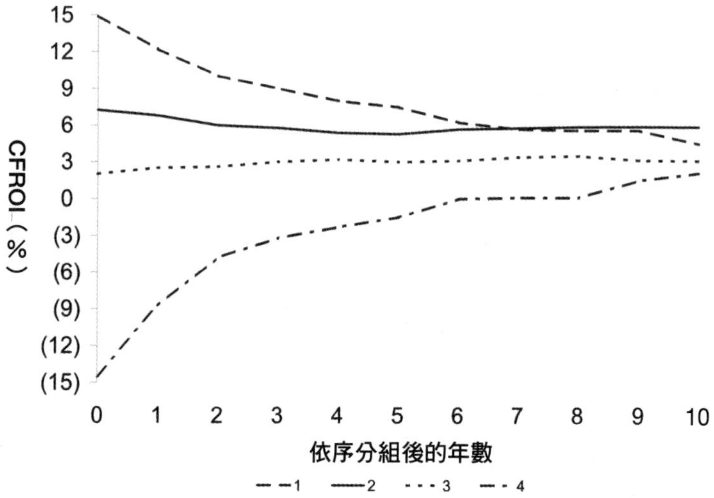

來源：HOLT.

近零的水準（仍然遠低於資本成本）。至於中間兩組，則穩定處於資本成本的水準上。表現最好和最差的組別，其報酬落差在第一次衡量時為 3,000 個基點，10 年後降到只剩下 300 個基點。雖然，均值回歸的過程要花 10 年以上才能完成，但在這段時間裡，大部分的發展已經清楚可見。

在第四組裡，對手的耗損對於企業改善報酬有重要的影響，這一點與理論相符。在第四組裡，只有 60% 企業 5 年後仍在營運，因為許多表現不佳的公司已宣告破產或被收購。這種衰敗現象帶來倖存者偏差，讓倖存企業的報酬在這 10 年裡得以回升。相反地，在表現最佳的那一組，有 85% 的公司 5 年後依然活躍。所有四組的耗損率，幾乎在 5 年後趨於平衡。

眾多均值回歸的研究，都出現一個共通的特徵：某些公司（雖然不多）確實能夠並且持續獲得高報酬。在針對近七百家零售公司所做的研究裡，從 1950 年到 2001 年，14% 的公司其報酬從未低於資本成本。[8] 在 1960 年到 1996 年的樣本裡 1,700 家科技公司，有 11% 的公司擁有穩定的正超額報酬紀錄。

持續獲得高報酬，是公司累積巨大財富的潛力。假設有兩家公司，它們一開始的報酬和未來的成長率都一樣，那麼能讓報酬更長時間維持高於資本成本狀態的企業，將明顯更有價值，因此它的估值倍數也會更高。[9]

在對高報酬企業進行策略評估時，應該找出其超額利潤的來源（來源通常是消費或生產面的優勢），並用一些架構來分析該公司的優勢能持續多久。此外，一些企業（尤其是從事網路和知識型業務的企業）會隨成長過程，而擁有遞增的報酬。[10] 若只專注在成長，往往會忽略一家公司的策略優勢，以及該優勢所帶來的經濟效益。

我跌倒了，站不起來

股價反映市場預期，所以投資人若想長期取得出色的報酬，關鍵在於成功預知市場期望的變化。據此，這裡有一個重要的推論：無論是好公司（即高報酬）或壞公司（低報酬），都不是本質上的好投資或壞投資。投資人必須評估所有公司的股價，與市場期望之間的差距。[11]

本著這種態度，有一種公司值得我們關注——那些已經出現衰退的公司。在這裡，衰退的意思是 CFROI 至少兩年高於資本成本後，接著連續兩年低於資本成本。

這樣的分析對價值投資人來說尤其重要，因為他們經常買進在統計數據上被低估的公司，希望這些公司的經濟回報能有所改善。價值投資有一個常見的陷阱，那就是看到低價股就買。問題股價之所以那麼低，是因為該公司差勁的經濟表現。但是如果公司股價便宜是因為暫時的低迷，那麼當市場還沒料到該公司未來將好轉，投資人購買這種股票就有極大的吸引力。

圖表 25.2 顯示公司在歷經衰退時會發生的狀況。樣本涵蓋來自科技和零售業近 1,200 家公司。這兩個產業的數據高度相似，而且績效並不讓人覺得振奮：在整個樣本裡的公司，只有大約

30% 能夠做到持續復甦。（瑞士信貸將持續復甦，定義成公司報酬連續兩年低於資本成本，之後連續三年高於資本成本。）大約四分之一的公司，做到暫時性的復甦。剩下將近一半的公司，要嘛沒有看到轉機，要嘛已經消失。公司可以消失得很體面（被收購），或者消失得很不光彩（破產）。

這個分析還告訴我們，公司經歷衰退的時間有多長。對零售商和科技公司來說，大約 27% 的衰退只持續了兩年，而這兩個產業有 60% 以上的衰退，均少於五年。換句話說，大多數公司在經歷衰退後，它們的命運如何很快就會決定。

這些均值回歸和衰退的數據，都在強調競爭優勢的強大和穩定性。股票之所以便宜，絕大多數都有原因，而一家經營不善的企業，想要在長期裡讓報酬重新高於資本成本，其可能性幾乎微乎其微。

圖表 25.2　我跌倒了，站不起來

	科技業（%）[a]	零售業（%）[b]
不見好轉	45	48
非持續性復甦	26	23
持續性復甦	29	29

a 樣本涵蓋 1960 年到 1996 年的 712 家公司。
b 樣本涵蓋 1950 年到 2001 年的 445 家公司。
來源：HOLT.

然而，持續產出高報酬的現象確實存在（以及市場對這種持續性可能錯估），顯示投資人如果對競爭態勢有深刻了解，並有夠長的投資週期，就有機會得到出色的報酬。

CHAPTER 26 壕溝戰裡的合作
從賽局理論看合作與競爭

囚徒困境（Prisoner's Dilemma）完美說明了，短期裡自私行事所帶來的好處，與長期裡必須和對手合作才能取得成功，兩者之間的衝突矛盾。囚徒困境的概念雖然簡單卻十分有用，可以幫助我們發掘並理解因應這種矛盾關係的根本過程，會帶來哪些深刻的後果。

——羅伯特・艾瑟羅德（Robert Axelrod），
《合作的複雜性》（*The Complexity of Cooperation*）[1]

「相忍共存」（live-and-let-live）是壕溝戰裡常見的戰術。儘管高階軍官會盡全力阻止這種戰術，儘管戰鬥確實會引發士兵的激情，儘管戰爭的邏輯就是殺人或被殺，又儘管最高指揮部可以輕易撤銷前線士兵的停戰默契，但這個戰術依然在前線大行其道。

——羅伯特・艾瑟羅德，
《合作的競化》（*The Evolution of Cooperation*）[2]

戰爭隱喻——非死即生？

企業經營者和投資人，經常用戰爭比喻商業活動。[3] 你常常聽到人們說「打贏市占率大戰」、「殺出一條財路」、「鎖定客戶」和「包抄競爭對手」的討論。其實「策略」一詞來自希臘語 的 strategia，意思是「將軍的命令」。

我們通常認為，商業和戰爭一樣是零和遊戲：一方的勝利是另一方的失敗。許多策略遊戲，例如西洋棋和跳棋，都是零和遊戲，早期研究者果然也都在研究這些遊戲的最佳玩法。這種思維同樣影響到競爭的策略，人們通常預設會有明確的贏家和輸家。在這樣的環境下，戰爭的比喻確實十分恰當。

但是，戰爭一定都是零和遊戲嗎？不，有一個特別的例子可以說明這一點。西方戰場（The Western Front）是一條位於法國和比利時長約 500 英里的戰線，也是第一次世界大戰中戰事最慘烈的地方。敵軍蹲伏在 100 到 400 碼遠的壕溝裡，兩軍血腥交戰後的成果，往往只不過是往前推進了幾碼的領土。在這種慘烈的環境下，合作——也就是相忍共存的戰術——於是應運而生。雙方都明白，任何侵略行為都會遭遇另一方的報復，因此當一方表現出節制的態度時，另一方也學會給予相應的回應。[4]

回顧當時情景，這種合作的戰略似乎始於用餐時間。當軍需官把食物送到前線時，雙方都會停止射擊。這時候，士兵會呼喊或以訊號達成休戰默契。當軍隊每八天輪流換防到前線時，撤離的部隊會告訴新來的部隊，他們與敵軍達成的默契細節。要離開前線的士兵，會告訴替補的士兵說：「德國佬也不是壞人，你不招惹他們，他們也不會惹你。」[5]

這個故事和高階主管與投資人有關，因為它提供了一些線索，告訴我們在什麼情況下，才能在殘酷的競爭裡創造合作。合作性競爭在定價和增加產能尤其有價值。我將運用一些賽局理論的基本概念，來呈現合作如何出現，以及為什麼合作難以達成。當產業僅由兩家主要競爭對手主導時，這種手段尤其有用。

為什麼談戀愛和婚姻天差地別？

賽局理論，研究玩家之間為了將報酬最大化所進行的互動。這種分析之所以棘手，是因為參與者的行動和反應會決定回報。因此，賽局理論迫使高階主管不僅要考慮自己的選擇，也要考慮他們的選擇會如何影響對手的選擇。並非所有高階主管，都自然而然地能夠以對手的角度思考。請參考以下引言，內容來自一家知名跨國造紙公司前財務長的話：

> 如果你打算蓋一座新的造紙廠，你會根據對經濟成
> 長的假設來做決定……。然而，我們似乎從來沒有把競
> 爭對手的反應也考慮進來。還有誰也會蓋工廠或設置機
> 器？[6]

在賽局理論裡，囚徒困境是一個簡單又強大的模型。[7]請思
考一個例子：兩個相互競爭的生產商，必須決定是否在經濟週期
的高峰增加產能。圖表 26.1 顯示它們決策的回報。如果競爭對手
B 增加產能，而 A 不增加（右上角），B 將獲得明顯較多的回
報。或者，如果 A 增加產能而 B 沒有增加產能（左下角），A 會
獲得大部分的好處。如果兩家公司都增加產能（右下角），總報
酬會下降，而且 A 和 B 的表現，都比不上只有一家公司增加產能
的狀況。最後，如果兩家公司都不增加產能（左上角），整體產
業擁有最高的回報，但每家公司的回報卻不如只有一家公司增加
產能時高。

那麼，如果公司只玩這個遊戲一次，它們應該怎麼做？假設
你是 A 公司，你認為 B 公司不會增加產能，那麼你最好的策略是

圖表 26.1　產能與囚徒困境

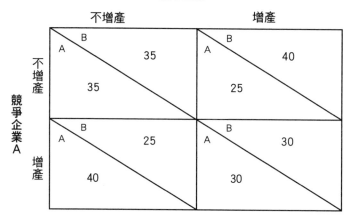

競爭企業 B

	不增產	增產
競爭企業 A 不增產	B 35 A 35	B 40 A 25
競爭企業 A 增產	B 25 A 40	B 30 A 30

來源：作者分析。

增加產能。假如你認為 B 公司會增加產能，那麼你最好的選擇仍是增加產能。所以，不論競爭對手 B 做什麼，如果這個遊戲你只能玩一次，那麼增加產能對你是有利的。[8] 不過，兩家公司都不增加產能，才是整體價值最佳的狀況。此外，賽局理論顯示，對公司而言合理的做法，對整個產業來說未必是最佳方案。

　　商業世界就像我們的壕溝戰例子，對手之間不會只互動一次，而是會持續互動。因此，公司不會只玩一次囚徒困境，而會反覆進行。由於公司會「學習」合作，因此在重複進行的囚徒困境裡，更有可能發展出合作。

在 1980 年代，政治科學家羅伯特・艾瑟羅德舉辦了一場比賽，以確定在重複的囚徒困境（每局有兩百次的互動）裡，哪一種策略最有效。結果，勝出的策略是「以牙還牙」（tit-for-tat）：一開始先和對方合作，接著再根據對手先前的做法採取行動。以牙還牙會在一開始預設最好的狀況，若對手背叛就馬上明確地以負面回饋回應，對方停止背叛時就會馬上原諒。[9]

在商業的世界裡，合作會因為種種原因而瓦解，或者根本無法開始，其中一個重要因素是訊號的品質。有時候，公司試圖對競爭對手傳達意圖，但那些訊號太過模糊或者被誤讀。另一個因素是企業的記憶。即使兩家週期型企業一直彼此競爭，當各自的經營者在週期的顛峰考慮是否增加產能時，他們往往會因為思考框架不夠長期（無論是過去或未來），而把當前處境當成一次性的囚徒困境來回應。

價格和銷量

在 1974 年之前的 30 年裡，澳洲的兩家午報《太陽報》（*The Sun*）和《每日鏡報》（*Daily Mirror*）有志一同地持續提高價格。

率先調漲價格的都是《太陽報》，但到了 1975 年，狀況出現變化。《太陽報》將價格從 10 美分，提高到 12 美分，但魯柏・梅鐸（Rupert Murdoch）旗下的《每日鏡報》則保持不變。由於《每日鏡報》的價格較低，因此發行量增加，進而讓廣告費得以增加，帶來更高的利潤。但另一方面，《太陽報》的利潤下降了，於是該報社終於在 1979 年將價格降回 10 美分。[10]

這只是賽局理論分析，可以派上用場的例子之一。以牙還牙的策略，讓《太陽報》馬上把價格降回 10 美分，破壞掉《每日鏡報》因選擇負向策略而獲得的收益。

經營者和投資人可以利用以牙還牙的策略，來分析動態的定價拉鋸戰。[11] 這些方法很適合一些案例應用，包括美國的電影業、美國即食穀物業，以及哥斯大黎加的香菸市場。雖然，這個分析方法最適用於有兩個明顯競爭者，但只要產業有夠高的集中度，這個方法也很有用。

賽局理論同樣適用於評估擴充產能。在許多週期性產業裡，包括汽車、化工、造紙、航空和能源，企業會傾向在週期達到高峰時評估擴充產能。這項分析適用於高峰時期，因為市場需求旺盛，而且企業通常具備擴充產能的財務實力。

就像之前的例子所說，各家公司在高峰時期增加產能，將降低回報，並在隨後的低谷時期出現更嚴重的產能過剩。亞當・布蘭登伯格（Brandenburger）和貝利・奈勒波夫（Nalebuff）在他們合著的賽局理論書籍《競合策略》（*Co-opetition*）裡，主張限制供給的好處大於成本。[12]

　　這裡的重點在於，競爭市場不一定是零和遊戲。在適當的條件下，經營者可以視他們的處境為重複進行的囚徒困境，並做出在長期裡將價值最大化的定價和產能決策。由於以牙還牙可以迅速且明確地處理負面的競爭行為（例如削價或擴充產能），因此具有監督對手的效果。投資人可以利用這個架構，來評估管理高層的思考過程，以及企業記憶的程度。

美好的期待
論企業成長的極限

> 空中樓閣很容易成為人們尋求慰藉的避難所，而且也很容易建造。
>
> ——亨里克・易卜生（Henrik Ibsen），
> 《建築大師》（*Master Builder*）

> 我看到人們都在提高對未來盈餘成長率的預測，而不是下降。有些人有所節制，但這樣的人非常少。
>
> ——查理・蒙格，
> 《傑出投資者文摘》（*Outstanding Investor Digest*）[1]

令人迷惑的複利

經營者和投資人普遍認為，成長絕對是好的。經營者經常討論挑戰性很高的目標，有時候甚至以「宏偉、艱難和大膽」（big, hairy audacious）的目標，來激勵員工並試圖藉此讓股東刮目相看。成長型投資人，通常偏好有望快速銷售、獲利並且可持續成長的公司。

但大多數投資人，未能直觀地理解複利的力量和作用。想知道利潤是如何堆疊起來，我們來做個小測驗：

今天的 1 美元在經過 20 年的複利成長後，將變成多少錢？請在以下空格內寫下金額。

初始金額	複利率	20 年後的金額
$1	2	＿＿＿＿＿＿
$1	7	＿＿＿＿＿＿
$1	15	＿＿＿＿＿＿
$1	20	＿＿＿＿＿＿

對大多數人來說，這些計算並不直觀。為期 20 年 2% 年複合成長率（compounded annual growth rate, CAGR），將讓 1 美元變成 1.49 美元。若以 7% 的年複合成長率計算，則 1 美元會變成 3.87 美元。15% 的年複合成長率，也是大型企業普遍設定的盈餘成長目標，表示 1 美元在經過 20 年後，會變成 16.37 美元。最後，如果複利率是 20%，1 美元會變成 38.34 美元。

你算得如何？如果你和多數人一樣，那就很難正確計算出成長率與最終價值之間的關係。例如，大多數投資人無法直觀地理解，從 15% 成長到 20%，意味著 20 年後價值將增加超過一倍。

這就是為什麼愛因斯坦說：複利是「世界第八大奇蹟」。對投資人來說，關鍵在於讓複利為他們所用，而不是對他們不利。

事實查核

貝恩策略顧問公司（Bain & Company）的克利斯・祖克（Chris Zook），在他富有洞見的著作《從核心擴張》（*Profit from the Core*）一書裡，談到一項研究，研究對象是確實在 1990 年代做到持續成長的公司。[2] 該樣本涵蓋七個國家，超過 1,800 家銷售超過 5 億美元的公司。

祖克設立了以下三道門檻：

- 實際銷售額成長率（經通膨調整後）為 5.5%。
- 實質盈餘成長為 5.5%。
- 股東整體回報超過資本成本。

這些目標，顯然遠低於大多數企業在策略計畫裡設定的水準。事實上，貝恩公司發現研究裡三分之二的公司，在其計畫裡設定了兩位數的名目成長率為目標。

圖表 27.1　少數公司成功創造可持續性的成長

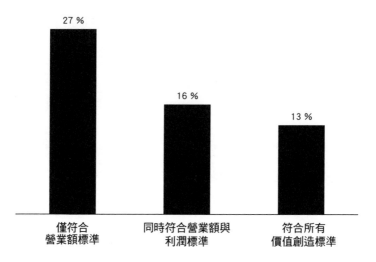

來源：Worldscope database, Bain analysis.

　　圖表 27.1 顯示研究結果。事實證明，在所有公司裡只有約
25% 達到銷售成長率的門檻，而且只有八分之一的公司，能夠滿
足持續成長的所有標準。這樣的結果顯然和當前蓬勃的經濟世
代，形成強烈反差。絕大多數公司都期望（並且計畫！）以二位
數的速度成長，但絕大部分都無法做到。

　　設想與現實之間的潛在差距，到底有多大？為了檢驗這一
點，我先查看基準年營收超過 5 億美元的美國公司，在 1997 ～
2006 年的 10 年間，其銷售成長率的分布情況（請見圖表 27.2）。

圖表 27.2　10 年間銷售額 CAGR 的次數分布

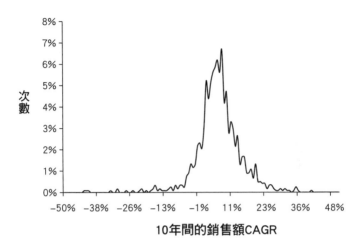

來源：FactSet 和作者分析。

這一組的平均成長率為 6.2%，而且不到三分之一的公司，其營業額能夠保持二位數的名目成長率。再說，這些成長率並未針對併購活動予以調整，因此，可以肯定這些公司的有機成長率其實比較低。[3]

接下來，我將所有銷售額超過 5 億美元（以 2006 年為基準）的公司，再多加一層數據，也就是分析它們未來三年的預期盈餘成長率。即使盈餘成長率的歷史紀錄，比銷售額成長率高大約 100 個基點，但分析並沒有因此改變。這一組公司的平均預期成

圖表 27.3　期望落差？

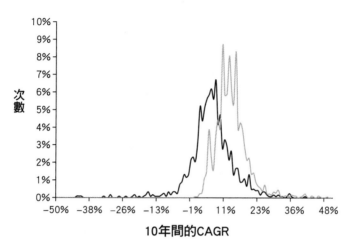

來源：FactSet 和作者分析。

長率為 13.4％，仍然是公司近期成長率的兩倍左右（見圖表 27.3）。這裡同樣值得注意的是，預期成長率的分布不包括任何負成長率。

　　相較於 6% 的成長率，13% 的成長率有什麼重要的意涵？根據我們的複利計算顯示，在 13% 的利率下歷經 20 年，最終價值將成長到接近四倍。隨著公司規模擴大，想要維持二位數成長會愈來愈困難。因此，如果過去是未來的序曲，那麼許多公司的預期成長率將不得不下調。

量體愈大，成長愈慢（或成長停滯）

　　所有公司的規模就像城市規模一樣，往往會遵循某種特定的分布。[4] 科學家在模擬這種分布的模型裡，發現平均成長率和規模無關，而成長率的**變異數**則隨著規模增加而下降。這種現象稱之為生長錐（cone of growth）。

　　圖表 27.4 呈現出這種現象。在這裡，我查看了超過 2,600 家美國公司十年的年複合銷售成長率，橫軸是對數尺度。圖表顯示，雖然小型和大型公司的平均成長率大致相同，但大公司快速成長或衰退的可能性比較小。投資人常稱之為大數法則，也就是大公司無法像小公司成長那麼快速。但更準確來說，是大公司的成長率和平均成長率，不會大幅偏離平均成長率。[5]

　　你讀到這裡，可能覺得所有預期成長率偏高的公司，都是糟糕的投資標的。但事實絕非如此！真正的問題在於，雖然我們知道有些公司將來會高速成長，促使預期往上修正和帶來吸引人的股東回報，但我們沒有**系統化**的方法辨識出這些公司。巨大的機會就潛藏其中。

　　為了說明成長的果實雖然甜美，但我們卻很難從中得到好處，這裡要看看傑諾米・席格爾在《長線獲利之道》中、對漂亮

圖表 27.4 銷售額成長的 CAGR

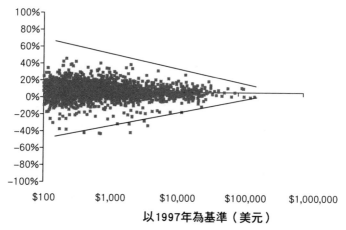

以1997年為基準（美元）

來源：FactSet 和作者分析。

50（Nifty Fifty）的出色分析。[6] 漂亮 50 是美國 1970 年代初期主流的成長型股票，當時這些股票的預期成長率很高，本益比倍數則超過 40 倍。但是，在 1973 年到 1974 年的熊市裡，這些股票大幅崩跌。

席格爾就此提出一個根本問題：根據那些股票後來的股東總報酬來看，漂亮 50 在 1972 年是否估值過高？根據他的分析，答案是否定的。雖然，有些股票的表現遠超過市場（菲利普莫里斯〔Philip Morris〕、吉列和可口可樂），而其他股票則表現得差得多（寶來〔Burroughs〕、寶麗來〔Polaroid〕和百得〔Black &

Decker]），但總體來看，它們的回報與整體市場相符。席格爾的看法是，根據隨後的表現來看，1972 年某些公司的保證本益比過高，有些公司則過低，但平均本益比大致是合理的。

不要在空中樓閣尋求庇護

期望與現實之間有落差，不是什麼新鮮事。例如，由下而上估算標普 500 指數的獲利，總是比由上而下的評估更加樂觀。但在今天，這個問題似乎因為盈餘預期的遊戲，而顯得更加複雜。[7] 經營者和投資人都加入一場提高預期門檻的儀式：企業高層努力達到或超越華爾街的預期，因此進一步鼓勵分析師提高他們的預期，於是又促使企業高層使用所有手段創造更多成長。[8]

投資人和經營者的期望必須合理。證據顯示，大企業想要維持快速成長的難度極高。此外，投資成長股雖然並無不妥，但跡象顯示要能夠判斷哪些公司會超出預期，哪些公司不如預期，難度則非常高。投資人應該持續專注於期望價值理想的投資機會，也就是上漲潛力大於下跌風險的標的。

PART 4

科學與複雜理論

2003 年 8 月美國東岸大停電後，我第一通電話是打給朋友鄧肯‧華茲（Duncan Watts），當時他是哥倫比亞大學社會學教授。我連珠炮地問他大停電的相關問題：大停電發生的可能原因、如何發生，以及我們該如何避免未來再度發生類似事件。

你可能會問，為什麼我會找一位社會學家回答停電問題？華茲是理論與應用力學博士，也是全球網絡理論的專家。他的專業只不過正好是社會科學，但他在跨自然科學和社會科學上同樣得心應手。我們的討論非常廣泛，他把大停電、哈利波特的成功、股市繁榮和流感疫情連結起來。

一般來說，大學通常會把硬科學（hard science）和社會科學的系所，安排在校內不同的建築裡，但是這些領域真正的距離在於哲學上的差異，而非地理上的距離。近年來，一些像鄧肯‧華茲的科學家展現出跨領域思維的價值，物理學家、心理學家及複雜理論家，都有助於我們對金融市場的了解。

科學可以帶給投資人許多啟示。本書 Part 4 的文章很有用處，因為它們說明了市場之所以有效（和無效）運作的重要機制，深入探討傳統財務學領域無法妥善處理的重要經驗現象，並說明企圖在市場建立簡單的因果關係是徒勞無功的。

像螞蟻和蜜蜂這樣的社會性昆蟲非常讓人著迷，因為它們展現出去中心化的群體，如何有效地彼此協調以解決問題。這部分探討各種集體解決問題的形式，包括從蜜蜂的搖擺舞，到好萊塢股票交易所。

股市是複雜適應系統（complex adaptive system）最好的例子之一。所謂複雜適應系統，是指由眾多異質主體（heterogeneous agent）互動而成的系統。研究顯示，當投資人錯誤行為互相獨立時，市場的運作將依然有效。此外，當我們清楚定義市場維持效率所需的條件，我們就可以思考市場在什麼時候缺乏效率的根據。

在傳統的財務理論裡，許多模型均假設股價變動會呈現常態分布，具備常見的的鐘形曲線。常態分布是一個功能強大的分析工具，因為你只需要兩個變數——平均值和標準差——就可以知道該分布的狀態。

雖然這個模型十分優雅，但用它來描述現實世界結果的效果並不好。尤其，這個模型無法呈現「肥尾」的現象，也就是罕見但大幅度的價格變化。如果風險管理模型無法充分將肥尾現象考量進去，就會導致眾所矚目的慘劇，包括 1998 年對沖基金「長期資本管理公司」（Long Term Capital Management）的倒閉。

肥尾現象和乘冪定律密切相關；這是「常見的小事件」和「罕見的大事件」之間的數學關係。乘冪定律十分有趣，它們在實務上反映出各式各樣的關係，諸如城市規模、地震和收入分布等。雖然，科學家們尚不完全了解乘冪定律背後的機制，但它的存在本身就可以為投資人帶來很好的洞見。

人類想要將因和果連結在一起，這種渴望深植在我們心中。可惜的是，市場難以輕易滿足我們這種渴望。市場不是機械系統，我們無法靠研究個體進而了解整體市場。化約主義在市場上行不通的，但我們卻常常訴諸個人來解釋市場運作。螞蟻的行動仰賴局部的資訊和互動，它們無法了解整個蟻窩的狀況，而同樣的道理也適用在市場專家身上。除了最普通的市場波動之外，市場專家也沒有能力解釋所有的市場波動。

複雜適應系統還有另一個讓人難以理解的特徵：干擾的規模不一定和干擾的結果成比例。有時候，小干擾會引發巨大變化，反之亦然。研究市場時，我們必須放下傳統的比例觀念。

近年來，科學家更努力在自然科學和社會科學之間尋找彼此的連結，而股市投資人若能將視野放大，也可以從中受益。

CHAPTER 28 讓思維多樣化
如何打造成功的投資思維

> 讀得愈多，知道的愈多。學得愈多，走的路愈遠。
>
> ——蘇斯博士（Dr. Seuss），
> 《我閉著眼睛也會讀》（*I Can Read With My Eyes Shut!*）

螞蟻的腦袋

2000 年秋天，我邀請一小群頂尖投資人，聆聽來自金融、策略和商業領域傑出人士的演講。雖然這些講者都非常出色，卻沒有任何一個人因為製造最多話題而獲獎。反而，這項殊榮最後由洛斯阿拉莫斯國家實驗室（Los Alamos National Laboratory）的科學家諾曼・強森（Norman Johnson）獲得，他用看似不太吉利的方式開始他的演講。他說：「人們邀請我來這裡談專家到底出了什麼問題。我確實是這方面的專家，但是今天的討論是針對金融專家，而我對金融幾乎一無所知。」[1]

強森究竟說了什麼，讓在座聰明的投資人都傾身傾聽呢？簡單來說，他表示當不同群體的「普通」人一起採取行動時，將比專家還能解決問題。強森透過討論社會性昆蟲的行為，來闡述他的觀點，包括螞蟻和蜜蜂。昆蟲驚人的表現，尤其刺激了聽眾的想像力。

強森的演講大部分以宏觀層面為主，或是集體如何解決問題，這些內容對於人們理解市場如何產生效率，顯然高度相關。[2] 不過，我這裡的重點是微觀層面，即投資人個人應該如何打造出成功的投資。雖然分析的單位不同，但是兩者的道理卻相同：多樣化的資訊和觀點，有助於投資人提高投資績效。

請仔細思考你從哪裡取得資訊。你是否都看一樣的報紙、和相同的人交談、並閱讀相同類型的研究報告？還是你會撥時間接受新的想法，即使這樣做可能讓你白花時間在知識的死胡同裡？有力的證據顯示，不只有投資領域，許多領域的頂尖思考家，都受益於吸收多元的觀點。

讓人驚豔的迷宮

在深入探討個人層次的成功投資前，我想說明多樣性思維如何為人們帶來更好的解決方案，以及缺乏多樣性思維會如何造成低落的效率。強森用迷宮問題進行說明，為什麼集體智慧的表現優於個體智慧：

- 首先，他要求能力相仿的人來解開迷宮。由於這些人對問題沒有全局的了解，他們只不過是一直探索，直到找到解決方案為止。
- 接下來，他請大家再解一次這個迷宮。大家學到一些資訊後，往往有所進步。
- 最後，他把每個人的經驗建構成一個線性組合，並用相同的規則找出集體的解決方案。

由於每個人一開始探索都是隨機的，因此呈現出不同的經驗（迷宮區域）、偏好（偏愛的路徑）和表現（路徑長度）。[3] 所以，集體其實只是擁有超級資訊的普通個體。由於集體擁有多樣化的資訊，因此遠比個人判斷更周全（見圖表 28.1）。

自然界從未忘記這種集體效應，這就是強森談到螞蟻的地方。螞蟻是怎麼做到的？外出覓食的螞蟻，離巢時只有一個任務，就是把找到的食物帶回蟻窩。它們能夠沿路分泌化學物質，也能依循其他螞蟻留下的化學物質前進。一開始，這些螞蟻隨機

圖表 28.1　集體勝過個體

圖表中的插圖是示範迷宮。主圖顯示貢獻的個體數增加,對集體方案造成的影響;圖表同時採用兩組隨機號碼。集體方案中的步數,經每個個體貢獻給集體方案的平均步數常態化。

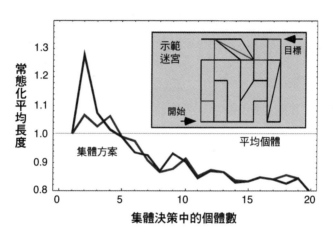

來源:Norman L. Johnson,可見 http://www.ishi.lanl.gov/symintel.html。

出發,當螞蟻找到食物並返回巢穴時,它們會在路上留下化學物質,讓其他螞蟻可以跟隨它們的路徑。研究顯示,這個過程可以讓螞蟻持續找到前往食物的最短路徑。[4]

當研究者了解螞蟻的群體能力後,他們決定耍一下螞蟻。在一個受控制的環境裡,科學家把兩個食物來源,放在和蟻窩有相同距離的路上。結果,螞蟻最後只走了其中一條路,儘管它們是隨機選擇這些路徑的。為什麼?因為螞蟻會循著化學物質前進,

圖表 28.2　異想天開的選項

來源：Sente Corporation.

所以幾隻沿著同一路徑前進的螞蟻，會吸引其他螞蟻跟隨牠們，因此形成一個正向回饋的循環。因此，螞蟻其實並沒有找到最佳方案，而是擠在擁擠的路上，同時還有一條長度相同卻無蟻問津的路徑。

　　神奇的是，大自然早就預見這個問題。事實顯示，螞蟻會定期離開主要路徑，重新開始隨機搜尋的過程。螞蟻被「設定」會在已知的食物來源，以及探索下一個新的食物來源之間，努力取得平衡（見圖表 28.2）。強森稱之為「異想天開」的選擇；螞蟻天生就會尋求多樣性。

尋求多元性

迷宮和螞蟻與資金管理這項艱鉅的工作，有什麼關係？結果顯示，關係可大了。生理學家霍雷斯·巴洛（Horace Barlow）指出，智慧是指透過猜測來發現某種新的潛在秩序。這包括解決問題、看出爭議的邏輯，或者找到合適的比喻。[5] 那麼，投資智慧從何而來？

這就是諾曼·強森給投資人的重要訊息。在明確界定的系統裡，專家很有用，因為他們提供了以規則為基礎的解決方案。但是當系統變得複雜時，一群人往往比單獨一個人——就算那個人是專家——更能解決問題。這表示在大多數時候，股市都比大部分的人都更有智慧，經驗事實已經證明這一點。

強森接著說，要成為如股市這種複雜系統的專家，需要兩個基本特質。第一，你必須能夠在腦海裡「模擬」情境，構思並選擇策略。[6] 一段有關傳奇對沖基金經理人喬治·索羅斯（George Soros）的描述，即可說明這一點：

和索羅斯密切合作 15 年的蓋瑞·格萊德斯坦（Gary Gladstein），形容他的老闆幾乎是用神祕的方式在思考，並將索羅斯的專業能力，連結到他在腦袋裡具像化整個世界的資金和信貸流向的能力。「他有宏觀的全球視野，他能夠吸收並消化所有訊息，然後就此提出自己的看法，指出可以怎麼做。他會看圖表，但他處理的資訊大部分是語言的形式，而非統計數據。」[7]

第二，你必須從眾多來源取得資訊，以充實你的思維系統。上述的模擬能力很可能主要是天生的（雖然你還是可以提升這方面的能力），但追求多樣化的想法卻是你自己可以控制的。

心理學家唐納德‧坎貝爾（Donald Campbell）用類似的方式描述過這種情況，他稱創意思考的過程為「盲目的變異和選擇性保留」（blind variation and selective retention）。換句話說，創意思考的人會探索多樣的構思，但只會選擇對當前目標真正有用的想法。

多元的概念讓你能夠發現強森所說的「弱訊號」。弱訊號可能透露出偏離主流的趨勢正在萌芽，例如新技術或新發展。弱訊號也可能是出乎意料之外的管道，及時傳來的有用資訊。事實上，最新研究顯示，某些組織內部的非正式學習管道，能夠滿足多達 70% 的學習需求。[8] 我們往往很難預測，下一個有用的想法從何而來。證據顯示，接觸多元的資訊來源，可以讓我們更有機會找到有用的點子。

創意與投資

美林（Merrill Lynch）投資管理公司前總裁亞瑟·齊克爾（Arthur Zeikel），在他經典的文章裡表示，想要達到卓越的投資績效，公司內部的關鍵人員必須要有創意。[9] 他指出，有創意的人具備以下特質：

● 對知識有好奇心。

● 靈活並樂於接受新資訊。

● 能夠看出問題，並清晰且準確地定義問題。

● 能夠用多種方式整合資訊，直到獲得解決方案。

● 反權威且非傳統。

● 思緒活躍、熱切且積極主動。

● 聰明絕頂。

● 目標導向。

無論是大自然或人類的認知過程，其動力都來自多樣性。投資人的投資方法或資訊來源如果太過狹隘，就有可能錯過多元化的力量。當然，接受多樣的觀點也有缺點，因為投資人必須篩選大量潛在的無用訊息。但是整體而言，多元化可以帶給深思熟慮的投資人，更豐富的投資績效與人生。

從蜂巢到錢潮
集體的智慧與奇思妙想

蜂巢最引人深思的特點,在於它們能夠在沒有中央指揮的情況下,讓數萬隻蜜蜂協調活動。

蜂巢的一致性取決於去中心化的控制機制,進而引發自然選擇的過程,這個過程類似於創造大自然規律,和人類競爭性市場經濟裡創造秩序的過程。

——湯馬斯・希利(Thomas D. Seeley),
《蜂巢智慧》(*The Wisdom of the Hive*)

預測市場(decision markets)將來自不同個體的資訊,匯集成公共資源。比起傳統的資訊整合機構,例如新聞媒體、同儕審查、試驗和民意調查,市場在這方面擁有許多優勢。這個投機性的市場是去中心化的,而且相對公平,可以為我們的問題提供直接、簡明、及時和準確的預估。

——羅賓・漢森(Robin D. Hanson),
《預測市場》(*Decision Markets*)

聰明的螞蟻

康乃爾大學的生物學家湯馬斯·希利，在他精彩的著作《蜂巢智慧》一書中，解釋採蜜的工蜂回到蜂巢後，會跳一段舞蹈告訴同伴食物的位置。但讓人驚奇的是，舞蹈持續的時間不僅反映蜜蜂表達了採蜜點的食物有多豐富，還可以表達出蜂群對該資源的需求程度。

換句話說，每隻蜜蜂在用舞蹈交流時，同時會考量到蜂群的機會和需求。因此，即使沒有任何一隻蜜蜂在掌控全局，蜂群的整體分配模式仍然非常恰當。[1]

螞蟻也展示出驚人的集體行為。頂尖的螞蟻研究專家黛博拉·戈登（Deborah Gordon）表示，螞蟻會把同伴的屍體堆在離蟻窩最遠的地方。然而，更厲害的是，它們會把廢棄物堆放在距離同伴屍體和蟻窩最遠的地方。[2]螞蟻在不自覺的情況下，解決了複雜的空間問題，這問題堪比為標準化智力測驗。

社會性昆蟲如蜜蜂和螞蟻的行為，之所以令人嘖嘖稱奇，是因為它們沒有中央發號指令，沒有人在指揮。然而，這些簡單聚在一起的個體，卻能產生複雜、適應性強且穩健的結果。昆蟲群體能有效覓食、經歷生命週期，並根據當下環境改變行為。這些去中心化的個體，可以集體解決非常困難的問題。對偏好指揮與控制的人類來說，昆蟲社會的解決方案有違我們的直覺。

我研究過三個仰賴群體行為的系統，分別是社會性昆蟲、預測市場和股票市場，並思考它們的相似和相異之處，希望藉此更了解市場的運作方式。我的結論是，在許多情況下，集體行為的效率非常好，但這些系統之間有著實質的差異。

旅行業務員？跟著螞蟻走吧……

希利詳細說明蜂群的運作方式後，總結了蜂群組織的主要特徵。在瀏覽以下清單時，請思考你對於如何最有效配置資源的看法，以及蜂巢和市場之間有何相似之處。蜂巢聚落的主要特徵包括：[3]

1. 根據暫時的專業分工。
2. 工蜂之間沒有身體上的接觸。
3. 多元的資訊流管道。
4. 高效率的溝通方式。
5. 負向回饋。

6. 成員之間的協調，無須中央規劃。

蜜蜂和螞蟻的活動也許令人著迷，但人類可以從中學到什麼？或許，在面對一些難以靠邏輯推理解決的問題時，社會性昆蟲的組織結構，可以為我們帶來啟發。

其中一個例子便是有名的「旅行業務員難題」（traveling salesman problem），研究人員認為這個問題是組合最佳化領域裡的基準挑戰。這個問題的目的，是找出如何用最短路徑，讓業務員從一個城市到另一個城市。科學家已經證明，螞蟻用來覓食的模式，也就是螞蟻的演算法，與處理這個問題的標準方法一樣好，或甚至更好。[4]

神諭的預測市場

我們可以從社會性昆蟲的身上學到一個課題：整體往往大於部分的總和。然而，我們人類經常在各種領域仰賴專家，包括醫學、政治、金融和公共政策。專家可以給我們最好的答案嗎？還是我們可以利用眾人的集體智慧？

近年來我們看到預測市場興起，人們在市場裡對有興趣的問題預測下注，並根據預測是否正確而賺錢或賠錢。這些事證證明了預測市場高度準確，這些市場就像社會性昆蟲一樣，仰賴分散式智慧取得成功。

最有名的預測市場是 1988 年成立的愛荷華電子市場（Iowa Electronic Markets, IEM）。[5] 人們可以在愛荷華電子市場，針對個別候選人的得票率下注。這個市場的歷史紀錄令人稱羨：在四次總統選舉裡，該市場的市場價格有四分之三的時間比民調（近六百次）更能準確預測選舉結果。愛荷華電子市場還舉辦過其他預測市場。[6]

預測市場的涵蓋範圍已經大大超越政治領域。例如，你想要估算一部電影上映第一週週末的票房收入嗎？看看好萊塢股票交易所（Hollywood Stock Exchange），那裡的交易者向來比電影專家更準確。這個交易平台也十分擅長預測奧斯卡提名，目前還讓大家押注美國電視選秀節目《美國偶像》（*American Idol*）的明日之星。[7]

流動性最高的預測市場之一是必發（BetFair），從體育賽事、政治事件到股票市場，什麼都可以下注。投資人可以觀察市場如何預測各領域事件的結果，甚至也可以參與下注。[8]

為什麼預測市場運作得這麼好？第一，市場裡個人認為自己具備某種優勢，因此選擇參與其中。第二，交易者有動機做正確的判斷，因為一旦判斷正確，他們就可以從判斷力較差的交易者身上賺到錢。第三，這些市場可以持續提供即時預測，這是一種寶貴的回饋。於是，預測市場整合每一個交易者的資訊，因此市場比任何一個個體更能有效解決難題。

股市是終極的蜂巢嗎？

股票市場和社會性昆蟲與預測市場，有許多共同特徵。市場是由眾多個別投資人互動而成。我們已經看到，無論是昆蟲聚落還是預測市場，都能有效解決問題。為了更深入了解這些系統的運作方式，我們要同時檢視它們之間的相異與相似之處。

蜂巢和市場之間最大的差異，也許是激勵機制和價格的效果。在蜂巢裡，每隻蜜蜂的行為並不是為了最大化自己的福祉，而是為了整個蜂群（演化造成這種行為）。在市場裡，每個交易者都想要最大化自己的效益。這個差異可能讓昆蟲聚落比人類的市場更強韌，因為聚落比較不會像市場那樣，容易受到正向回饋的影響而變得脆弱。

此外，蜂巢沒有價格。價格在自由市場經濟體系裡扮演非常重要作用，因為價格可以協助人們決定如何分配資源。蜜蜂透過舞蹈傳遞資訊，但市場不只是單向告訴投資人價格為何，還會影響投資人的想法，進而引發不健康的模仿行為。

預測市場與股票市場很不一樣，因為前者有確切的時限，結果也很明確。這種特徵為結果劃定了邊界，有效限制投機的模仿行為。換句話說，趨勢動能策略在預測市場裡起不了作用。此外，在股市裡，股價的表現會影響公司的基本面前景。[9] 然而在預測市場裡，結果和市場本身相互獨立。

群體智慧

投資人可以從本文的討論中汲取一些訊息。第一，即使組成的個體智慧有限，去中心化系統在解決複雜問題時，往往仍非常有效。當我們有更便宜的方法利用集體智慧時，分散式智力的重要性就會繼續上升。[10]

再者，雖然我們可能傾向把所有解決問題的去中心化系統都歸成同一類，但這些系統之間仍有重要差異，而這些差異會影響各個系統的績效。例如，當投資人的性質有很大的差異時，股價表現往往更有效率。但是，當投資人之間的差異很小，而且投資人犯的錯不再毫不相干時，市場就會走極端。[11]市場比昆蟲聚落和預測市場，更容易出現極端的現象。

最後一點，去中心化系統通常都很穩健。雖然這些系統偶爾會出現極端的情況，但市場對變化的適應能力還是很好。這樣的觀點，解除了投資人必須保持理性的義務，並認為資源配置的效率由市場本身的結構決定。市場智慧來自於匯整的局部資訊。這就是為什麼，要打敗運作良好的市場如此困難的原因。

CHAPTER 30 群眾之聲
利用群體尋找機會、解決問題和預測未來

> 我們必須說明，雖然每個人擁有的知識都不完整，但人們卻又如
> 何透過互動產生解決方案。如果以為所有的知識都應歸一人所
> 有，就像假設這些知識都歸我們這樣的經濟學家所有，這樣的態
> 度既無視問題，也忽略了真實世界裡所有重要且有意義的事物。
>
> ——海耶克（Friedrich Hayek），〈知識在社會中的運用〉
> （The Use of Knowledge in Society）

> 即使交易者不見得是專家，但他們的集體判斷往往高度準確，因
> 為市場在揭露和整合多樣化資訊上非常有效。而且，用哪一個市
> 場來預測似乎並不重要。
>
> ——詹姆斯·索羅維基（James Surowiecki），
> 〈該死的政策分析市場（PAM）〉（Damn the Slam PAM Plan!）

群眾的準確度

　　大多數投資人不認為集體行為會帶來出色的結果。有一則亞
馬遜書評誇讚查爾斯·麥凱的經典之作《異常流行幻象與群眾瘋

狂》（*Extraordinary Popular Delusions and the Madness of Crowds*），
「證實了群體的瘋狂與混亂毫無節制，而且也沒有時間限制。」
把重要問題丟給一個內部異質的團隊，看起來顯然不太能夠產生
讓人滿意的解決方案。

但近年來，社會科學家愈來愈重視市場整合資訊的能力。認
知到這種能力，再加上網路的連結，已經為我們開創全新的方法
來解答難題、解決複雜的問題，並改善預測能力。

當然，股票市場並不是靈丹妙藥。當投資人的行為彼此關聯
時，市場會週期性地出現極端狀態。不過整體來說，多數投資人
和企業高層，都不了解市場如何與為什麼能產生準確的答案。

並非所有群體都以相同的方式運作。在某些情況下，挑戰在
於針對特定問題找到具體的解決方案，這些方案通常來自個人擁
有的知識或專業技能。在其他狀況裡，群體成為資訊的匯流處，
群體的集體判斷幾乎都能比所有個體的判斷，更妥善解決問題或
預測結果。

出於兩個原因，投資人應該注意群體判斷的準確性。第一，
資訊聚合是市場效率的核心。在此，我把效率定義成個人無法系
統性地利用市場取得超額回報。第二，如果公司妥善利用集體資
訊，可能獲得競爭優勢。我將說明幾家正致力於此的公司。

大海撈針

最近《麥肯錫季刊》（*McKinsey Quarterly*）有篇文章，開頭談到一家生物科技公司的經理，努力尋求某種蛋白質的技術知識。經過數週的內部調查，經理得到一個結論：根本沒有這樣的專家。三天後，當經理在電梯裡為同事解釋問題時，一旁的女士插話說：「我的博士論文寫的就是這種蛋白質，你想知道什麼？」[1]

在我們的知識經濟裡，能夠以高性價比解決特定問題的能力，變得愈來愈重要。以製藥產業為例，過去 20 年來，藥物研發占銷售額的比率幾乎翻倍，而且藥物從研發到取得美國食品藥物管理局（FDA）完全批准和上市，成本約為 8 億美元。

對於以研發為主的公司來說，其中一個挑戰是找到能夠解決高難度問題的實驗室專家。現在，想像這個情景：如果一家藥廠可以把棘手的研究問題，讓全世界所有具備能力的科學家知道，而非僅限於公司內部員工知情，會發生什麼事？公司解決問題的速度會更快嗎？解決問題的成本會更低廉嗎？風險會更低嗎？

2001 年中，禮來（Eli Lilly）製藥公司的高層想透過成立一家叫做 Innocentive（詳見 www.innocentive.com）的新公司，來解答這些問題。2006 年，Innocentive 擁有近 40 家想找到答案的

「尋求者」公司，以及一個由 95,000 名科學家組成的「解答者」社群。尋求者公司支付會員費後，可以提出想問的問題，並附上提出解決方案可以獲得的現金獎勵。解答者來自世界各地，其中一半來自美國海外的科學家。

Innocentive 的成效如何？現在談成效也許仍言之過早，但一些早期的結果令人振奮。以寶僑公司為例，該公司在 2002 年擁有 17 億美元的研發預算，以及約 9,500 名的研發員工，其中包括 1,200 位博士。研發主任賴瑞‧休斯頓（Larry Huston）解釋，他們使用 Innocentive 是因為「我們公司內部無法解決這些難題。」寶僑公司在 Innocentive 平台提出的第一批問題，成功解決的比率約為 45%，超過了該公司設定的三分之一目標。

寶僑公司的成功，突顯出多元化的「解決者」團隊的重要性。休斯頓說：「我們第一個問題是北卡羅來納州一位專利律師解決的，他白天的專業是專利法，晚上在家研究化學，他的太太則喜歡讀言情小說，起碼他是這樣和我們說的。第二個問題由西班牙一名研究生解決，第三個問題是來自印度班加羅爾（Bangalore）的人解決的，第四個問題則由一名自由化學顧問解決。」[2]

不難想像，在其他領域用這種方式媒合尋求者和解答者，也會有效果。雖然這種做法的確會遇到一些現實障礙，例如智慧產權議題，以及不當傳播內部資訊或競爭情報，但是 Innocentive 的模式似乎仍跨出一大步，就像在廣闊豐富的大海裡撈針。[3]

以聲量衡量牛的重量

在集體裡創造市場，是另一種資訊聚合和解決問題的有用方法。在這裡，與其讓一個問題對應唯一一個解決方案，不如由整個群體一起解決問題，效果會比任何一個人甚至專家更好。

維多利亞時代的博學之士——法蘭西斯・高爾頓（Francis Galton），是最早詳細記錄這種群體聚合能力的人之一。1907 年，高爾頓在《自然》（*Nature*）期刊刊登一篇名為〈群眾之聲〉（Vox Populi）的文章裡，描述在普利茅斯（Plymouth）舉行的西英格蘭「肉畜與家禽展覽會」猜測公牛重量的比賽。人們需支付 6 便士就可參加這場比賽，總共有 787 人參與（讓參與者支付一點成本，避免有人惡作劇）。根據高爾頓的說法，有些參賽者是屠夫和農民，他們可能是擅長猜公牛體重的專家。他推測許多人是靠自己得到的資訊，或者根據自己的想法來猜。

高爾頓計算了眾人猜測數值的中位數，也就是群眾之聲，以及平均數。他發現中位數和公牛的正確體重，兩者誤差在 0.8%

以內，而猜測的平均數誤差在 0.01% 以內。為了讓大家知道答案是怎麼出來的，高爾頓展示出所有答案的分布狀況。簡單來說，這些錯誤相互抵消，最後結果就是從所有資訊裡提煉出來的。[4]

後來，我們看到群眾之聲的結果不斷出現。例如，解決複雜的迷宮、猜測罐子裡的雷根糖數量以及尋找失蹤的炸彈。[5] 在每一個案例裡，資訊聚合若想發揮作用，必須有以下條件：一個聚合機制、答出正確答案提供的獎勵，以及群體必須異質。

一起預測印表機銷量

在之前的例子中，個體形成的集體智慧能夠判斷某個具體的狀態，例如公牛的體重、雷根糖的數量、炸彈的位置等，卻沒有預測未來的狀態。預測現狀與預測未來有什麼不一樣？

有充分的證據顯示，大眾能夠精準預測未來。惠普（HP）的科學家已經證明，即使團體的規模很小，也比個人更能夠準確預測結果。顯然，惠普為了預測銷售額而設立的內部交易市場，比該公司官方內部的預測更準確。[6]

現在來看看真實的世界

所以,我們已經證明集體能夠巧妙地搓合尋求者和解答者,並判斷目前或未來的狀態。我們該如何將上述的一切,應用到股票市場?

股市有別於我之前描述的市場,因為它沒有具體的答案——股票沒有具體的時間範圍或價值(有一種情況例外,即當一家公司同意被收購時,股價往往能準確地反映該公司的最終價值)。於是,股票投資人很容易模仿別人的行為,因為他們可以把股票賣給願意付更高價的人,以賺取超額利潤。換句話說,良好的資訊聚合三要件的其中一個條件——群體異質性——被破壞了。

然而我認為,「異常的流行幻象與群眾瘋狂」是例外,而非常態。投資人如果知道市場為什麼能夠以及如何有效率運作,將更能深刻了解市場為什麼以及如何欠缺效率。此外,懂得聰明利用群眾智慧來篩選公司的投資人,或許可以得到投資優勢。

兩個世界的尾聲
肥尾現象與投資

維特‧倪德厚夫（Victor Niederhoffer）視市場為賭場，人們在市場的行為和賭徒一樣，所以研究賭徒可以了解投資人的行為。他經常用這個觀點做交易，藉此賺一點小錢，然而他的方法有一個缺陷。如果出現潮流般的變化，他可能會受到嚴重的傷害，因為他沒有妥善的安全機制。

——喬治‧索羅斯，《索羅斯談索羅斯》（Soros on Soros）

從統計的角度來看，我大約交易過 200 萬份合約，每份合約平均獲利 70 美元，這個平均利潤偏離隨機結果約 700 個標準差。發生這種情況的機率，就像汽車報廢場的零件，會自動組裝成一家麥當勞餐廳一樣罕見。

——維特‧倪德厚夫，
《投機客的養成教育》（The Education of a Speculator）

倪德厚夫週三告訴他旗下三個對沖基金的投資人，由於股價連三天下挫，以及今年稍早在泰國蒙受重大打擊，他們資金已經在週一完全蒸發。

——大衛‧亨利（David Henry），
《今日美國》（USA Today），1997 年 10 月 30 日報導

主宰現實世界大部分事物的不只有平均值，還包括分配型態裡的「尾部」；發揮作用的是例外，而不是平均值；災難會突如其來，而非逐漸衰敗；會出現超級富有的人，而非「中產階級」。我們必須從「平均值」的思維裡解放出來。

——諾貝爾物理學獎得主菲利普·安德森（Philip Anderson），
〈有關經濟學分配的一些看法〉
（Some Thoughts About Distribution in Economics）

經驗與曝險

巴菲特在 2001 年致股東信中，區分經驗和曝險的差異。雖然，巴菲特評論的是其公司波克夏海瑟威的保險業務，但他的觀點適用任何和主觀機率有關的操作。談到經驗，我們都是回顧過去，並根據歷史上發生的事件，思考未來可能發生的結果。但是，曝險考慮的是歷史（尤其是近期的歷史）可能無法揭示事件的可能性及其潛在風險。巴菲特認為，保險業在 2001 年承擔了來自恐怖主義攻擊的極大風險，卻沒有收取相應的保費，原因就在於保險業保費過於注重過去的經驗，而非曝險的事實。

投資人也必須分辨經驗與曝險的區別。長期資本管理公司（LTCM）和維特·倪德厚夫轟轟烈烈的失敗，證明了這一點。然而，傳統財務理論顯然無法輕鬆處理極端事件。財務經濟學家普遍認為股價的變動是隨機的，就像水中的花粉因為分子的撞擊而運動一樣。[1]

相較於經驗結果，財務理論更重視建模的方便性，並視價格變動為獨立、分配相同的變數，並且通常假設報酬是常態分布或對數常態分布。這些假設的優點在於，投資人可以用機率計算，來了解分配的平均值和變異數，進而以一定的統計準確度預測各種價格變動的比率。好消息是，這些假設大多時候是合理的；但壞消息是，就像物理學家菲利普・安德森前面所說，控制世界的往往是分配的尾部。

尾部才是重點

常態分布是財務理論的基礎，其中包括隨機漫步理論、資本資產定價理論、風險價值（VaR）模型，以及布雷克－休斯模型（Black-Scholes）。例如，風險價值模型嘗試量化一個投資組合，在某個機率下可能蒙受的損失。雖然風險價值模型有很多形式，但它最基本的版本是仰賴標準差作為衡量風險的標準。在給定的常態分布裡，算出標準差進而衡量風險變得相對直接。然而，如果價格變動並非常態分布，標準差可能成為嚴重誤導人的風險代理變項。[2]

研究顯示，價格變動並不依循常態分布，部分相關研究早在 1960 年代初期便已完成。圖表 31.1 顯示，從 1978 年 1 月 1 日到 2007 年 3 月 30 日，標普 500 指數每日報酬的次數分布，以及這些數據顯示的常態分布。圖表 31.2 突顯出實際報酬和常態分布之間的差異。針對不同資產類別和不同時間跨度的分析，得出相似的結果。[3] 這些圖表顯示：

- 小變化出現的頻率比常態分布預測的更高。
- 中等規模的變動（大約 0.5 到 2.0 倍標準差）比模型預期的低。
- 尾部比標準模型預測的更肥，這表示大幅變化出現的次數比預期還高。

肥尾現象尤其值得我們進一步討論。價值出現極端變化的次數，比標準模型預測的更頻繁，並且對投資組合的表現有重大影響，尤其對槓桿操作的投資組合更是如此。以 1987 年 10 月的股災為例，為了呈現所需，我把這個數據排除在外。當時標普 500

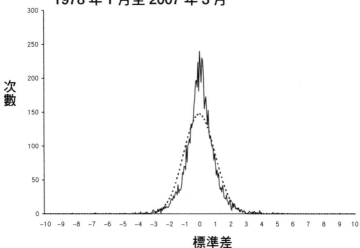

圖表 31.1　標普 500 指數每日報酬的次數分布，
1978 年 1 月至 2007 年 3 月

來源：FactSet；作者分析。

指數暴跌超過 20%，等於偏離平均值 20 個標準差。美國財經作家羅傑·羅溫斯坦（Roger Lowenstein）指出：

> 經濟學家後來發現，以市場的歷史波動率為依據，即使市場從開天闢地以來每天開盤，單日下跌幅度這麼高的機率依然微乎其微。事實上，即使宇宙重複誕生十億次，那樣的市場崩盤在理論上仍然「不太可能」發生。[4]

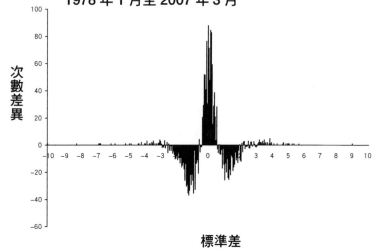

圖表 31.2　次數差異：常態分布對實際的每日報酬，
　　　　　 1978 年 1 月至 2007 年 3 月

來源：FactSet 和作者分析。

　　很多小事件以及少數大事件的模式，並非資產價格所獨有，事實上這是系統處於「自組織臨界性」（self-organized criticality）狀態的特徵。自組織是個體（這裡指的是投資人）之間相互作用的結果，不需要有人領導。臨界狀態是指小小的擾動，也可能引發多種事件。自組織臨界性出現時，系統會出現各種樣態，包括地震、生物滅絕事件，以及交通堵塞等多種系統。[5]

　　是否有機制可以解釋這些偶發性的爆衝？我認為有。就像我在本書其他文章提到的，當市場有夠多的多樣化投資人彼此互動，市場往往就能運作得當。[6] 相反地，當這種多樣性崩解且投資人的行為非常類似時，市場往往會變得很脆弱（這也可能是由於某些投資人撤離市場所導致）。羊群效應的相關文獻愈來愈多，在專門探討這個現象。羊群效應是指，許多投資人會觀察別人並做出相同選擇，而不是依據自己的知識來判斷。資訊階流（information cascades）是自組織臨界系統另一個典型例子，和羊群效應密切相關。[7]

肥尾對投資人的意義

價格比人們預期的更常出現大幅變化。從實際的角度來看，這對投資人有什麼意義？我認為有幾個重要的意涵：

● **因果思維**：自組織臨界系統有一個重要特徵，即干擾的規模和隨後發生的事件規模，可能不是線性關係。有時候小規模的干擾，可能會引發大規模的事件，因此讓我們想要找到結果背後原因的希望，全部幻滅。

● **風險與報酬**：我們用來評估風險的標準模型，即資本資產定價模型，假設風險與報酬之間的關係是線性關係。實際上卻不然，像股市這種自組織臨界系統，其內在特徵是非線性關係。投資人必須謹記，財務理論是將真實世界的數據加以典型化（stylized）。學術界和投資圈常常討論超過均值五個標準差（或更多）的事件，足以顯示人們普遍使用的統計測量，並不適用於市場。

● **投資組合構建**：使用標準統計指標來設計投資組合的投資人，可能會低估風險（經驗與曝險的差異）。使用槓桿來提升投資組合收益的人，要特別當心這一點。許多對沖基金最後以災難收場，直接因素都是來自肥尾事件。投資人在建構投資組合時，需要將這些事件納入考量。

想要安然面對肥尾的世界，有個有用的方法：先衡量資產價格的當前期望，然後思考各種結果及其相應的發生機率。投資人可以透過這個過程，思考潛在的肥尾事件。[8]

標準的財務理論大幅提升我們對市場的了解，但是這些理論的立論假設，並未被市場證實可靠。因此，投資人必須認知到理論與現實之間的落差，並據此調整他們的思維（和投資組合）。

CHAPTER 32　容納離群值
聖彼得堡悖論給我們的兩個課題

> 投資組合理論背後的風險降低公式，是建立在幾個要求嚴苛卻始終沒有事實根據的假設上。第一，這些理論主張，價格變化在統計上彼此獨立。第二個假設是價格變動的分配模式，符合標準的常態分布。金融數據是否正好符合這些假設？當然沒有。
>
> ——本華・曼德博（Benoit B. Mandelbrot），
> 《華爾街上的多重碎形漫步》（*A Multifractal Walk down Wall Street*）

> 在過去兩百多年裡，世界頂尖的智者一直未能在聖彼得堡問題上，取得大家普遍接受的唯一答案。這個事實告訴我們，我們不用再期待為成長股難題找到讓人滿意的解答。
>
> ——大衛・杜蘭（David Durand），〈成長股與聖彼得堡悖論〉
> （Growth Stocks and the Petersburg Paradox）

白努利的挑戰

能幹的投資人都很自豪，自認為能夠對金融資產提出適當的估值。這是投資的核心能力：市場只不過是人們交換現金和未來所有權的工具，反之亦然。

好的，請你估算以下這筆現金流：假設莊家擲了一個公正的硬幣，如果硬幣的正面朝上，你將得到 2 美元，然後遊戲結束。如果硬幣的反面朝上，莊家會再次投擲硬幣。如果第二次硬幣的正面朝上，你將得到 4 美元；如果是反面朝上，遊戲繼續下去。每次投擲時，如果是正面朝上，獎金翻倍（例如，2 美元、4 美元、8 美元、16 美元等），並繼續進行下一輪，直到你得到正面硬幣。你會願意花多少錢來玩這個遊戲？

丹尼爾·白努利出身知名的數學世家，1738 年他第一次對俄羅斯皇家科學院（Russian Imperial Academy of Sciences）提出這個問題。[1] 白努利遊戲又稱為聖彼得堡悖論（St. Petersburg Paradox），此悖論是為了挑戰古典理論。古典理論認為，玩家願意付出遊戲的期望值金額來參加遊戲，而上述遊戲的期望值是無限大。每一輪的期望值都是 1 美元（機率為 $1/2^n$，報酬為 2^n 元；或者是 $1/2 \times 2$ 元，$1/4 \times 4$ 元，$1/8 \times 8$ 元，以此類推）。

如此一來，期望值 $= 1 + 1 + 1 + 1 \cdots\cdots = \infty$

當然，就算只要花 20 美元玩這個遊戲，也幾乎不會有人願意。白努利的目的是以貨幣的邊際效用解釋這個悖論。他表示，你願意支付的金額取決於你的資源：你的資源愈多，願意支付的金額就愈高。然而，白努利的解釋並不完全讓人滿意。聖彼得堡悖論已經讓哲學家、數學家和經濟學家，思考超過 250 年。[2]

先撇開哲學論述不談，聖彼得堡悖論為投資人闡明了兩個非常具體的概念。第一，股票市場的報酬分配，並**不符合標準財務**理論假設的模式。股票市場偏離理論的現象，對投資人在理解風險管理、市場效率和選股上，具有重要意義。

第二個概念和成長股的估值有關。今天，你願意為一個發生機率很低，但回報超高的公司付多少錢呢？在這個價值變化劇烈且報酬日益成長的世界裡，這個問題比過去任何時刻都更亟需我們釐清。

何謂常態？

資產價格分配對投資組合經理來說，有實質的重要性。標準的財務理論假設資產價格變動會遵循常態分布，也就是大家熟知的鐘形曲線。在大多數情況下，這種假設大致準確，分析師因此能利用相當可靠的機率統計工具。例如，面對遵循常態分布的樣本，你就可以計算出母體的平均值，並說明偏離該平均值的可能性有多高。

然而許多自然現象，包括人為的股票市場並不遵循常態分布。[3] 大自然有許多系統具備兩個明顯特徵：碎片愈小，數量愈多；有很多大小不一，但看起來很類似的碎片。例如，一棵樹有粗大的樹幹和愈來愈小的樹枝，而小樹枝又和樹幹很類似。這些系統是碎形（fractal）系統。碎形系統和常態分布不一樣，我們沒有能夠充分表達碎形系統的平均值。圖表 32.1 對比了常態系統和碎形系統，也顯示出各系統資料的機率函數。碎形系統遵循的是乘冪定律。[4]

用常態分布的統計數據，描述像金融市場這樣的碎形系統，有極大的潛在風險，然而理論家和從業人員卻每天都在這樣做。[5] 兩個系統的差異，可以歸結於機率和報酬兩部分。碎形系統有少量但規模很大的觀測數據，超出常態分布的範圍。1987 年的股災是典型例子。假設市場遵循常態分布，市場在一天之內暴跌超過 20% 的機率，小到幾乎為零。然而，那次崩盤仍造成超過 2 兆美元的損失。

比較一下，一般的擲硬幣遊戲和聖彼得堡遊戲，就可以說明這一點。假設你擲硬幣，如果正面朝上，你將得到 2 美元；如果反面朝上，你什麼也得不到。在公平的遊戲裡，這個遊戲的期望值是 1 美元，這也是你為了玩這場遊戲願意支付的費用。我模擬

圖表 32.1　常態和碎形系統的機率密度函數

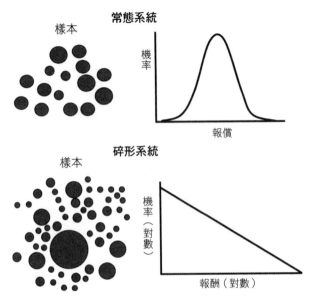

來源：Liebovitch and Scheurle, "Two Lessons from Fractals and Chaos."；經許可引用。

了這個遊戲 100 萬次，每一次模擬都擲了 100 次的硬幣，並將報酬畫在圖表 32.2。如你所預期，我得到了一個很明確的常態分布。[6]

　　接著，我也模擬聖彼得堡遊戲 100 萬次，並畫出該遊戲的分布圖（見圖表 32.3）。雖然遊戲過程是隨機的，但結果卻遵循乘冪定律。例如，遊戲有一半的機率會支付 2 美元，有四分之三機率最多要支付 4 美元。然而，連續玩這個遊戲 30 次，卻有機會

圖表 32.2　標準的擲硬幣遊戲

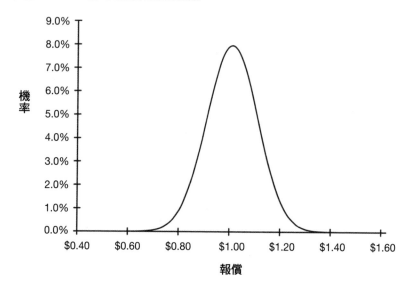

來源：作者分析。

拿到 11 億美元的回報，但這件事發生的機率只有十一億分之一。許多小事件和幾個非常大的事件，建構出一個碎形系統。此外，聖彼得堡遊戲每一局的平均獎金是不穩定的，因此沒有任何平均值能準確說明該遊戲的長期結果。

　　股市報酬是碎形的嗎？本華‧曼德博指出，只要拉長或縮短價格時間序列的橫軸，也就是加快或放慢時間，價格序列變化確實是碎形的。股市不但有罕見的大變動，夾雜在許多小變動之

圖表 32.3　碎形的擲硬幣遊戲

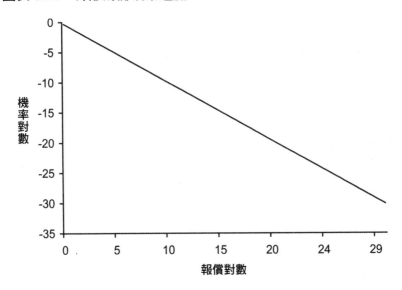

來源：作者分析。

中，而且在不同時間尺度上（例如每日、每週和每月的報酬）的價格變動，看起來也非常類似。曼德博稱金融時間序列為多重碎形（multifractal），在碎形前面加上「多重」便是為了反映時間的調整。

地球物理學家迪迪埃‧索耐特（Didier Sornette）在他重要且引人入勝的著作《股市為何崩盤》（*Why Stock Markets Crash*，暫譯）中，表示股市的分配有兩個不同部分：可以用標準理論來建模的「身體」部分，以及需仰賴完全不同機制的「尾部」。索耐特對市場下跌的分析，非常有說服力地駁斥股市報酬為獨立分布的假設，而獨立分布正是古典財務理論的支柱。他的研究提出了新穎且詳盡的證據，說明財務理論的缺陷所在。[7]

聖彼得堡悖論與成長股投資

聖彼得堡悖論同時提供了洞見，說明成長股的估值。[8] 如果一家公司有極小的機率，永遠取得大幅增加的現金流，你願意付多少錢購買它的股票？[9]

大衛‧杜蘭在他 1957 年的經典文章〈成長股與聖彼得堡悖論〉裡，探討過這個問題。[10] 他強調投資人應該非常謹慎，著眼於均值回歸的思維和模式。不過，相較於杜蘭在 50 年前挑戰這個題目，今天的我們更亟需評估低機率與高報酬的挑戰。

比方說，從 1980 年到 2006 年之間，將近有二千家科技公司上市，只有不到 5% 的公司整體創造出超過 2 兆美元的財富。[11] 而在這一小群創造財富的公司裡，又只有少數幾檔股票貢獻了絕大部分的高額回報。有鑑於許多成長型市場具有贏者全拿的特性，因此我們實在沒道理期待財富創造，會在將來出現較偏常態分布的現象。

此外，數據顯示，如今美國企業的投資報酬分配範圍，比過去更寬廣。[12] 由於這些創造財富的公司獲得很大的回報，因此等著他們的獲利也會比過去更為豐厚。就像在聖彼得堡遊戲裡，未來大多數交易的報酬可能很普通，但有一些交易的報酬卻非常巨大。所以，期望值是多少？你願意付多少錢來玩這個遊戲？

把偏離值納入考量

聖彼得堡悖論雖然已存在數百年歷史，但它的教訓依然歷久彌新。投資的主要挑戰之一，在於如何抓住（或避免）低機率但高影響的事件。不幸的是，標準的財務理論對這個主題幾乎束手無策。

門房的美夢
為什麼聽別人的建議不利你的財富？

> 在過去一個世紀裡，既有科學大多強調分析系統，找出系統的組成元件，然後盡可能地詳細分析這些元件。但是，這些組成元件如何一起作用，以產生我們見過最明顯的整體行為特徵，卻幾乎完全是個謎團。
>
> ——史蒂芬・沃爾夫勒姆（Stephen Wolfram），
> 《一種新科學》（*A New Kind of Science*）

超越牛頓

意識從何而來？這個問題困擾了哲學家和科學家幾個世紀之久。我們治癒了許多疾病，將人類送上月球，並探究了物理世界的許多細節，然而即使是當今最傑出的思想家，也難以定義什麼是「意識」，更別說為此提出解釋。為什麼我們在某些科學領域取得這麼大的成功，而在其他領域，比如揭開意識的奧祕上卻進展甚微？

並非所有系統都一樣，我們無法在相同的層次，理解所有系統的運作。讓我們從了解的系統開始談起。人類在過去幾個世紀獲得的許多科學成就，都源於自牛頓的原理。牛頓的世界是個機械化的世界，因果之間的關係清楚明瞭，系統遵循普遍的定律運行。如果我們充分了解一個系統的組成元件，就能夠準確預測該系統的行為。

在牛頓的世界裡，化約論是探索事物的基石，也是 17 至 19 世紀科學取得驚人進步的基礎。就像科學家約翰・霍蘭德所言：「化約論的理念是，你可以透過研究自然界裡愈來愈小的部分，藉此理解整個世界。當這些小部分組合在一起時，它們能夠說明整體。」[1]

在許多系統裡，化約論的確非常有效，但化約論有它的局限。一個系統如果需要仰賴多個元件之間複雜的互動，該系統具備的性質往往有別於組成元件的特性和特徵。由於整個系統要能夠運作，需仰賴各元件之間的互動，所以我們無法僅透過觀察各個部分就可以理解整體。化約論在這種系統裡行不通。

神經科學家威廉・卡爾文（William Calvin）正深入研究意識的探討。他指出，我們可以用不同方式來解決這個問題，但理解人類意識的關鍵，絕對不在於「地下層」的神經化學，也不是「地下第二層」的量子力學。大腦有太多彼此互動的層次，部分無法用來解釋整體。從地下第二層的量子力學，直接躍升到頂樓的意識，卡爾文稱之為「門房的美夢」（janitor's dream）。[2]

為什麼投資人應該知道門房的美夢？如果股票市場是由許多不同投資人互動而形成的系統，那麼僅理解個體的化約論，就無法妥善解釋市場的運作方式。過度關注個體的投資人和企業高層，是在錯誤的層次上理解市場。對市場的看法錯誤，可能帶來糟糕的判斷和破壞價值的決策。

為系統分類

當系統的複雜性較低，而且我們可以用線性的方式定義元件之間的相互作用時，化約論就很有用。許多工程系統都符合這個條件。技術純熟的工匠可以拆開你的手錶，研究裡面的零件，並完全理解個中的運作原理。這種系統也適用於中央化的決策。在工業革命裡，許多公司都是工程系統的好例子；它們的產品進入生產線，每個工人都為最後的成品帶來貢獻。透過科學的改良，管理者能持續提升系統的性能。

但是，中心化控制對於十分複雜的系統來說，是行不通的，科學家稱這些複雜的系統為「複雜適應系統」，並稱系統的組成

部分為「行動主體」（agents）。複雜適應系統展現出許多本質和機制：[3]

- **聚合作用**：聚合作用是指大量簡單的主體彼此互動後，出現複雜的大規模行為。
- **適應性決策規則**：複雜適應系統裡的主體從環境獲取資訊，加上自己和環境的互動，然後衍生出決策規則。接著，各種不同的決策規則根據其適應程度相互競爭，最有效的規則最後得以生存下來。
- **非線性**：在線性模型裡，整體等於個體的總和。但在非線性系統裡，整體行為的複雜程度，遠超過將個體加總後預期的行為。
- **回饋迴路**：回饋系統是指系統的迭代（iteration）輸出，將成為下一次迭代的輸入。回饋迴路可以放大或減弱某個效果。[4]

複雜適應系統包括政府、許多企業和資本市場。想要由上而下控制這些系統，通常會以失敗告終，就像前蘇聯的狀況一樣。圖表 33.1 對比了這兩種系統。

圖表 33.1　複雜度與決策過程

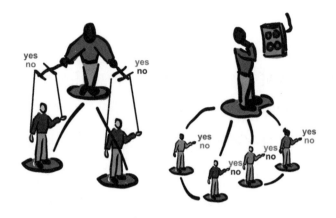

低複雜情境
允許中央化決策

高複雜情境
需要在地化決策

來源：Sente Corporation.

將市場視為複雜適應系統，大大有別於傳統經濟學和財務理論，因為傳統的理論均以牛頓的觀點來看待世界。經濟學家視經濟主體為均質，並建立線性模型：供給和需求、風險和回報、價格和數量。當然，這一切和現實世界相差甚遠。[5]

股市作為複雜適應系統

股市具備複雜適應系統的所有特徵。各種不同投資風格和時間框架的投資人（適應性決策規則）相互交易（聚合），而且我們在股市看到價格出現肥尾分配（非線性）與模仿效應（回饋迴路）。愈來愈多人認同，應以主體為基礎的模型來理解市場，問題是這個更妥善的框架，無法像既有的經濟模型那樣提供簡潔的解決方案。

視股票市場為複雜適應系統的投資人，可以避開兩個認知陷阱。第一是不斷地幫所有結果找原因。臨界點是在複雜適應系統的特徵之一，指的是小規模的干擾引發大規模的反應，所以因果關係並非都很容易連繫在一起。例如，1987年股市崩盤後，政府成立委員會進行一項研究，想找出崩盤的「原因」。經過詳盡的研究後，以美國前財政部長布雷迪（Brady）為首的委員會，卻表示未能找到具體原因。這裡的重點不在於沒有因果關係，而是並非所有結果都有對應的原因。由於人類總想為每個結果找到原因，因此我們很難內化這個概念。

第二個陷阱是過度關注個體，而忽略對市場本身的了解。例如，經營者經常質疑，為什麼當大多數投資人在談會計結果時，經驗證據卻顯示市場是依照現金的流向在走。答案是每個人都依照自己的決策規則在行事，而市場則是這些規則的聚合體。此外，研究顯示在複雜性夠高的系統裡，異質個體組成的聚合體，往往比個體（也就是所謂的專家）更能解決問題。[6]

善用你的資源

在時間壓力下，人們通常會依靠經驗法則或捷思法做決策。雖然，捷思法不一定能夠在某個特定情況下帶來最佳答案，但它們往往能夠節省人們的時間，因此顯得非常有用。然而，捷思法也會讓投資人做出偏頗的決策。

成功做出決策的一個面向，是了解這些認知偏誤，以降低偏誤帶來的成本。[7]

採取可得性捷思法（availability heuristic）的投資人，可以根據當前事件，和某個存在他們記憶裡隨時「可用」事件的相似度，得知該事件出現的頻率，或最有可能的成因。容易回憶是可得性捷思法造成的一種偏誤。換句話說，投資人或經理人更注重他們可以得到的資訊，而非真正重要的資訊。

我認為這種偏誤是門房美夢的核心所在。投資人和經營者花很多時間注意目前可用的資訊，例如目前的盈餘和本益比倍數，而非注意更有意義的資訊，也就是市場對該企業的未來表現有什麼期望。企業經理人看到分析報告都在談盈餘，因而誤以為市場只不過是這些主體的簡單加總。

　　想要了解市場的投資人和企業經理人，必須認知到市場是一個複雜適應系統。市場的行為反映出許多個體之間的互動，每個個體擁有不同的知識、資源和動機。過度關注個體意見，可能對創造財富不利。

追逐拉普拉斯的惡魔
因果關係在市場裡的作用

我們的祖先對於他們無法控制或理解的各種無緣由事件，必定感到深深的不安，就像我們許多人一樣，因此他們開始建構一些錯誤的知識。我認為人類判斷事情的主要目的，不在於尋求準確性，而是避免讓人陷入癱瘓的不確定性。

我們有一個根本需求，需要告訴自己生命為什麼是這樣。我們討厭不確定性……認為不確定性讓人難以忍受。

——路易斯·沃派特（Lewis Wolpert），法拉第演講

我們習慣以中心化控制、明確的指揮關係，以及直接的因果邏輯來思考。但是在龐大且相互連接的系統裡，每一個參與者最後都會影響其他人，這時候我們標準的思維方式就會崩解。簡單的圖片和文字敘述的立基太脆弱且過於短視。

——史蒂芬·斯托加茨（Steven Strogatz），《同步》（Sync）

演化使然

大多數人都知道，人類的大腦有左半球和右半球，右腦擅長

視覺和空間的任務，左腦則專精於語言、會話和解決問題。右腦比較發達的人擅長創意，而左腦發達的人則善於分析。

但是，左腦系統不只是用來計算，它還會不斷地為我們發現的事情之間尋找關聯。神經科學家麥克·葛詹尼加（Michael Gazzaniga）稱左腦為「解譯器」（the interpreter），因為左腦嘗試把我們的生活編成一個連貫的故事。[1]

胼胝體（corpus callosum）是神經組織的橋梁，連接大腦的左右兩側。為了更了解大腦兩個半球的不同作用，葛詹尼加和他的同事約瑟夫·雷杜克斯（Joseph LeDoux），一起研究左、右腦無法連結的病患。科學家知道，如果大腦其中一個半球取得獨有的資訊，另一個半球將無法取得那些資訊。

為了測試兩個半球之間的互動，葛詹尼加和雷杜克斯，設計了一個巧妙的實驗。首先，他們透過圖像提示，祕密指示右半球執行一個動作，左腦可以看到那個動作，但完全不知道為什麼動作會發生。接下來，科學家要求腦裂患者解釋他們為什麼這樣做。讓人驚訝的是，左腦會對這些行為編造故事。例如，假如科學家指示右腦大笑，病人的左腦會解釋說：因為科學家很好笑。對此雷杜克斯表示：「病患解釋當下狀況的成因，彷彿他回顧並知道行為的原因，但實際上他並不知道。」[2] 此時此刻正在發揮作用的是解譯器。

生物學家路易斯・沃派特認為，因果關係的概念是推動人類演化的根本動力，因為從演化的角度來看，了解潛在因果關係對我們有利。沃派特認為，因果概念、語言和社會互動，一同提升了人類腦部的大小尺寸和複雜度。[3]

因此，我們人類天生會把因果連結起來。編造原因解釋後果，對我們來說並非難事。人類歷史上曾困擾我們大部分無明顯原因的事件，例如疾病、閃電和火山爆發，如今我們大多都已經能夠理解。以前我們的祖先求助於超自然現象來解釋這些結果，並不讓人意外。

如今，我們對許多系統有所了解，但對於大型且相互連結的系統——一般稱為複雜適應系統——卻仍感到十分困惑。我們無法透過分析底層系統裡的個體，來理解複雜適應系統的整體特性和特徵。這些系統既非線性也非疊加而成；整體並不等於部分的加總。因此，這種系統的因果關係，無法用簡單的解釋來說明。股票市場正是這種系統的完美例子。[4]

在投資裡，人類天生想要連結因果的渴望，往往和市場裡因果關係模糊的特性相抵觸。所以我們應該怎麼辦？我們天生會編造故事來解釋因果關係。

為什麼投資人應該關心市場裡的因果關係呢？因為了解人類對解釋的需求，可以避免我們犯錯。投資人若堅持想知道市場變化的原因，可能會把注意力集中在錯誤的因果關係上，或者不當地依附於錯誤的解釋。而市場上許多重大的變動，原因並不容易解釋。

拉普拉斯的惡魔

兩百年前，決定論主宰了科學界。科學家受到牛頓的啟發，普遍接受機械宇宙（clockwork universe）的觀念。法國數學家皮皮耶－西門・拉普拉斯（Pierre Simon Laplace）在《機率哲學論》（*A Philosophical Essay on Probabilities*，暫譯）裡有一段著名的話，充分體驗這種機械論的思維：

倘若有一個智者，可以在任何時刻掌握所有自然的力量，以及所有組成自然之物的相互存在位置，而如果這位智者的力量夠大，能夠分析他掌握的資料，那麼他就能將宇宙中最大的天體和最微小的原子運動，濃縮成一個簡單的公式。對於這位智者而言，沒有什麼是不確定的；未來和過去都將和現在一樣，呈現在他的眼前。

現在的哲學家和科學家，稱這樣的「智者」為拉普拉斯的惡魔。人們嚮往透過詳細的計算來推測過去、現在和未來，這樣的想法在過去如此，如今依舊。因為，這種觀念契合了我們對因果關係的偏好。

但是，複雜適應系統無法適用這種簡單的計算。我們可以說許多複雜系統，都處在自組織臨界性的狀態。「自組織」表示沒有發號施令的領袖，因為這個系統源於許多個體的互動。「臨界性」則意指非線性。更具體地說，系統內部干擾的幅度（原因），並不是永遠與其結果成比例。微小干擾可能帶來重大的結果，反之亦然。

沙堆的比喻可以說明這個想法。想像一下，你在一個平坦的表面上堆沙子。一開始沙子的變化不大，仍然依循基本的物理定律。一旦沙堆堆到一定的高度和斜度後，就會進入自組織的臨界狀態。只要再額外撒幾顆沙子在沙堆上，就可能引發小型或大型的沙崩。沙崩的規模，不一定和研究者撒下的沙子數量成比例。

為了讓投資人更能體會這個比喻，這裡我把沙子替換成資訊。有時候，一則消息對市場影響甚微；但有些時候，看似差不多的資訊，卻會引起市場重大變化。資訊階流模型可以讓我們洞悉，為什麼會發生這種情況。[5]

詮釋市場

人們渴望將因果迴路，與難以輕易解釋的股市變化拉攏在一起，但這樣做可能會帶來一些愚蠢的事後諸葛。研究人員調查了1941 年到 1987 年間，標普 500 指數 50 次最大單日價格變動，並查閱了新聞報導的相關原因（見圖表 34.1）。他們的結論是，多達一半的股價波動事件，是由基本面消息以外的因素所造成。他們寫道：

> 然而，在多數股價大幅波動的日子裡，媒體提到的變動原因，其實並不特別重要。接下來幾天的新聞報導，也未能針對為什麼未來的利潤或貼現率可能出現的變化，提出任何具說服力的解釋。[6]

我針對 2001 年底到 2007 年 3 月，市場最大的波動進行過類似的分析，並發現了相似的結果（見圖表 34.2）。媒體聽起來就

圖表 34.1　標普 500 指數，1941 ～ 1987 年之間，30 次最大幅度的單日變化

日期	百分比變化	解釋
10/19/1987	-20.47	市場因為美元貶值與貿易逆差而憂慮；美國未支持美元而引起恐慌。
10/21/1987	9.10	利率持續下降；華盛頓為貿易逆差展開討論；逢低買進。
10/26/1987	-8.28	預算赤字恐慌；保證金追繳；對海外股市下滑的反應。
9/2/1946	-6.73	「此次價格猛烈衝擊並沒有根本的原因」。
5/28/1962	-6.68	甘迺迪強制打壓鋼鐵價格暴漲。
9/26/1955	-6.62	艾森豪心臟病發作。
6/26/1950	-5.38	韓戰爆發。
10/20/1987	5.33	投資者尋求「優質股」。
9/9/1946	-5.24	海運與公路運輸業爆發勞資糾紛。
10/16/1987	-5.16	貿易逆差恐懼；因高利率而恐懼；與伊朗關係緊張。
5/27/1970	5.02	有關經濟政策變化的謠言。「股市暴漲並非根據任何基本原因」。
9/11/1986	-4.81	外國政府拒絕調降利率；「三巫日」公布後的市場打擊。
8/17/1982	4.76	調降利率。
5/29/1962	4.65	樂觀的券商報告；法人與公司買進；減稅提案。
11/3/1948	-4.61	杜魯門擊敗杜威當選美國總統。
10/9/1974	4.60	福特政府降低通貨膨脹率和利率。
2/25/1946	-4.57	過去一週疲弱的經濟指標。
10/23/1957	4.49	艾森豪呼籲對經濟重拾信心。
10/29/1987	4.46	啟動削減赤字的相關討論；耐久財訂單提升；外國示威。

接續下頁

日期	百分比變化	解釋
11/5/1948	-4.40	杜魯門打敗杜威的後續反應。
11/6/1946	-4.31	獲利了結;共和黨勝利預示通貨緊縮。
10/7/1974	4.19	期待福特公布對抗通貨膨脹的強力措施。
11/30/1987	-4.18	美元貶值恐慌。
7/12/1974	4.08	新貸款需求下降;上個月的通膨率超低。
10/15/1946	4.01	物價解除管制;其他事項有望解除管制。
10/25/1982	-4.00	對聯準會無法削減貼現率而失望。
11/26/1963	3.98	甘迺迪遇刺後對詹森政府重拾信心。
11/1/1978	3.97	卡特政府強化美元的措施。
10/22/1987	-3.92	伊朗襲擊科威特輸油站;海外市場下跌;分析師看空。
10/29/1974	3.91	短期利率下調;看好未來貨幣政策;油價下跌。

來源:Cutler, Poterba, and Summers, "What Moves Stock Prices?" 8。經許可後重製。

像腦裂病患,努力為結果編造原因,而我們投資人則欣然接受他們的說法,因為連結因果滿足了人們非常根本的需求。

投資人風險

就像本文所述,投資人應該謹慎看待對市場活動的解釋。積極就市場變動尋找解釋的投資人,會面臨兩種潛在陷阱。

第一個陷阱是把相關性誤認為因果關係。某些事件也許和市

圖表 34.2 標普 500 指數，從 2001 年 9 月到 2007 年 3 月，30 次最大幅度的單日波動

日期	百分比變化	解釋
7/2/4/2002	5.73	投資圈認為盤整過長，至少該有短期上漲；國會通過企業重組法案。
7/29/2002	5.41	投資者一致認為股市過度下跌。
9/17/2001	-4.92	911 事件後的第一個交易日。
10/15/2002	4.73	超乎預期的企業盈餘驅動股市連續四天的上漲走勢。
9/3/2002	-4.15	歐洲和日本市場疲弱，美國和歐州的製造業數據欠佳；更多有關日本銀行業問題引發議論。
8/14/2002	4.00	資金從債券流向股市；申領失業救濟金人數回穩；空頭回補。
10/1/2002	3.91	理想獲利的新聞；伊拉克同意聯合國武器調查員重返；強勢的經濟行情。
10/11/2002	3.90	芝加哥選擇權交易所波動率指數再次激增、空頭回補。
9/24/2001	-3.83	海外市場（除了日本）獲利；保險與能源產業的明確樂觀氛圍；恐怖襲擊的恐慌漸退；空頭回補。
7/19/2002	-3.83	持續關注會計盈餘。
5/8/2002	3.75	思科系統公司（Cisco Systems）稍微提示，未來可能出現的經濟復甦或許足以引發股市大幅回升。
7/5/2002	3.67	空頭回補。
3/27/2003	3.54	新聞報導白宮停止其荒腔走板的外交工作，而且顯然已準備好對伊拉克開戰。
3/24/2003	-3.52	擔憂對伊拉克的戰爭會比投資者所預期的更持久、更艱難。
10/10/2002	3.50	空頭回補：芝加哥選擇權交易所波動率指數上看 50，顯示投資者的擔憂誇大不實。

接續下頁

日期	百分比變化	解釋
2/27/2007	-3.47	中國股票評價，以及中國人民銀行吸收銀行體系流動性的決定備受關注，導致中國股市拋售；全球範圍的溢出效應。
3/13/2003	3.45	美國表示同意把一場有關使用武力對伊拉克解除武裝的投票延至下一週。
8/5/2002	-3.43	美國就業報告比預期衰弱。
7/10/2002	-3.40	投資者對市場以及企業誠信的信心弱化。
1/2/2003	3.32	企業支出預期上漲；布希政府公布，振興經濟配套將在下週推出。
7/22/2002	-3.29	布希聲稱支持財政部長保羅・奧尼爾（Paul O'Neil），並且肆意抨擊華爾街。
8/8/2002	3.27	聯準會預定貨幣政策會議；國際貨幣基金組織（IMF）給予巴西 300 億元的緊急財政援助；花旗集團（Citigroup）公布一系列公司治理措施。
9/27/2002	-3.23	消費者信心低落、負面的公司盈餘報導。
9/20/2001	-3.11	政治與經濟的不確定性。
9/19/2002	-3.01	負面企業新聞、連續三個月住房營建下跌。
8/6/2002	2.99	預期利率調降。
8/1/2002	-2.96	報告顯示製造業成長放緩；失業率惡化；政府下修經濟成長率。
1/24/2003	-2.92	北韓核武威脅；中東局勢動盪；向恐怖主義開戰、與歐洲盟國的關係日漸緊張。
6/17/2002	2.87	科技股超賣，投資者逢低買進。
1/29/2002	-2.86	更多大公司浮現會計疑慮。

來源：《華爾街日報》；《紐約時報》；作者分析。

場變化有關，但不一定具有因果關係。這裡舉一個極端的例子：加州理工學院的大衛·林韋伯（David Leinweber）發現，衡量標普 500 指數表現最好的單一指標，竟然是孟加拉的奶油產量。[7] 雖然沒有任何一個理性的投資人，會用奶油產量來預測或解釋市場，但是和美國有更密切經濟關係的各種因素，都有可能被套上錯誤的因果關係。

第二個陷阱是定錨效應。大量證據顯示，人們往往會根據第一次聽到的數字或證據，來解釋或描述事件。在一個例子裡，研究者要求參與者估計，聯合國成員國裡非洲國家的比例。但在回答之前，參與者看到研究主任旋轉一個輪盤，輪盤上的數字從 1 到 100。當輪盤停在 10 時，有一組參與者猜測比例是 25%。當輪盤停在 65 時，另一組猜測的比例是 45%。[8] 這個例子看起來微不足道，但投資人在類似的定錨效應下，會做出重要的財務決策。

人類天生渴望了解因果關係，但股市可不是滿足這個欲望的好地方。投資人對市場動態的可能解釋，應保持懷疑的態度。所以，當你早上閱讀報紙了解前一天的波動時，把報紙上的說法當成娛樂，而非事實。

給你更多功力
乘冪定律及其對投資人的意義

在過去幾年裡，自組織系統的概念——即複雜系統裡的隨機性和混沌，看似會自發性地演變成出乎意料的秩序——已經愈來愈有影響力。從人工智慧到化學、從演化到地質等眾多領域，許多研究人員因為這個概念而連結在一起。然而，不管是因為什麼原因，這場思維運動至今仍尚未影響經濟理論。現在時候到了，我們應該看看如何將這些新理念，有效運用到這個極端複雜、但無疑是自組織的系統——也就是我們稱之為經濟的系統。

——保羅 ‧ 克魯曼（Paul Krugman），
《自組織經濟》（*The Self-Organizing Economy*）

套用齊夫定律

這裡有一個方法，可以讓午後的雨天沒那麼無聊。你可以選一段文字，例如詹姆斯‧喬伊斯（James Joyce）的《尤利西斯》（*Ulysses*），隨後將所有單字排序（從最常用的單字排到最少用的單詞），並統計單字的出現頻率（每個單字出現的次數）。[1] 如果你用等比對數呈現這些單字的分布，會發現圖表的左上角到右下角出現一條直線。[2]

哈佛語言學家喬治·齊夫（George Zipf）在 1930 年代發現這種關係，並在他的著作《人類行為與最小努力原則》（*Human Behavior and the Principle of Least Effort*）對此進行總結。科學家後來把他發現的現象稱為「齊夫定律」（Zipf's law），實際上這個現象只不過是許多「乘冪定律」的例子之一。以語言為例，乘冪定律表示我們會頻繁使用少數的單字，而許多單字則相對少用。

齊夫誤以為他的定律可以讓社會科學有別於自然科。但自從他的研究發表以來，科學家都在許多地方發現乘冪定律，包括物理和生物系統。例如，科學家用乘冪定律解釋動物質量和代謝率之間的關係、地震頻率和規模間的關係（古登堡－芮克特定律〔Gutenberg-Richter law〕），以及雪崩的頻率和規模。乘冪定律也常見於社會系統，包括收入分配（帕雷托法則〔Pareto's law〕）、城市規模、網絡流量、公司規模和股價變動。許多人是用更通俗易懂的「80／20 法則」而得知乘冪定律。[3]

為什麼投資人應該懂乘冪定律？第一，乘冪定律的存在有助於我們重新界定對風險的理解。大多數的財務理論，包括風險模型，都是根據股價變動的常態分布或對數常態分布的概念而來。

乘冪定律告訴我們，週期性的價格變化雖然出現的頻率不高，卻比傳統理論預測的高很多。這種肥尾現象對於建立投資組合和操作槓桿，非常重要。

第二，乘冪定律的存在，顯示自組織系統中有某種潛在的秩序。雖然科學家尚無法完全解釋，為什麼社會系統會有乘冪定律的機制，但我們已有夠多證據證明乘冪定律的**存在**，以便對一些系統的未來進行結構性預測。

第三，標準的經濟理論無法輕鬆解釋這些乘冪定律。例如，新古典經濟學聚焦於均衡的結果，並假設個人擁有充分的資訊、理性，而且他們會透過市場間接互動。但在真實世界裡，人們會調適，擁有的資訊並不完全，而且可以直接彼此互動。所以，理想上我們使用的方法，應符合人們實際的行為，並據此解釋經驗的發現。[4]

萬變不離其宗

齊夫提出一個非常簡單的公式，來表達他的定律：

排名 × 數量＝常數

這個公式顯示，研究對象的數量與排名成反比。根據齊夫定律，我們可以將常數乘以 1、1/2、1/3、1/4 等，而獲得一個序列。這裡以西班牙的城市規模分布為例說明。如果最大的城市馬德里有 300 萬居民，第二大城市巴塞隆納的人數就是馬德里的一半，第三大城市瓦倫西亞是馬德里的三分之一，依此類推。齊夫定律確實能很妥當地描述某些系統，但它過於狹隘，無法涵蓋受乘冪定律支配的多種系統。

博學多才的本華‧曼德博（Benoit Mandelbrot）對齊夫定律進行兩項修改，讓更普遍的乘冪定律得以出現。[5] 第一個修改是他幫排名增加一個常數，讓序列變成 1/（1 ＋常數）、1/（2 ＋常數）、1/（3 ＋常數）等。

第二個修改是在分母原有的 1 次方上增加一個常數，序列因此變成 1/（1 ＋常數）$^{1+常數}$、1/（2 ＋常數）$^{1+常數}$，依此類推。修改後的乘冪可以是整數或中間值，例如 1/（1 ＋常數）$^{3/4}$。齊夫定律於是成為兩個常數都為零的特殊狀況。

即使引入這兩個參數，將齊夫定律化成範圍更廣的乘冪定律，依然非常簡單。一個這麼基本的公式，竟然可以描述如此多樣的現象，確實讓人驚嘆，尤其是我們至今尚未有統一的解釋，可以說明這些乘冪定律如何出現。

在社會系統中，乘冪定律一個有趣的特徵是它非常穩定。例如，圖表 35.1 顯示 1790 年到 1990 年間，美國城市的排名和規模。雖然人口成長和顯著的地理變化，城市排名及其規模之間的關係，在過去兩百年裡依然保持驚人的一致性。

另一個和投資人更切身相關的例子，是公司規模。圖表 35.2 顯示，1997 年美國公司的銷售額與頻率之間的關係，符合齊夫定

圖表 35.1　1790 ～ 1990 年美國城市規模排序與人口數

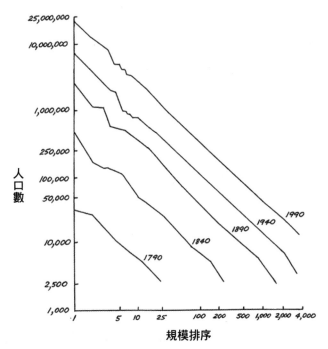

來源：Batten, *Discovering Artificial Economics*, 165。經 Perseus Books , L.L.C. 成員 Westview Press 許可引用。

圖表 35.2　1997 年美國公司的銷售額與累積機率

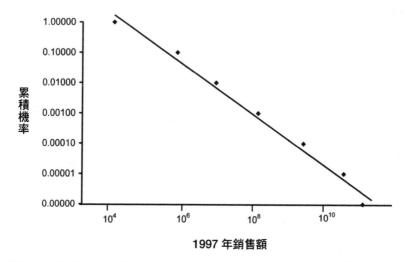

來源：Axtell, "Zipf Distributions of U.S. Firm Sizes," 1819。*經許可後重製。*

律。經濟學家羅伯特・阿克斯泰爾（Robert Axtell）根據美國人口普查局（U.S. Census Bureau）的數據製作這張圖表。這些數據直到 2001 年初才公布，涵蓋了 550 萬家公司和超過一億名的員工。

　　阿克斯泰爾指出，企業規模的分布不太受到政治和監管環境的變化、併購浪潮、新公司冒出來和破產趨勢，甚至勞動力結構出現大幅度的改變（例如，女性進入美國勞動力市場）所影響。[6] 這表示背後一定有重要的機制，造就了我們眼前的秩序。

沒有人完全了解乘冪定律出現的機制，但可以用許多模型或過程來產生。[7] 其中最有名的也許是「自組織臨界性」，這個模型因理論物理學家普‧巴克（Per Bak）而廣為人知。巴克描述過一個場景，一個小孩在海灘上，讓沙子緩緩落下形成一個小沙堆。一開始，沙堆相對平坦，沙粒會停在它們掉落的地方附近。一旦沙堆的斜坡變陡，落下的沙粒會固定引發小型的沙崩現象。再過一陣子，沙崩的規模會和整個沙堆一樣大。系統現在處於「臨界」狀態，這是一種介於穩定和隨機之間的狀態。一旦沙堆處於臨界狀態時，額外落下的沙子會產生不同規模的沙崩，而沙崩的規模大小遵循乘冪定律。[8]

　　這個沙堆隱喻，有一部分有助於我們思考社會系統。第一，經濟系統顯然具備自組織的性質，也就是說大多數的公司、城市和國家，都是個體之間互動的結果，而不是中央規劃的產物。而且，它們也有臨界狀態。在物理系統裡，臨界點是指一個小變化會讓相位（phase）產生變化，例如當溫度低於攝氏零度時，水會結冰。經濟學家並未對經濟系統的臨界點提出明確定義，但我們知道，個人不會永遠待在同一家公司（穩定狀態），也不會任意地從一家公司跳槽到另一家公司（隨機狀態）。阿克斯泰爾提出一個根據主體的模型，來解釋公司和城市的規模。他的模型得到的結果，與經驗數據一致。[9]

掌握乘冪定律

　　了解乘冪定律可以讓投資人多方受益。第一個益處和阿克斯泰爾發現的公司規模分布有關。證據顯示，乘冪定律的現象在長期裡十分穩定，所以我們大致上可以預測這類現象未來的分布情況。雖然，我們並不知道個別公司會落在分布裡的哪一個位置。[10] 然而，在經濟成長和通貨膨脹的合理假設下，我們能夠預測公司達到特定規模的機率。

　　例如，我們事先知道，有極小比例的公司將達到極大的規模，例如銷售額超過 2,000 億美元。我們可以檢視目前大型公司預期的成長率，據此了解人們預期當中會有多少家公司，將達到超大的規模。如果超大型公司的數量，超過預期分布中超大公司的比例，我們就會知道成長預期很有可能大幅下修。

　　投資人可以用另一種方式，應用乘冪定律來理解網路的拓撲結構（topology）。網路是自組織網絡的典型例子，催生出許多乘冪關係，包括每個網站的連結數，每個網站的頁面數，以及網站受歡迎的程度。這些乘冪定律顯示，重度使用網絡的公司會得到不均等的利益。[11] 網路的發展可能對組織的未來網絡有益。

乘冪定律能以驚人的準確度說明多個社會、生物及物理系統。此外，許多受乘冪定律支配的領域，都和投資人的利益直接相關。了解乘冪定律的精明投資人，可以獲得各種有用的洞見，應用在投資過程中。

數量金字塔
公司的規模、成長率與估值

成長很重要，因為企業是透過獲利成長來創造股東價值。然而，有力的證據顯示企業的核心業務一旦成熟，追求新的成長基礎必然會伴隨巨大的風險。大約只有一成的公司持續成長數年，帶來高於平均水準的股東回報。因此，大多數主管處在注定會失敗的處境：股市要求它們成長，但它們卻很難找到成長的方式。

——克里斯汀生和邁可・雷諾（Michael E. Raynor）
《創新者的解答》（*The Innovator's Solution*）

分析師和投資人似乎認為，許多公司的盈餘可以多年持續高速度成長。但證據顯示，這類事件發生的次數，和純粹的偶然沒有太大的差異。

——陳國器（Louis K. C. Chan）、傑遜・卡瑟其（Jason Karceski）、約瑟夫・拉科尼薛（Josef Lakonishok），
〈成長率的水準與持續性〉
（The Level and Persistence of Growth Rates）

為什麼大型猛獸這麼稀少？

　　表面上來說，物種、城市和公司規模的大小和頻率分布，似乎沒有太多共同點，然而這每一項其實都遵循乘冪定律。在對數尺度的圖表上繪圖時，乘冪定律看起來像一條直線。乘冪定律指出小規模的事件很多，而大規模的事件則很少。[1] 在自然界有很多螞蟻，多到螞蟻的體重總和比人類的體重總和還高，但大象的數量卻很少。同樣地，我們有很多小公司，但大公司的數量卻不多。圖表 36.1 並列顯示了這幾個例子的分布。

　　先來談談物種分布。為什麼大型肉食性動物如老虎，其數量相對稀少，而小動物如白蟻，數量卻這麼多呢？生態學家指出，所有動物都有各自的生態位（niche）。生態位指的不只是一個物理位置，而是在萬事萬物中的真實位置。一個物種，不僅要能在自己的生存空間裡存活，還必須和同住在該空間的其他動植物成功互動。

　　然而，生態位這個概念，依然無法解釋為什麼物種會出現這樣的分布。牛津大學的查爾斯・艾爾頓（Charles Elton）提出一個洞見，他認為體型較大的動物需要靠體型較小的動物維生，因為動物很少獵食比自己大的動物。所以，艾爾頓推測，隨著動物

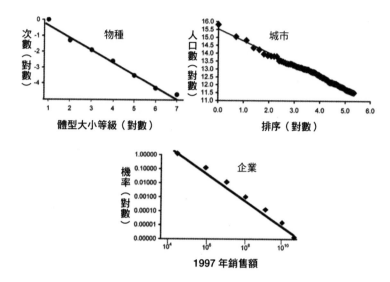

來源：Marquet et al., "Lifespan, Reproduction, and Ecology"; van Marrewijk, "International Trade and the World Economy," http://www.few.eur.nl/few/people/vanmarrewijk/international/zipf.htm; Axtell, "Zipf Distributions," 1819。經許可後重製。

體型增大，它們的數量應該會減少。他稱這種生命現象為「數量金字塔」（Pyramid of Numbers）。大型猛獸的數量稀少，因為它們獲得能量的來源比小型動物少。[2] 物種的乘冪定律是動物之間的相互作用，再加上物理法則限制而自然產生的結果。[3]

　　但這和股市有什麼關係？出於三個理由，投資人應該了解這些分布。第一，公司就像物種一樣，會適應特定的生態位，亦即利基市場。思考這些利基市場及其變化，能夠為投資人帶來一些洞見，一窺公司的成長潛力。

第二，大量證據顯示，即使企業整體成長率的中位數相當穩定，但大型企業的成長率變異數低於小型企業。而且，大公司的成長往往會停滯不前，投資人因此需重新調整他們的預期，致使公司股價明顯表現不佳。

第三，投資人常常將過去的成長率推論到未來，因此不符合市場預期的公司，其股東回報便讓人失望。了解成長模式的投資人，或許能夠避免這種不利的預期落差。

找到你的市場利基

公司尋找利基市場，顯然不是什麼新概念。例如，許多競爭策略的文獻，尤其是賽局理論，都在探討公司應該如何以及為什麼應該尋找有利可圖的利基市場。這裡主要的訊息是，技術發展、監管變化，以及產業新進者和退出者的更替，這種種的因素改變了環境，因此長期裡改變了利基市場。

比較一下小型煉鋼公司與綜合型鋼鐵公司，或者比較網路零售商與實體店面的競爭者。當新的利基市場出現，新的公司就會利用這個利基。在變遷的環境裡，公司的適應能力非常重要，而能夠做到這一點的公司並不多。

因此，產業裡最合適的企業規模可能不會一陳不變，而且將經濟模式不同的公司估值拿來比較，沒有什麼意義。

致執行長：我們成功晉升《財星》50 強！你被解僱了

針對企業規模分布和成長率的研究，有以下四個事實：

1. **公司的規模分布依循齊夫定律**（特殊類型的乘冪定律）。[4] 對投資人來說，重點在於當我們遇到重大的經濟變化時，這種分布非常穩定可靠。這表示在將來，大型企業與小型企業的比例，不太可能出現太大的變化。

2. **公司成長率的變異數，會隨著規模增加而減少**。[5] 我的分析顯示，由美國上市公司（銷售額達 1 億美元或以上）組成的龐大樣本裡，成長率的中位數非常穩定，但是成長率的變異數卻大幅縮小（見圖表 36.2）。從某種層次來說，這樣的觀察符合常理，因為大企業占 GDP 的比例很高，不太可能大幅超前 GDP（《財星》50 大企業占美國 GDP 的 35%）。然而，躋身《財星》50 強的公司過去的成長往往十分亮眼，因此可能讓潛在投資人有錯誤的期待。這個經驗結果，和類似吉布瑞特法則（Gibrat's law）的隨機模型吻合。這個定律又稱為「比例效應定律」（law of proportionate effect），意思是一家公司的成長率和它的規模無關。只要修改一下，把吉布瑞特法則套用在公司樣本，就可以產生齊夫分布。至於古典微觀經濟學，則沒有讓人滿意的模型可以解釋這些現象。[6]

3. **大型企業的成長經常停滯不前**。這是企業策略委員會詳細研究後得到的結論。[7]研究指出，一旦公司達到夠高的銷售額水準，其成長速度就會停滯。在過去幾十年裡，這個水準有所上升，但在 1990 年代末，這個水準似乎在 200 億到 300 億美元之間。圖表 36.3 顯示《財星》50 大公司（以銷售額排名）的年均成長率。數據顯示，企業在進入前 50 名之前，通常享有很強勁的成長率，然而一旦上榜後，成長率則趨於疲軟。上榜後第一年的高成長率，顯示許多公司可能是透過併購而躋身《財星》50 大。

4. **大多數產業都會經歷可辨識的生命週期**。[8]一開始，產業

圖表 36.2 相對於銷售額基準,銷售額成長率的變異數下降

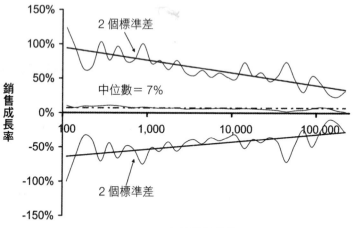

來源:FactSet 和作者分析。

通常會出現明顯的成長和大量的新進者,接著許多公司退出,生存下來的公司享有高經濟回報,隨後成長逐漸放緩。在成熟階段,公司的成長緩慢,經濟報酬率已減弱接近競爭均衡的狀態。大型公司通常是成熟的公司。

提供建議給成長趨緩的企業,這個服務本身就是一個產業。大型公司確實會因為各種原因,比小公司更難創新。我誠摯推薦閱讀克雷頓·克里斯汀生和邁可·雷諾的書——《創新者的解

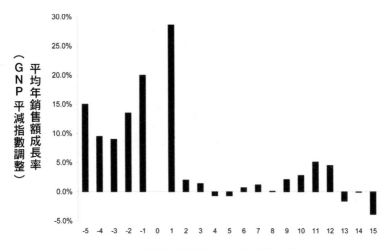

圖表 36.3　《財星》50 大企業上榜前後的平均年銷售額成長率

晉升《財星》50 大的前後年份

來源：Reprinted with permission from Corporate Strategy Board, "Stall Points," 15. Copyright 1998 AAAS.

答》，這本書為管理者帶來很有用的創新框架。但事實是，並非所有公司都能永遠快速成長。

外推預期

回顧公司規模與成長率的關係後，告訴我們隨著公司規模的成長，投資人應該調整他們對成長的期望。但現實是，投資人往往會從近期的歷史推斷，因而忽略了走下坡的成長率。根據陳國器、卡瑟其和拉科尼薛的說法：

> 市場估值比率幾乎無法分辨出，未來哪些企業屬於高成長企業或低成長企業。然而，根據外推預期假說，投資人往往會依據過去的成長趨勢做決策。過去達成高成長的公司會得到高估值，而成長率低的公司則被賦予較低的估值。[9]

　　企業策略委員會的數據支持這個觀點。這個長達數十年的研究顯示，大約三分之二的公司在成長停滯後的 10 年內，其市值（相對於道瓊工業平均指數）會下降 50％或更多。95％的公司，

圖表 36.4　總體股東報酬率（TSR）──市值最高的 50 大企業相對於標普 500

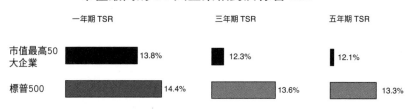

備註：資料截至 2007 年 3 月 30 日為止。
來源：FactSet, Ibbotson；作者分析。

圖表 36.5　大型公司：原有資產相對於未來投資的現金流現值

股票代碼	公司名稱	市值 （百萬美元）	原有資產 的現金流 價值	來自未來投資 的現金流現值
XOM	Exxon Mobil Corp.	429,567	92	8
GE	General Electric Co.	363,611	67	33
MSFT	Microsoft Corp.	272,912	47	53
C	Citigroup Inc.	254,030	75	25
T	AT&T Inc.	246,207	98	2
BAC	Bank of America Corp.	227,499	64	36
PG	Procter & Gamble Co.	199,294	51	49
WMT	Wal-Mart Stores Inc.	193,643	69	31
MO	Altria Group Inc.	184,396	57	43
PFE	Pfizer Inc.	178,761	80	20
AIG	American International Group Inc.	174,878	54	46
JNJ	Johnson & Johnson	174,451	49	51
BRK.A	Berkshire Hathaway Inc.	168,151	68	32
JPM	JPMorgan Chase & Co.	168,041	68	32
CVX	Chevron Corp.	159,408	91	9
CSCO	Cisco Systems Inc.	154,202	96	4
GOOG	Google Inc.	142,468	48	52
IBM	International Business Machines Corp.	141,911	80	20
WFC	Wells Fargo & Co.	116,026	62	38
COP	ConocoPhillips	112,374	86	14
	平均	$203,091	70%	30%

備註：截至 2007 年 4 月。
來源：FactSet 和 HOLT。

其表現會低於道瓊工業平均指數 25% 或更多。

　　我提出一個類似的簡單問題：投資人如果在年底買進最大的 50 家公司，組成一個權重相等的投資組合，那麼在接下來的一年、三年和五年裡，該投資組合和標普 500 指數相比，表現如何？我計算了 1980 年到 2006 年之間的數據，發現在每一段持有期間內，標普 500 指數的表現，都優於大型股的投資組合（見圖表 36.4）。此外，由於這些最大型公司的市值占市場很大的比例，因此它們難以顯著打敗市場。[10]

　　另一種看待成長預期的方法，是將股東價值拆解成既有資產的價值，以及來自未來投資的價值。2007 年初，美國前 20 大公司的股東價值，有 30% 預計將來自於未來（見圖表 36.5）。[11]

　　經濟和市場的確生機蓬勃，但在持續的變化之下，卻隱藏著穩定的成長模式和公司規模的分布。謹慎的投資人在評估公司（尤其是大公司）的成長前景時，應將這些模式納入考量。

CHAPTER 37 急轉彎
探索市場的情緒波動

相信這場派對離結束還很遠,是科技股持續狂飆的部分原因。艾倫先生說:「我認為沒有什麼事情能動搖我對市場的信心。」歐基弗先生補充說:「即使股價下挫 30%,也會很快漲回來。」

「前陣子市場有點疲軟,」他說,「有人打電話給我,問我該怎麼辦。我告訴他們,『持續買進。』」

—— 〈閒聊科技股為許多鱈魚角當地居民帶來財富〉
（Tech-Stock Chit-Chat Enriches Many Cape Cod Locals）,
《華爾街日報》,2000 年 3 月 13 日

「他們只會一直說『買、買、買』,但股價已經從 100 美元跌到破產,」這位壯碩的 63 歲理髮師說。……「他們現在給我股票建議,但我會盡可能離得他們遠遠的。現在任何人都不相信任何人了。」事實上,佛林先生幾乎避免投資股票,反而每週一開車到附近康乃狄克州的一家賭場,去玩 21 點和撲克牌。「我在那裡的表現,比我在市場的表現好很多,」佛林先生說。

—— 〈在鱈魚角的理髮店,人們對股票的熱度驟減〉
（At Cape Cod Barber Shop, Slumping Stocks Clip Buzz）,
《華爾街日報》,2002 年 7 月 8 日

Hush Puppies 與追隨道瓊指數

1994 年，麂皮休閒鞋品牌 Hush Puppies 的銷售量大約是三萬雙。這家曾經風靡一時的製鞋公司，正在考慮淡出市場。接著，神奇的事情隨即發生：Hush Puppies 突然在曼哈頓市中心流行起來。經典的 Hush Puppies 鞋款，在 1995 年的銷量達到 43 萬雙，並在 1996 年超過 170 萬雙。短短幾年內，Hush Puppies 擺脫了在鞋類市場裡蹩腳貨的形象，成為時尚達人必備的單品。[1]

Hush Puppies 的故事和股市有什麼關係？在這兩個狀況裡，**情緒**（sentiment）是決定表現的關鍵因素。讓 Hush Puppies 風靡一時的熱潮，與投資人在極度樂觀和極度悲觀之間擺盪的原因，如出一轍。

文章一開始摘錄的引文，是《華爾街日報》描述一個小鎮上同一家理髮店的兩篇文章，文章之間相隔不到兩年半。在第一篇文章裡，理髮師對市場的信心堅定不移，他的投資組合即將達到七位數的價值。他到處給別人建議，並考慮提前退休。在第二篇文章裡，理髮師對股市和投資專家已經徹底失去信心，寧可去賭場賭博也不願意投資。這位理髮師從瘋狂到沮喪的變化，之所以能夠引起我們的共鳴，是因為它也反映出許多投資專家的情緒變化，而那些專家本該更了解投資。

打噴嚏

想要了解大眾的情緒如何出現轉向，可以從思考**流感**如何傳播下手。這裡有兩個重要面向，都很直觀。第一個是傳播程度，也就是想法易於擴散的程度。

第二是互動程度，指人們彼此接觸的頻繁程度。如果流感的傳染性極高，但帶原者不與其他人接觸，疫情就不會爆發。如果頻繁互動，但流感病毒沒有傳染性，它就不會擴散。然而一旦有了互動和傳染力，就可能爆發疫情。[2]

結果顯示，人的想法和疾病傳播的曲線圖看起來一樣，它們都是 S 型曲線（見圖表 37.1）。生物學和商業世界之間的類比，並不讓人意外。我們可以把易感性或傳染力，理解成人們採納一個觀點的臨界點。我們可以用「小世界」的框架，來模擬互動的程度。

班傑明‧葛拉漢（Benjamin Graham）曾說過：「在股市裡，價值標準不會決定價格，而是價格決定價值標準。」[3]個人投資人並非根據內在原則建構價值標準，而是受到他人行為所影響。股

圖表 37.1　疾病傳播

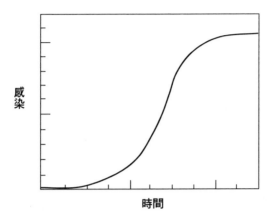

來源：Mark E. Newman and Duncan J. Watts, *Scaling and Percolation in Small World Networks*.

價反映出集體行動的結果，但每個人受到潛在影響的可能性並不一樣。我們每個人都有所謂的「採納臨界點」，也就是必須有多少人參與某個行動，我們才會加入該行動。市場的極端狀況將投資人的情緒推向高點，幾乎超越所有投資人採納的臨界點。根據定義，這類極端狀況也會創造出情緒逆轉的條件。

　　此外，我們的互動比過去都更頻繁。近年來，科學家在了解小世界效應上，也就是所謂的「六度分隔理論」（six degrees of separation），有很大的進展。[4] 小世界模型有一個核心概念叫做集聚（clustering），或者說節點和節點之間的連結程度。舉例來說，集聚表示你的朋友彼此認識的可能性。

在建模這些網絡時，研究人員發現，只要在局部、集聚的網絡上加少量的隨機連結，就可以大幅減少分隔度。由於有了現代低成本的通訊網絡，人們的想法可以比過去更快在社群集聚裡傳播。大眾媒體則進一步強化人們之間的連結。

這個生物性的類比告訴我們，幾乎所有投資人遲早都會屈服於強烈的情緒，無論那是多方或空方的情緒。此外，由於我們具備溝通能力，所以保證會有互動。情緒波動自古皆然，現代人自無法免疫。

當經濟學家遇到市場先生

經濟學家早就知道人們的預期心理會如何影響經濟結果，包括股市表現和資本支出的穩健性。然而，大多數經濟模型都預設行動主體是理性的，這是一個便於建模卻與事實脫節的假設。以行動主體為根據的市場模型，不僅能夠提出符合經驗事實的結果，還能解釋價格與價值之間為什麼會定期出現背離。[5]

幾個世紀以來的實踐者，都記錄過情緒在投資和投機裡的作用。[6] 理解情緒的最好方法，也許就是班傑明・葛拉漢的「市場先生」比喻。葛拉漢建議我們，想像市場報價出自於一位叫做市場先生的人，這位友善的先生永遠都在，他一定會給你報價，讓你買進或賣出你在某個企業的利益。

巴菲特描述過市場先生最重要的特徵：

> 即使你們兩個人擁有的企業經濟狀況都很穩定，但市場先生的報價卻無論如何都不可能穩定。很遺憾地，市場先生這個可憐的傢伙，有無可救藥的情緒問題。他有時候欣喜若狂，眼裡只看得到對公司有利的因素。當他陷入這種情緒時，會報一個非常高的價格給你，因為他怕你馬上買下他的股份，奪走他即將到手的利潤。他有時候會覺得沮喪，目光所及都是公司和這個世界的麻煩，其他什麼都看不見。在這種情況下，他會報給你一個非常低的價格，因為他怕你會把你的股份賣給他。[7]

巴菲特強調，由於市場先生不在乎你是否忽視他，所以你絕對不應該受到他的影響。這則訊息的用意是，價格與價值之間可能會有差異，但過份在意價格的投資人，可能會在情緒上難以區分這兩者。

不變的人性

班傑明・葛拉漢在 1940 年代中期的一次演講裡，指出雖然人們分析證券的技巧已有長足的進步，但有一個「關鍵處」卻幾乎沒有任何變化：人性。今天的市場無論是表現低迷、情緒波動還是焦躁不安，其實都不是什麼新鮮事。小鎮上那位理髮師的恐懼和貪婪，代表所有在他之前的投資人，以及所有在他之後的投資人。

七十多年前，葛拉漢和陶德出版的第一版《證券分析》（*Security Analysis*），清楚強調情緒的核心作用。以下是他們就 1920 年代末期投資人心理所做的說明：

> 「新時代」的信條說，無論價格多高，「優質」的股票（或「藍籌股」）都是好投資。說到底，這種說法只不過是以「投資」的名義，合理化某種屈服於賭博風氣的行為。我們認為，這種心理現象和近年來無形價值因素的重要性顯著提升有密切關係。無形價值因素包括商譽、管理品質、獲利前景等。雖然這些價值因素確實存在，但我們無法用數學算出這些價值，因此衡量它們的

標準很大程度上是任意的，並且可能因當下普遍的心理狀態而大幅變化。[8]

投資人也必須記住，所有極端情緒最後都會過去，就像葛拉漢和陶德提醒我們的：

> 不過，如果過去的經驗可以給我們任何指引的話，那就是投資人目前的負面態度不太可能持久。當市場再次繁榮且資金充沛可以買進大量證券時，大眾又會再次展現出他們根深柢固的傾向。他們會原諒甚至忘記，市場過去對他們做過的壞事。

堅持觀點

股市就和債券市場一樣，是一台貼現的機器。這表示在正常情況下，投資人應該預期中、高的個位數名目報酬率。市場情緒的波動，無論是極度樂觀還是極度悲觀，都可能扭曲這些預期報酬率。當投資人期望報酬很高時，往往是市場處在報酬最低的時刻，反之亦然。

在市況艱難的時期裡，例如 2000 年代初期，投資人堅持觀點並避免陷入集體思維非常重要。[9]尤其是反思歷史和仔細考慮多種情境，有助為我們帶來必要的調整。巴菲特強調我們非常容易受情緒影響，並且反對過度的量化方法，他評論：

投資人如果具備良好的商業判斷力，並能將自己的想法和行為區隔開來，避免受到市場蔓延的情緒所影響，將可取得成功。

通往股東天堂的階梯
探索投資報酬的自我相似性

大自然只用最長的線來編織她的圖案,所以每一小片布料都可以呈現出整張織錦的結構。

——理查‧費曼(Richard P. Feynman)

我做得到

1940 年代末,《生活》(*Life*)雜誌公開質疑傑克遜‧波洛克(Jackson Pollock,1912 年至 1956 年)是否為「美國在世最偉大的畫家」,引發了轟動。波洛克不是典型拿著調色盤作畫的畫家,他會在巨大畫布上滴灑顏料,創作抽象藝術。雖然,他有一些作品賣到上百萬美元,但有位質疑者形容他的藝術就像「一頭亂髮,我有一股要把它整理好的衝動。」[1] 有些評論家揶揄表示,他們可以隨便在畫布上潑灑顏料,就畫出和波洛克一樣的作品。[2] 圖表 38.1 展示了波洛克在 1940 年代末的一幅畫作。

不過,波洛克的作品還是很吸引人。為了了解波洛克畫作的美學魅力，物理學家理查·泰勒（Richard Taylor）向數學取經。他發現波洛克的畫作雖然看似雜亂無章，卻展現出令人愉悅的碎形圖案。碎形是「把幾何形狀分解成多個部分，每一部分都是整體的縮小版」。[3]雖然波洛克的作品受人揶揄，但泰勒卻證明油漆滴落不必然會產生碎形的圖案。

自然界到處都有碎形，樹木、雲朵和海岸線只是其中幾個例子，所以人類的視覺非常熟悉這些圖案。[4]碎形圖案有一個重要特徵，其碎形維度（fractal dimension）或複雜程度（線條的碎形維度為 1.0，填充空間的維度是 2.0）。泰勒和他的合作夥伴發

圖表 38.1　傑克遜·波洛克第 8 號作品，1949

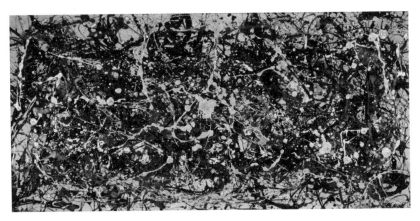

來源：Collection Neuberger Museum of Art, Purchase College, State University of New York, gift of Roy R. Neuberger；Jim Frank 拍攝。

現，人類偏好維度介於 1.3 到 1.5 之間的碎形，無論碎形是自然生成或人工製作的。波洛克許多畫作的碎形都在這個範圍內，或者接近這個範圍。因此，科學家可以快速分辨出波洛克和非波洛克的畫作。[5]

由於碎形常見於自然界，科學家常把碎形和自組織系統連在一起。由於經濟學主要處理的是這類系統，所以我們預期會在經濟系統裡看到碎形。事實上，我們的確發現碎形了。

我們要分析波洛克的畫作或海岸線，才懂得欣賞其中的碎形模式。同樣的道理，我們也必須重新審視經濟體系。秩序往往隱藏其中。[6]

邁向股東天堂的階梯

自我相似（self-affinity），即部分與整體相似，是碎形的另一個重要特徵。想像有一顆花椰菜：整個花椰菜、大塊花椰菜和小塊花椰菜，它們的外觀都很相似。其實股價變化也是碎形的：經過一些調整後，無論你看月線、週線還是日線的變化，數據看起來都一樣。[7]

分析顯示，投資報酬和資本成本之間的差異分布，在五個層次上都出現自我相似的現象。這五個層次是國家、產業、公司、部門、產品線。評估這個論點最好的方法，是透過圖像呈現（見圖表38.2）。我們往往能夠在各個層次上，看到相同模式的價值創造、價值中立和價值減損。當然，有一些分布傾向價值創造，另一些則傾向價值減損，但光譜兩端始終存在。

雖然，我只呈現出一種產業（多種化學製品）的狀況，但如果我們看看其他任何產業，也會顯示出相似的價值績效分布。就單一公司來說，也是一樣的狀況。所以我們選擇的國家、產業、公司、部門或產品線，都不會出現任何獨特之處（除了數據的可用性之外）。

讓藝術更具體

乍看之下，以上觀察的實用性可能就像波洛克的畫作一樣抽象，但我相信這些分布對投資人至少有以下五個具體意涵：

1. 思考為什麼報酬低於資本成本。投資人當然不想要低報酬，但重點的是要思考**為什麼**報酬低。例如，一家公司在初期階段，可能因為大量投資而使利潤受到壓縮，但其經

圖表 38.2　不同層次之間投資報酬率的自我相似

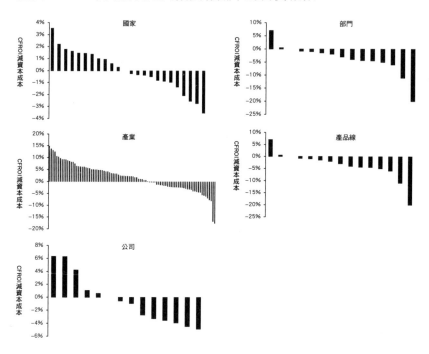

備註：CFROI，現金流投資報酬。
來源：HOLT.

濟前景可能非常光明。目前疲軟的利潤，可能隱藏著大好的前景。相反地，一家成熟公司可能報酬較差，因為市場的競爭力已經榨乾所有有利可圖的機會，而且產業可能正面臨產能過剩的困擾。有時候，公司也會投資它們不太容易取得競爭優勢的新業務。所以，了解為什麼報酬低劣，對投資人來說非常有用。

2. **尋找市場未預期的報酬變化（包括正面和負面）**。證據顯示，報酬率的變化與股價變化高度相關。平均而言，報酬改善幅度最大的公司，其股價表現往往明顯優於報酬惡化幅度最大的公司。這些數據顯示，市場沒有完全預期到報酬變化的幅度。[8] 投資人應該仔細衡量市場預期，並嘗試判斷這些預期是否可能改變。許多投資過程並未正確衡量並考慮市場預期。[9]

3. **判斷超額報酬可能持續的時間**：對公司層次的報酬來說，均值回歸是一股強大力量。高報酬的企業會面臨激烈競爭，導致報酬下降，而資本往往會撤離低報酬的產業，進而讓整體產業的報酬上升。判斷超額報酬多久會消失殆盡，是非常重要的。[10] 股市會透過不同風險偏好的估值過程，讓股東回報趨於均衡。高報酬的企業獲得比較高的淨值比，低報酬的企業則獲得較低的淨值比。因此，好公司不一定是好股票。

4. **策略很重要**：從公司的角度來看，策略是追求一系列活動，讓企業取得高於資本成本的回報。成功的策略通常會讓公司處於獨特的位置，要嘛是提供具差異化的產品，要嘛是生產成本很低。策略談的是取捨，也就是決定要做什麼和不做什麼。這個研究有一項值得注意的發現：就算是最差的產業，也會有創造價值的公司；即使是最好的產業，也有破壞價值的公司。這些證據強烈顯示，競爭策略極其重要。在長期投資人的分析工作流程裡，徹底的策略評估是不可或缺的一部分。[11]

5. **企業管理階層如何分配時間？**由於才能出眾的經理人非常少，投資人必須確定公司如何配置其管理人才。企業經常把最優秀的經理派去拯救或整頓疲軟的業務，而不是讓他們在最強的部門發揮價值。因此，投資人應該了解各種企業的價值比重（該比重可能和銷售或營收貢獻完全相反），並判斷該公司是否明智地分配管理資源。

秩序與失序

有了更好的數據和計算工具，研究人員可以在過去被認為是混亂或隨機的系統裡看到秩序。我認為，報酬分布呈現出的自我相似性，反映出商業具備自組織的特徵。雖然，這種整體觀察就智識上來說讓人振奮，但它在實務上也和投資相關。你不必是傑克遜‧波洛克的粉絲，也能看出這一點。

結語
進入跨領域投資的境界

自 1993 年以來，我一直在哥倫比亞商學院開設一門「證券分析」的課程。如你所想，課程涵蓋基本的投資議題，例如估值、財務報表分析和競爭策略框架。然而，每學期的第一堂課我都會提醒學生：這堂課提出的問題，會比給出的答案還多很多。

比方說，我們其實並非真的知道市場如何整合資訊，也不清楚這一點對股價效率會產生什麼意義。雖然，我們知道傳統衡量風險的方法是錯的，但我們對風險的概念還是不完整。大多數競爭策略框架都沒有告訴你，在不同狀況下，哪一種策略可能會成功或失敗。當然，我們對於大腦如何運作，還有許多地方要學。

這一長串的未解清單，讓投資既振奮又充滿挫折。令人振奮的是，我們預計在未來幾年內知識獲得成長，我們的理解力也會提升。令人沮喪的是，我們依舊所知甚少，而且市場持續讓人覺得困惑，就算是最聰明的投資人也是如此。

我堅信，跨領域的融合，是我們提升投資知識的關鍵所在。財務經濟學家往往對物理學家、心理學家和社會學家，以及投資相關的研究抱持懷疑態度。缺乏經濟學的素養，無疑會讓這些科學家處於劣勢，但是研究者從跨領域合作裡得到的洞見，最終將帶給人們最深刻的見解，甚至可能給我們答案，以解開企業和市場的運作機制。

　　跨領域研究可能有助於我們提升投資知識，以下是一些簡要的看法：

● **決策與神經科學**：我在本書常常提到丹尼爾・康納曼和阿摩司・特沃斯基的展望理論，該理論描述人們如何系統性地做出偏離理想的決策。展望理論催生出行為財務學，這門學科專門研究商業和投資環境裡的認知錯誤和決策偏誤。

　　雖然展望理論帶來重大進展，但仍未能說明人們為什麼做出那些決策的原因。神經科學的進步讓研究者能夠一窺受試者的大腦，看到人實際在做決定時的巧妙機制。經濟學家科林・坎麥爾（Colin Camerer）將人們對神經科學的深入研究，比喻成 1950 年代整條街上第一個擁有電視的家庭：雖然電視的影像有點模糊，還需要調整天線，但新的影像和見解已經讓人興奮不已。隨著時間過去，影像品質只會愈來愈好。

● **市場的統計特性——從描述到預測**？財務經濟學家在描述市場時，通常會假設風險與報酬之間，有一個明確定義的平衡狀態。可惜的是，經驗現象並非簡單的風險－報酬關係即可說明。就像本華‧曼德博所言，無法解釋是因為無法描述。

從1960年代曼德博在金融領域的工作開始，統計研究顯示，股價變化並不遵循鐘形曲線的分布，而是遵循乘冪定律的分布。[1] 市場從業者早就認知到這個事實，並且透過直覺修改了他們的模型，以適應這種現實。然而，即使我們能夠正確描述和分類市場的統計特徵，但想要找出因果關係依然有難度。

● **以行動主體為根據的模型**：大多數經濟模型都忽略個體差異，直接假設個體是均質的。以行動主體為依據的模型，則賦予行動主體有限但多樣的能力，並讓他們在電腦模擬環境裡自由行動。這些模型顯示，個體差異對於市場結果有重要的影響，而且回饋機制非常普遍。例如，人們常常根據他人的決定，來做自己的決定。這些簡單的模型可能會大幅改善我們對市場行為的直覺，最後可能帶來有用的預測。

● **網絡理論和資訊流**：史丹利・米爾格蘭最廣為人知的理論，是他在 1960 年代提出的六度分隔理論，意思是你可以透過五個中間人，將世界上任何兩個人聯繫起來。問題是，米爾格蘭的研究充其量只是個不嚴謹的研究。過去數十年來，六度分隔理論雖然很流行，但尚未被證實。1990 年代末，新一代科學家運用更精密的分析工具，包括電腦，來解決這個問題。他們不僅嚴謹證明了六度分隔概念確實有效，還描述了網絡結構的關鍵特徵。[2]

我們對網絡的理解更臻完善，這顯然是跨領域合作的成果；硬科學、生物科學和社會科學之間，有著自由開放的交流。網絡研究涉及多個領域，包括流行病學、心理學、社會學、擴散理論，以及競爭策略。網絡理論很可能大大強化我們對產品和資本市場如何發展與變化的理解。

● **成長與規模分布**：工業國家的公司規模分布高度不均：大公司很少，小公司卻很多。科學家觀察到這種模式已經有一個世紀之久，但沒有人可以解釋這種分布出現的機制。

動物的體型和代謝率分布也不均勻，而且和企業規模的分布非常相似。值得注意的是，科學家已經成功解釋了體型大小與代謝速率之間的物理條件。[2] 將這些生物和物理原理延伸到社會科學領域，將可以帶來重要潛力。

● **心靈的飛行模擬器？**我一直對訓練飛行員的飛行模擬器留有深刻印象。這些先進的機器會模擬多種環境，提供飛行員重要的經驗和反餽，讓他們在擬真又安全的環境訓練。我們是否可以為投資人打造模擬器，以達到相同目的？投資──尤其是長期投資──其中一個主要挑戰是回饋。研究顯示，明確且一致的回饋，對於在機率領域工作的專業人士大有助益。雖然天氣預報員和賽馬評磅員，都能得到精確又及時的回饋，但長期投資人卻不然。或許有一天，我們可以創造一個模擬器，為投資人提供所需的訓練，協助他們做出更好的決策。當然，這將讓我們更難打敗市場。

全球市場每日的交易量為數兆美元。儘管研究人員投入大量資源想了解市場，但仍有許多我們無法掌握的地方。本書宣揚一個理念：只有透過跨領域思考，許多問題的答案才得以浮現。

致謝

我在瑞士信貸（前瑞士信貸第一波士頓，簡稱 CSFB）工作時，寫下本書文章的初稿。我在 CSFB 工作十多年，管理層一直給我很棒的職涯發展機會。他們讓我發行另類刊物《融會貫通的觀察者》（*The Consilient Observer*，暫譯），這本刊物為《魔球投資金律》奠定了基礎，所以我用這本書對公司的開明和支持態度致敬。我要特別感謝 Brady Dougan、Al Jackson、Terry Cuskley、Steve Kraus 以及 Jim Clark。瑞士信貸也很慷慨地把這些作品的版權讓渡給我。

《融會貫通的觀察者》原始刊物的編輯欄上有兩個名字。其中一個名字是我的研究助理 Kristen Bartholdson，她為研究、編輯、數據分析和製作圖表上，帶來很大的貢獻。她還協助更新這一版的資料。Kristen 聰明又有才華，和她一起共事非常愉快。

Dan Callahan 是我在美盛資本管理公司（Legg Mason Capital Management）的研究助理，他接下 Kristen 的工作，辛勤地處理本書的方方面面。他在更新兩個版本的素材、整理圖表、文字稿和統籌所有溝通上，扮演重要角色。Dan 很靈活、做事效率很高而且非常聰明。他也是個很棒的人，我很高興我的團隊裡有他。

美盛的所有同事都非常傑出，給我寶貴的支持和合作。美盛也讓我使用有版權的材料。非常謝謝大家。

有兩個人對我的職涯產生重大影響。第一個是阿爾福雷德‧拉帕波特（Al Rappaport），我和他一起撰寫《解讀市場預期》（*Expectations Investing*）一書。我從阿爾福雷德那裡學到了很多，至今他仍不斷激勵並給我許多建設性的回饋。

另一位是比爾‧米勒，我很榮幸現在和他成為同事。比爾直接或間接激發我文章裡的許多想法。寫文章說明心理模型如何幫助投資人是一回事，但在實務上如何用這種方法賺取超額回報則是另一回事。比爾成功做到這兩件事，因此他獲得的所有讚賞均屬實至名歸。

阿爾福雷德和比爾都很大方騰出時間指導我，而且非常有耐心。他們是很好的榜樣，我很榮幸能和他們共事。

本書文章借鑑許多出色科學家的研究，數量之多無法一一列舉，但有幾個思想家值得特別提到，包括 Clayton Christensen、Paul DePodesta、Norman Johnson、Scott Page、Jim Surowiecki，以及 Duncan Watts。謝謝你們慷慨和我分享你們的想法。Steve

Waite 的建議對我也有很大的幫助。

我也想感謝我的發行人兼編輯 Myle Thompson 和哥倫比亞大學出版社，他們對書中的理念有著無比的熱情和堅定的信念。助理編輯 Marina Petrova 在這個專案的各個方面，都提供了很大的協助。Michael Haskell 的精心編輯提高了本書的流暢度，並為章節提供全新的標題。Nancy Fink Huehnergarth 負責修改原稿的貢獻功不可沒，他帶來寶貴的編輯意見以及很棒的幽默感。

我也要感謝 Sente Corporation 才華出眾的 Jay Smethurst 和 Bryan Coffman，他們的美術設計帶來很大的助益。在這趟知識融合之旅，他們從一開始就和我共事。我在 CSFB 工作時，與 Marian Toy 和 Ann Funkhouser 合作得非常愉快。他們是很有效率、有建設性且思慮周延的優秀編輯。我在 CSFB 的行政助理 Melissa Little，也在製作圖表和發布資料等關鍵工作上給予協助。

我的妻子 Michelle 總是讓我感受到愛、支持和時時予以忠告。我的岳母 Andrea Maloney Schara 是一位特別的祖母，她既能解釋系統論，又會踢足球傳球。最後，我要謝謝我的孩子 Andrew、Alex、Madeline、Isabelle 和 Patrick，是他們讓我親身領會多樣性的美好。

註解

第 1 章

1. J. Edward Russo and Paul J. H. Schoemaker, *Winning Decisions: Getting It Right the First Time* (New York: Doubleday, 2002), 3–10.

2. Alfred Rappaport and Michael J. Mauboussin, *Expectations Investing* (Boston, Mass.: Harvard Business School Press, 2001), 106–8. 這裡的討論，我們假設管理多樣化投資組合的投資人，其態度是風險中立的。想掌握風險規避的技巧，請參閱 Ron S. Dembo and Andrew Freeman, *Seeing Tomorrow: Rewriting the Rules of Risk* (New York: John Wiley & Sons, 1998)。

3. Michael Steinhardt, *No Bull: My Life In and Out of Markets* (New York: John Wiley & Sons, 2001), 129.

4. Steven Crist, "Crist on Value," in Andrew Beyer et al., *Bet with the Best: All New Strategies From America s Leading Handicappers* (New York: Daily Racing Form Press, 2001), 64. 克里斯特的這個章節，是我讀過智慧投資最好的說明。我也強烈推薦史蒂芬‧克里斯特的另一本著作：*Betting on Myself: Adventures of a Horseplayer and Publisher* (New York: Daily Racing Form Press, 2003)。

5. 出自羅伯特‧魯賓 1999 年在賓州大學畢業典禮上的演講，http://www.upenn.edu/almanac/v45/n33/speeches99.html。

6. 參見第 5 章。

7. Sarah Lichenstein, Baruch Fischhoff, and Lawrence D. Phillips, "Calibration of Probabilities," in *Judgment Under Uncertainty: Heuristics and Biases*,

ed.Daniel Kahneman, Paul Slovic, and Amos Tversky (Cambridge: Cambridge University Press, 1982), 306–34.

8. Peter Schwartz, *Inevitable Surprises: Thinking Ahead in a Time of Turbulence* (New York: Gotham Books, 2003).

9. Roger Lowenstein, *When Genius Failed: The Rise and Fall of Long-Term Capital Management* (New York: Random House, 2000); Nassim Nicholas Taleb, *The Black Swan: The Impact of the Highly Improbable* (New York: Random House, 2007).

10. Daniel Kahneman and Amos Tversky, "Prospect Theory: An Analysis of Decision Under Risk," *Econometrica* 47 (1979): 263–91.

11. Nassim Nicholas Taleb, *Fooled By Randomness: The Hidden Role of Chance in Markets and in Life* (New York: Texere, 2001), 89–90. 知名投資人吉姆‧羅傑斯（Jim Rogers）因為選擇權的高虧損率而反對投資選擇權，塔雷伯為此批評他：「對於一個分不清機率和期望值的人來說，吉姆‧羅傑斯先生的成就真的很大。」

12. 參見第 3 章。

13. Russo and Schoemaker, *Winning Decisions*, 123–24.

14. Rubin, commencement address, University of Pennsylvania, 1999.

第 2 章

1. Burton G. Malkiel, "The Efficient Market Hypothesis and Its Critics," *Journal of Economic Perspectives* 17, no. 1 (Winter 2003): 78. 這不是新發現。另參考 Burton G. Malkiel, "Returns from Investing in Equity Mutual Funds, 1971–1991," *Journal of Finance* 50, no. 2 (June 1995): 549–72; Michael C. Jensen, "The Performance of Mutual Funds in the Period 1945–1964," *Journal of Finance* 23 (1968): 389–416。

2. 特別感謝蓋瑞‧米舒里斯（Gary Mishuris）列出一開始的名單，並提出這個疑問。

3. 約翰‧博格爾（Jack Bogle）使用經濟學家凱因斯的用語，將投機

（speculation，即預測市場心理）和經營事業（enterprise，即預測某個資產的獲利前景）兩者區分開來。柏格認為，以周轉率來看，大多數投資人都是投機者。見 John C. Bogle, "Mutual Fund Industry in 2003: Back to the Future," 14 January 2003, http://www.vanguard.com/ bogle_site/ sp20030114.html。

4. 關於這兩者之間的張力，可見以下文章有傑出的說明：Charles D. Ellis, "Will Business Success Spoil the Investment Management Profession?" *The Journal of Portfolio Management* (Spring 2001): 11–15。

5. Bogle, "Mutual Fund Industry in 2003." 亦 見 "Other People s Money: A Survey of Asset Management," *The Economist*, July 5, 2003; JohnC. Bogle, "The Emperor s New Mutual Funds," *The Wall Street Journal*, July 8, 2003; and John C. Bogle, "The Mutual Fund Industry Sixty Years Later: For Better or Worse?" *Financial Analysts Journal* 61, no. 1 (January–February 2005): 15–24。

6. Ellis, "Will Business Success Spoil the Investment Management Profession?" 14.

第 3 章

1. 我並沒有把投資看成賭博。事實上，長期投資和賭博完全不一樣。賭博時，你玩的次數愈多，輸的機率就愈大。但在投資上，你投資的時間愈長，獲得正回報的機率也愈大。

2. Daniel Kahneman and Amos Tversky, "Prospect Theory: An Analysis of Decision Under Risk," *Econometrica* 47 (1979): 263–91.

3. Nassim Nicholas Taleb, *Fooled By Randomness: The Hidden Role of Chance in Markets and in Life* (New York: Texere, 2001), 87–88.

4. 塔雷伯指出，知名投資人吉姆・羅傑斯避免使用選擇權，因為「90％的選擇權都虧損。」羅傑斯把頻率與平均可賺取的數字搞混了。

5. Brent Schlender, "The Bill and Warren Show," *Fortune*, July 20, 1998.

6. Charlie Munger, "A Lesson on Elementary, Worldly Wisdom As It Relates to

Investment Management and Business" *Outstanding Investor Digest*, May 5, 1995, 50.

7. Warren Buffett, speech given at the Berkshire Hathaway Annual Meeting, 1989.

8. Alfred Rappaport and Michael J. Mauboussin, *Expectations Investing*(Boston, Mass.: Harvard Business School Press, 2001), 105–8.

9. Steven Crist, "Crist on Value," in Andrew Beyer et al., *Bet with the Best: All New Strategies From America s Leading Handicappers* (New York: Daily Racing Form Press, 2001), 63–64.

10. Edward O. Thorp, *Beat the Dealer* (New York: Vintage Books, 1966), 56–57.

第 4 章

1. 參見 Mitchel Resnick, *Turtles, Termites, and Traffic Jams* (Cambridge, Mass.: MIT Press, 1994), 50–52. 另 見 Steven Johnson, *Emergence: The Connected Lives of Ants, Brains, Cities, and Software* (New York: Scribner, 2001), 12–13。

2. 柏頓‧墨基爾（Burton Malkiel）教授說：「就像不再相信有聖誕老人的信仰一樣。即使你知道聖誕老人不存在，你還是會有點捨不得那個信仰。我並不是說這是一場騙局。他們真的認為他們可以。但是，證據顯示他們沒有這個能力。」*20/20*, ABC News, November 27, 1992。請參考 http://www.ifa.tv/Library/Support/Articles/Popular/NewsShowTranscript.htm。

3. Clayton M. Christensen, Paul Carlile, and David Sundahl, "The Process of Theory-Building," *Working Paper, 02–016*, 4。如需查看本文件的最新版本，請見：http://www.innosight.com/documents/Theory% 20Building.pdf。

4. Phil Rosenzweig, *The Halo Effect: . . . and Eight Other Business Delusions That Deceive Managers* (New York: Free Press, 2006).

5. Peter L. Bernstein, *Capital Ideas: The Improbable Origins of Modern Wall Street* (New York: The Free Press, 1992), 129–30.

6. Richard Roll, "A Critique of the Asset Pricing Theory s Tests: Part 1: On Past and Potential Testability of the Theory," *Journal of Financial Economics* 4

(1977): 129–76.

7. Clayton M. Christensen, "The Past and Future of Competitive Advantage," *MIT Sloan Management Review* (Winter 2001): 105–9.

8. Kenneth L. Fisher and Meir Statman, "Cognitive Biases in Market Forecasts," *Journal of Portfolio Management* 27, no. 1 (Fall 2000): 72–81.

9. Mercer Bullard, "Despite SEC Efforts, Accuracy in Fund Names Still Elusive," *The Street.com*, January 30, 2001. 請見 http://www.thestreet.com/funds/mercerbullard/1282823.html。

第 5 章

1. Gerd Gigerenzer, *Calculated Risks* (New York: Simon & Schuster, 2002), 28–29.

2. John Rennie, "Editor s Commentary: The Cold Odds Against Columbia," *Scientific American*, February 7, 2003.

3. Gigerenzer, *Calculated Risks*, 26–28.

4. Jeremy J. Siegel, *Stocks for the Long Run*, 3rd ed.(New York: McGraw Hill, 2002), 13.

5. Michael J. Mauboussin and Kristen Bartholdson, "Long Strange Trip: Thoughts on Stock Market Returns," *Credit Suisse First Boston Equity Research*, January 9, 2003.

6. 請見第 3 章。

第 6 章

1. J. Scott Armstrong, "The Seer-Sucker Theory: The Value of Experts in Forecasting," *Technology Review* 83 (June–July 1980): 16–24.

2. Atul Gawande, *Complications: A Surgeon s Notes on an Imperfect Science* (New York: Picador, 2002), 35–37.

3. Paul J. Feltovich, Rand J. Spiro, and Richard L. Coulsen, "Issues of Expert Flexibility in Contexts Characterized by Complexity and Change," in

Expertise in Context: Human and Machine, ed. Paul J. Feltovich, Kenneth M. Ford, and Robert R. Hoffman (Menlo Park, Cal.: AAAI Press and Cambridge, Mass.: MIT Press, 1997): 125–146.

4. R.J. Spiro, W. Vispoel, J. Schmitz, A. Samarapungavan, and A. Boerger, "Knowledge Acquisition for Application: Cognitive Flexibility and Transfer in Complex Content Domains," in *Executive Control Processes*, ed. B.C. Britton (Hillsdale, N.J.: Lawrence Erlbaum Associates, 1987), 177–99.

5. Robyn M. Dawes, David Faust, and Paul E. Meehl, "Clinical Versus Actuarial Judgment," in *Heuristics and Biases: The Psychology of Intuitive Judgment*, ed. Thomas Gilovich, Dale Griffin, and Daniel Kahneman (Cambridge: Cambridge University Press, 2002), 716–29.

6. Gawande, *Complications*, 44.

7. Katie Haffner, "In an Ancient Game, Computing s Future," *The New York Times*, August 1, 2002.

8. James Surowiecki, *The Wisdom of Crowds: Why the Many Are Smarter Than the Few and How Collective Wisdom Shapes Business, Economies, Societies and Nations* (New York: Doubleday, 2004).

9. Joe Nocera, "On Oil Supply, Opinions Aren t Scarce," *The New York Times*, September 10, 2005.

10. Philip E. Tetlock, *Expert Political Judgment: How Good Is It? How Can We Know?* (Princeton, N.J.: Princeton University Press, 2005), 68.

11. Ibid. , 73–75.

第 7 章

1. Thomas Gilovich, Robert Valone, and Amos Tversky, "The Hot Hand in Basketball: On the Misperception of Random Sequences," *Cognitive Psychology* 17 (1985): 295–314.

2. Amos Tversky and Daniel Kahneman, "Belief in the Law of Small Numbers," *Psychological Bulletin* 76 (1971): 105–10. For an illustration；可

見 Chris Wetzel, Randomness Web site, http://www.rhodes.edu/psych/faculty/ wetzel/courses/wetzelsyllabus223.htm。

3. 本文改寫自：Stephen Jay Gould, "The Streak of Streaks," *New York Review of Books*, August 18, 1988，可見以下網址：http://www.nybooks.com/ articles/4337（2005 年 5 月 25 日讀取）。

4. Stephen Jay Gould, *Triumph and Tragedy in Mudville* (New York: W. W. Norton & Company, 2003), 151–72. 請參見 http://mlb.mlb.com/mlb/history/ rare_feats/index.jsp?feature=hitting_streaks。

5. Gould, "The Streak of Streaks."

6. 數學算式如下：迪馬喬的職業生涯裡共參與了 1,736 場比賽，共有 7,671 個打席數，即平均每場比賽有 4.42 次打席數。他職業生涯累 計有 2,214 支安打，打擊率為 0.289。以每次出場打擊率為 0.289 來 說，迪馬喬有 0.778％的機率在一場比賽裡擊出一支安打。所以他在 連續 56 場比賽裡，成功安打的機率是 0.77856，或是一二七萬九千分 之一。請參考 Rob Neyer, ESPN Baseball Archives, January 2002, http:// espn.go.com/mlb/s/2002/0107/1307254.html。如需查看迪馬喬的職業生 涯統計數據，請見 Major League Baseball Historical Player Stats, http:// mlb.mlb.com/NASApp/mlb/stats/historical/individual_stats_player.jsp?c_ id=mlb&playerID=113376。

7. 讓人驚訝的是，迪馬喬的 56 場連勝紀錄，並不是他締造的最長紀錄。 在更早之前，當他還是太平洋海岸聯盟的少年球員時，曾有過連續 61 場安打的紀錄。值得一提的是，緊接在迪馬喬 56 場連續安打紀錄被打 破後，他很快又創下了連續 16 場的安打紀錄。所以，他在 1941 年賽季 的 73 場比賽裡，有 72 場安打。

8. 以下是部分參考書目的例子（類似例子多到不勝枚舉）：Burton G. Malkiel, *A Random Walk Down Wall Street* (New York: W. W. Norton & Company, 2003), 191; Nassim Taleb, *Fooled By Randomness: The Hidden Role of Chance in Markets and in Life* (New York: Texere, 2001), 128–131; Gregory Baer and Gary Gensler, *The Great Mutual Fund Trap* (New York: Broadway

Books, 2002), 16–17; Peter L. Bernstein, *Capital Ideas: The Improbable Origins of Modern Wall Street* (New York: Free Press, 1992), 141–43。

9. Baer and Gensler, The Great Mutual Fund Trap, 17。拜爾和詹斯勒的書中只納入這個連勝紀錄的前十年（雖然這本書是在第 11 年結束後才出版）。10 年和 15 年連勝的差異非常顯著。

10. 米勒還管理另一個基金稱為機會信託基金（Opportunity Trust），該基金的投資組合不同，但也在截至 2005 年的 6 年之間打敗市場。連續 21 年打敗市場的機率（以 44％為比率來試算），機率大約是三千一百萬分之一。

11. 雖然美盛價值信託基金是米勒最長的連勝紀錄，但那並不是他唯一的連勝紀錄。在截至 1993 年的 6 年之間，米勒的特殊信託基金（Special Investment Trust），每年都超越市場表現。

第 8 章

1. Paul A. Samuelson, "Risk and Uncertainty: A Fallacy of Large Numbers," *Scientia* 98 (1963): 108–13; 重印版可由 www.casact.org/pubs/forum/94sforum/94sf049.pdf 取得。Shlomo Benartzi and Richard H. Thaler, "Myopic Loss Aversion and the Equity Premium Puzzle," *The Quarterly Journal of Economics* 110, no. 1 (February 1995): 73–92，可從以下網站取得這篇論文：http://gsbwww.uchicago。這篇論文寫道：「具體來說，該定理表示，當某個賭博在重複幾次後，可能會得到一定金額的回報，無論該金額有多大，某個人若不願意接受單次賭注，那麼他如果接受多次下注的話，便違反了期望效用理論。」

2. Daniel Kahneman and Amos Tversky, "Prospect Theory: An Analysis of Decision Under Risk," *Econometrica* 47 (1979): 263–91.

3. Nicholas Barberis and Ming Huang, "Mental Accounting, Loss Aversion, and Individual Stock Returns," *Journal of Finance* 56, no. 4 (August 2001): 1247–92.

4. Elroy Dimson, Paul Marsh, and Mike Staunton, "Global Evidence on the

Equity Risk Premium," *Journal of Applied Corporate Finance* 15, no. 4 (Fall 2003): 27–38.

5. Benartzi and Thaler, "Myopic Loss Aversion."

6. 這個圖表和下一個圖表，主要根據以下文獻：William J. Bernstein, "Of Risk and Myopia." 請見：http://www.efficientfrontier.com/ef/102/taleb.htm。另請見 Nassim Nicholas Taleb, *Fooled By Randomness: The Hidden Role of Chance in the Markets and in Life* (New York: Texere, 2001), 56–59。

7. Michael J. Mauboussin and Kristen Bartholdson, "Long Strange Trip: Thoughts on Stock Market Returns," *Credit Suisse First Boston Equity Research*, January 9, 2003.

8. Benartzi and Thaler, "Myopic Loss Aversion," 80.

9. James K. Glassman and Kevin A. Hassett, *Dow 36,000: The New Strategy for Profiting from the Coming Rise in the Stock Market* (New York: Times Books, 1999).

10. Josef Lakonishok, Andrei Shleifer, and Robert W. Vishny, "Contrarian Investment, Extrapolation, and Risk," *Journal of Finance* 49, no. 5 (December 1994): 1541–78.

11. Bernstein, "Of Risk and Myopia."

第 9 章

1. Berkshire Hathaway Annual Letter to Shareholders, 1993, http://berkshire-hathaway.com/letters/1993.html.

2. 吉姆・柯林斯，《從 A 到 A+》（*Good to Great*，紐約：HarperBusiness，2001），第 21 頁。

3. Meghan Felicelli, "2006 YTD CEO Turnover," *SpencerStuart*, December 31, 2006.Also, Chuck Lucier, Paul Kocourek, and Rolf Habbel, "CEO Succession 2005: The Crest of the Wave," *strategy+business*, Summer 2006.

4. 一位記者最近詢問諾基亞執行長約瑪・奧利拉（Jorma Ollila），他如何確保自己知道所有需要知道的事情時，他回答說：「我認為你只需要讀很多書。」（參見 David Pringle and Raju Narisetti, "Nokia s Chief Guides Company Amid Technology s Rough Seas," *The Wall Street Journal*, November 24, 2003.）查理·蒙格更直言不諱地說：「在我整個人生中，我從來沒見過哪一個聰明人是沒有持續閱讀的。」

5. http://csfb.com/thoughtleaderforum/2003/harrington_sidecolumn.shtml.

6. Robert E. Rubin and Jacob Weisberg, *In an Uncertain World* (New York: Random House, 2003), 20.

7. Alfred Rappaport and Michael J. Mauboussin, *Expectations Investing* (Boston: Harvard Business School Press, 2001), 191–94.

8. Bethany McLean and Peter Elkind, *The Smartest Guys in the Room* (New York: Penguin Group, 2003), 132.

9. 以輝瑞（Pfizer）為例，從 1998 年到 2002 年，輝瑞 1,920 億美元的投資資金，有約 85％和併購相關。

10. Berkshire Hathaway Annual Letter to Shareholders, 1987, http://berkshirehathaway.com/letters/1987.html.

第 10 章

1. 薩波斯基花了二十多個夏天在非洲研究狒狒，以了解靈長類動物的壓力和社會階層之間的關係。薩波斯基寫道：「狒狒一天大概工作四小時來養活自己，幾乎沒有生物會吃它們。基本上，狒狒每天有大約六個小時的白天時間，可以用來嫌棄彼此。就像我們的社會一樣……我們的日子夠好過，才會奢侈到可以讓自己因純粹的社會和心理壓力而生病。」參見 Robert M. Sapolsky, *A Primate s Memoir* (New York: Scribner, 2001)。

2. Robert M. Sapolsky, *Why Zebras Don t Get Ulcers: An Updated Guide to Stress, Stress-Related Disease, and Coping* (New York: W. H. Freeman and Company, 1994), 4–13.

3. Richard Foster and Sarah Kaplan, *Creative Destruction: Why Companies That Are Built to Last Underperform the Market—and How to Successfully Transform Them* (New York: Doubleday, 2001), 13.

4. John Y. Campbell, Martin Lettau, Burton Malkiel, and Yexiao Xu, "Have Individual Stocks Become More Volatile? An Empirical Exploration of Idiosyncratic Risk," *Journal of Finance* 54 (February 2001): 1–43.

5. 這不表示股價反映短期期望。

6. John C. Bogle, "Mutual Fund Directors: The Dog that Didn t Bark," January, 28, 2001, http://www.vanguard.com/bogle_site/sp20010128.html。更新的數據來自 John C. Bogle, "The Mutual Fund Industry Sixty Years Later: For Better or Worse?" *Financial Analysts Journal* (January–February 2005)。

7. Kathryn Kranhold, "Florida Might Sue Alliance Capital Over Pension Fund s Enron Losses," *The Wall Street Journal,* April 23, 2002.

8. 這並不是說股市以短期為導向。研究均顯示,股票反映了預期未來 10 到 20 年創造價值的現金流。然而,愈來愈多投資人在就長期結果進行短期的賭注。

9. Ernst Fehr, "The Economics of Impatience," *Nature*, January 17, 2002, 269–70.

10. John Spence, "Bogle Calls for a Federation of Long-Term Investors," *Index Funds, Inc.*http://www.indexfunds.com/articles/20020221_boglespeech_com_gen_JS.htm。根據我的計算,2001 年,周轉率低於 20%的基金,其加權平均報酬率為 -4.8%;周轉率超過 100%的基金為 -7.8%;周轉率超過 200%的基金則為 -10.5%。參見 http://www.indexfunds.com/articles/20020221_boglespeech_com_gen_JS.htm。

11. Alice Lowenstein, "The Low Turnover Advantage," Morningstar Research, September 7, 1997, http://news.morningstar.com/news/ms/ FundFocus/lowturnover1.html.

12. Russ Wermers, "Mutual Fund Performance: An Empirical Decomposition into Stock-Picking Talent, Style, Transaction Costs, and Expenses," *Journal of Finance* 55 (August 2000): 1655–1703.

13. 雅虎(Yahoo)依據投資組合表現的標準差,進行風險等級分類(高於平均、平均和低於平均)。我量化了三個風險等級,對低於平均風險的基金給予一分,對平均風險的基金給予二分,對高於平均風險的基金分給予三分，以便取得每個周轉率區間的平均風險等級。這些數據是按資產加權來計算。

第 11 章

1. Robert B. Cialdini, "The Science of Persuasion," *Scientific American* (February 2001): 76–81.

2. Robert B. Cialdini, *Influence: The Psychology of Persuasion* (New York: William Morrow, 1993), 18.

3. 見第 11 章。

4. 有關阿希實驗的有趣說明，請參見 Duncan J. Watts, *Six Degrees: The Science of a Connected Age* (New York: W. W. Norton & Company, 2003), 207–10。

5. Cialdini, *Influence*, 208–15. Also see Rod Dickinson, "The Milgram Reenactment," http://www.milgramreenactment.org/pages/section.xml?location=51.

6. Lisa W. Foderaro, "If June Cleaver Joined 'Sex and the City : Tupperware Parties for the Cosmo Set," *The New York Times*, February 1, 2003.

7. Cialdini, *Influence*, 37.

第 12 章

1. Antonio R. Damasio, *Descartes Error: Emotion, Reason, and the Human Brain* (New York: Avon Books, 1994), xi–xii.

2. Thomas A. Stewart, "How to Think With Your Gut," *Business 2.0*, November 2002.

3. Antonio R. Damasio, *The Feeling of What Happens: Body and Emotion in the Making of Consciousness* (New York: Harcourt Brace & Company, 1999), 301–3. Antoine Bechara, Hanna Damasio, Daniel Tranel, and Antonio R. Damasio, "Deciding Advantageously Before Knowing the Advantageous Strategy," *Science* 275 (February 28, 1997): 1293–95.

4. Daniel Kahneman, "Maps of Bounded Rationality: A Perspective on Intuitive Judgment and Choice," Nobel Prize Lecture, December 8, 2002, http:// www. nobel.se/economics/laureates/2002/kahnemann-lecture.pdf.

5. Paul Slovic, Melissa Finucane, Ellen Peters, and Donald G. MacGregor, "The Affect Heuristic," in *Heuristics and Biases: The Psychology of Intuitive Judgment*, ed. Thomas Gilovich, Dale Griffin, and Daniel Kahneman (Cambridge: Cambridge University Press, 2002), 397–420.

6. Slovic, Finucane, Peters, and MacGregor, "The Affect Heuristic."

7. Donald G. MacGregor, "Imagery and Financial Judgment," *The Journal of Psychology and Financial Markets* 3, no. 1 (2002): 15–22.

第 13 章

1. 更準確地說，選擇取決於雄性在顏色上的相異程度。當差異很小時，雌性會選擇兩條橘色魚之中比較淡的那隻。但是，如果雄魚的顏色差異夠大，雌性就會忽略其他雌魚的提示，而選擇顏色比較亮的雄魚。請參見 Lee Alan Dugatkin and Jean-Guy J. Godin, "How Females Choose Their Mates," *Scientific American*, April 1998, 56–61。

2. Lee Alan Dugatkin, *The Imitation Factor* (New York: Free Press, 2000).

3. 參見 Carl Anderson and John J. Bartholdi III, "Centralized Versus Decentralized Control in Manufacturing: Lessons from Social Insects," in Complexity and Complex Systems in Industry, ed. Ian P. McCarthy and Thierry RakotobeJoel (Warwick: University of Warwick, 2000), 92–105; http://www2.isye.gatech. edu/˜carl/papers/cc.pdf。

4. 關於套利限制的討論，請參見 Andrei Shleifer, *Inefficient Markets: An Introduction to Behavioral Finance* (Oxford: Oxford University Press, 2000)。

5. 投資人也應該注意，回饋會在不同的層次上運作。回饋可以存在於產品層次、公司層次和市場層次。有時候這些回饋層次彼此相關，有時候則否。

6. Sushil Bikhchandani and Sunil Sharma, "Herd Behavior in Financial Markets," *IMF Staff Paper* 47, no. 3 (2001), http://www.imf.org/External/ Pubs/FT/ staffp/2001/01/pdf/bikhchan.pdf.

7. Sushil Bikhchandani, David Hirshleifer, and Ivo Welch, "Informational Cascades and Rational Herding: An Annotated Bibliography," *Working Paper: UCLA/Anderson and Michigan/GSB* (June 1996).

8. Duncan J. Watts, "A Simple Model of Global Cascades on Random Networks," *Proceedings of the National Academy of Sciences* 99, no. 9 (April 30, 2002): 5766–71.

9. Anderson and Bartholdi, "Centralized Versus Decentralized Control."

10. Charles MacKay, *Extraordinary Popular Delusions and the Madness of Crowds* (1841; New York: Three Rivers Press, 1995).

11. Russ Wermers, "Mutual Fund Herding and the Impact on Stock Prices," *Journal of Finance* 54, no. 2 (April 1999): 581–622.

12. Ivo Welch, "Herding Among Security Analysts," *Journal of Financial Economics* 58, no. 3 (December 2000): 369–96.

13. Victor M. Eguiluz and Martin G. Zimmerman, "Transmission of Information and Herd Behavior: An Application to Financial Markets," *Physical Review Letters* 85, no. 26 (December 25, 2000): 5659–62.

14. J. Bradford DeLong, Andrei Shleifer, Lawrence H. Summers, and Robert J. Waldmann, "Positive Feedback Investment Strategies and Destabilizing Rational Speculation," *Journal of Finance* 45, no. 2 (June 1990): 379–95.

第 14 章

1. 大多數專家都同意，這個領域起源於 1985 年一篇劃時代的論文： Werner DeBondt and Richard Thaler, "Does the Stock Market Overreact?" *Journal of Finance* 40 (1985): 793–805。

2. 請參見 Alfred Rappaport and Michael J. Mauboussin, "Pitfalls to Avoid," at www.expectationsinvesting.com/pdf/pitfalls.pdf。

3. Hersh Shefrin, *Beyond Greed and Fear: Understanding Behavioral Finance and the Psychology of Investing* (Boston: Harvard Business School Press, 2000), 5.

4. Vernon L. Smith, "An Experimental Study of Competitive Market Behavior," *Journal of Political Economy* 70, no. 3 (June 1962): 111–37.

5. Andrei Shleifer, *Inefficient Markets: An Introduction to Behavioral Finance* (Oxford: Oxford University Press, 2000), 3。隨後幾頁，施萊費爾更大膽地說：「正是這個論點，康納曼和特沃斯基的理論完全就是在處理這些論點。」（頁 12）

6. Sherry Sontag and Christopher Drew, *Blind Man s Bluff: The Untold Story of American Submarine Espionage* (New York: Perseus Books, 1998), 58–59.

7. Jack L. Treynor, "Market Efficiency and the Bean Jar Experiment," *Financial Analysts Journal* (May–June 1987), 50–53.

8. 這對企業高層來說並非如此。個人決策錯誤可能對股東價值造成顯著的負面影響，其中一個很好的例子是「贏家詛咒」，意指在拍賣中得標的公司（贏家），往往會為資產支付過高的代價（詛咒）。

9. 請見第 11 章。

第 15 章

10. W. Brian Arthur, "Inductive Reasoning and Bounded Rationality: The El Farol Problem," paper given at the American Economic Association Annual Meetings, 1994, published in *American Economic Review* (Papers and Proceedings) 84 (1994): 406–11, http://www.santafe.edu/arthur/Papers/El_Farol.html.

11. 若想深入了解預期的形成，請參見 Karl-Erik Wärneryd, *Stock-Market Psychology* (Cheltenham, UK: Edward Elgar, 2001), 73–95。

12. 請見 Bob Davis and Susan Warren, "How Fears of Impending War Already Take Economic Toll," *The Wall Street Journal*, January 29, 2003。

13. John Maynard Keynes, *The General Theory of Employment* (New York:

Harcourt, Brace and Company, 1936), 162.

14. Ibid. , 159.

15. John C. Bogle, "The Mutual Fund Industry in 2003: Back to the Future," remarks before the Harvard Club of Boston, January 14, 2003, http://www. vanguard.com/bogle_site/sp20030114.html.

16. 本文大量取自亞瑟的著作："Inductive Reasoning."

17. Corinne Coen and Rick Riolo, "El Farol Revisited: How People in Large Groups Learn to Coordinate Through Complementary Scripts," *Organizational Learning and Knowledge Management* conference proceedings, 4th International Conference, June 2001.

18. Max Bazerman, *Judgment in Managerial Decision Making*, 4th ed. (New York: Wiley, 1998), 36–39.

19. Hersh Shefrin, *Beyond Greed and Fear: Understanding Behavioral Finance and the Psychology of Investing* (Boston: Harvard Business School Press, 2000), 199.

第 16 章

1. Thomas A. Stewart, "How to Think with Your Gut," *Business 2.0*, November 1, 2002, http://money.cnn.com/magazines/business2/business2_archive/200 2/11/01/331634/index.htm.

2. Ibid.

3. Peter L. Bernstein, *Against the Gods: The Remarkable Story of Risk* (New York: John Wiley & Sons, 1996), 99–100.

4. Raanan Lipshitz, Gary Klein, Judith Orasanu, and Eduardo Salas, "Taking Stock of Naturalistic Decision Making," Working Paper, July 15, 2000, http:// organizations.haifa.ac.il/html/html_eng/raanan%20-%20taking.doc.

5. Robert A. Olsen, "Professional Investors as Naturalistic Decision Makers: Evidence and Market Implications," *The Journal of Psychology and Financial Markets* 3, no. 3 (2002): 161–67.

6. Ibid. , 162–63.

7. Michael T. Kaufman, *Soros: The Life and Times of a Messianic Billionaire* (New York: Knopf, 2002), 141.

8. Gary Klein, *Sources of Power: How People Make Decisions* (Cambridge, Mass.: MIT Press, 1998), 161–66.

9. Stewart, "How to Think with Your Gut."

10. For more on the unconscious, see Frank Tallis, *Hidden Minds: A History of the Unconscious* (New York: Arcade Publishing, 2002), 95–109.

第 17 章

1. http://www.brainyquote.com/quotes/authors/a/antoine_lavoisier.html.

2. http://www.phrases.org.uk/meanings/375700.html.

3. http://www.usdoj.gov/atr/cases/exhibits/20.pdf.

4. Dale Griffin and Amos Tversky, "The Weighing of Evidence and the Determinants of Confidence," in *Heuristics and Biases: The Psychology of Intuitive Judgment*, ed. Thomas Gilovich, Dale Griffin, and Daniel Kahneman (Cambridge: Cambridge University Press, 2002), 230–49.

5. Richard H. Thaler, *The Winner s Curse: Paradoxes and Anomalies of Economic Life* (Princeton, N.J.: Princeton University Press, 1994).

6. 2003 年西爾斯（Sears）出售信用卡業務，是這個論點的具體例子。有一些投資人做空該股票，認為該公司的出售價格會低於管理階層的期待，而且許多潛在買家的出價也確認了這個看法。但是，買家最後支付的金額，超過競標者認為該業務的平均價值。

7. 投資銀行 CSFB 的前分析員就是一個例子，2000 年他曾在亞馬遜的一家配貨中心，當過兩天的裝箱臨時工。若以寬鬆的方式估算，他如果花一季處理訂單，總值也不可能超過 15,000 美元，而當時亞馬遜公司的銷售額為 10 億美元。然而，他根據這次打工經驗寫出一份研究報告，並受到媒體爭相採訪。

8. Tarun Chordia, Richard Roll, and Avanidhar Subrahmanyam, "Evidence

on the Speed of Convergence to Market Efficiency," Working Paper, April 29, 2002. Also Eugene F. Fama, Lawrence Fisher, Michael C. Jensen, and Richard Roll, "The Adjustment of Stock Prices to New Information," *International Economic Review* 10, no. 1 (February 1969); 1–21.

9. Stefano DellaVigna and Joshua Pollet, "Attention, Demographics, and the Stock Market," Working Paper, November 23, 2003, http://fisher.osu.edu/fin/dice/seminars/pollet.pdf.

10. 請見第 1 章。

11. http://www2.cio.com/techpoll/index.cfm.

12. Amos Tversky and Daniel Kahneman, "Extensional Versus Intuitive Reasoning: The Conjunction Fallacy in Probability Judgment," in *Heuristics and Biases: The Psychology of Intuitive Judgment*, ed. Thomas Gilovich, Dale Griffin, and Daniel Kahneman (Cambridge: Cambridge University Press, 2002), 19–48.

13. Sanford J. Grossman and Joseph E. Stiglitz, "On the Impossibility of Informationally Efficient Markets," *American Economic Review* 70 (1980): 393–408.

第 18 章

1. 演化經濟學家理查德・納爾遜（Richard Nelson）和錫德尼・溫特斯（Sidney Winters）也表達過相同的看法。他們寫道：「經濟系統中的創新——實際上，任何形式的新穎創作，無論是藝術、科學或實際生活——在很大程度上都是對既有概念和實體材料加以重新組合。現代世界的科學、技術和經濟進步的巨大動能，主要源於一個事實：每項新的成就不只是某一具體問題的答案，同時可以成為大倉庫裡的新部件，供未來的『新組合』使用，以解決未來的其他問題。」Richard R. Nelson and Sidney G. Winter, *An Evolutionary Theory of Economic Change* (Cambridge, Mass.: Harvard University Press/Belknap Press, 1982), 130。

2. 根據羅默在 1998 年 6 月 17 日，於加州圓石灘（Pebble Beach）圓

桌討論會議的評論：Donald Lessand, moderator, "The Soft Revolution: Achieving Growth By Managing Intangibles," *The Journal of Applied Corporate Finance* 11, no. 2 (Summer 1998): 8–27。

3. 引用自 Stephen R. *Waite, Quantum Investing* (New York: Texere, 2002), 1–3。

4. 運動領域的技術演變，顯示出非競爭性資源的力量，例子包括捷泳（這種泳姿在過去兩百年內才普及）、籃球的一般罰球，以及跳高運動員使用的福斯貝利式跳高（背越式跳高）。

5. 「摩爾定律來自經驗觀察，意思是在我們目前的技術發展速度下，積體電路上可容納的電晶體數量，約每隔 24 個月就會增加一倍」（http://en.wikipedia.org/wiki/Moore s_Law）。

6. Juan Enriquez, *As the Future Catches You* (New York: Crown Business, 2000), 62–65.

7. 請參見 http://nickciske.com/tools/binary.php。

第 19 章

1. Steven Pinker, *The Language Instinct: How the Mind Creates Language* (New York: HarperCollins, 1994), 150–51.

2. Alison Gopnik, Andrew Meltzoff, and Patricia Kuhl, *The Scientist in the Crib: What Early Learning Tells Us About the Mind* (New York: First Perennial, 2001), 186–87.

3. Joseph LeDoux, *Synaptic Self: How Our Brains Become Who We Are* (New York: Viking, 2002), 79–81.

4. Robert Aunger, *The Electric Meme: A New Theory of How We Think* (New York: Free Press, 2002), 185.

5. Barbara Clancy and Barbara Finlay, "Neural Correlates of Early Language Learning," in *Language Development: The Essential Readings*, ed. Michael Tomasello and Elizabeth Bates (Oxford: Blackwell, 2001); an earlier version of the chapter is available from http://crl.ucsd.edu/courses/commdis/pdf/neuralcorrelateschapter-nofigures.pdf.

6. Michael J. Mauboussin and Alexander Schay, "Fill and Kill: Succeeding with Survivors Is Nothing New," *Credit Suisse First Boston Equity Research*, April 5, 2001.

7. 請參見 http://www.webmergers.com。

8. David M. Raup, *Extinction: Bad Genes or Bad Luck?* (New York: W. W. Norton, 1991), 32–33.

9. William D. Bygrave, Julian E. Lange, J. R. Roedel, and Gary Wu, "Capital Market Excesses and Competitive Strength: The Case of the Hard Drive Industry, 1984–2000," *Journal of Applied Corporate Finance* 13, no. 3 (Fall 2000), 8–19.

第 20 章

1. 事實上，新獅王上任後的首要行動之一，通常是殺死獅群裡所有幼獅。這樣做可以讓新獅王繁殖出有他的基因的幼獅。

2. 請參見 Richard Foster and Sarah Kaplan, *Creative Destruction: Why Companies That Are Built to Last Underperform the Market—and How to Successfully Transform Them* (New York: Doubleday, 2001), 47。

3. Alfred Rappaport and Michael J. Mauboussin, *Expectations Investing: Reading Stock Prices for Better Returns* (Boston: Harvard Business School Press, 2001).

4. See Foster and Kaplan, *Creative Destruction*; Everett Rodgers, *The Diffusion of Innovation* (New York: Free Press, 1995); and Geoffrey A. Moore, Paul Johnson, and Tom Kippola, *The Gorilla Game: Picking Winners in High Technology* (New York: HarperBusiness, 1999).

5. Michael J. Mauboussin and Alexander Schay, "Innovation and Markets: How Innovation Affects the Investing Process," *Credit Suisse First Boston Equity Research*, December 12, 2000.

6. Gregory Zuckerman, "Stars of the 90s Aren t Likely to Lead the Next Rally," *Wall Street Journal*, December 17, 2001.

7. John Y. Campbell, Martin Lettau, Burton G. Malkiel, and Yexiao Xu, "Have Individual Stocks Become More Volatile?" *Journal of Finance* 54 (February 2001): 1–43.

8. Corporate Strategy Board, "Stall Points: Barriers to Growth for the Large Corporate Enterprise," *Corporate Strategy Board* (March 1998).

9. Alfred Rappaport and Michael J. Mauboussin, "Exploiting Expectations,"*Fortune*, January 21, 2002, 113–15.

第 21 章

1. 讀者若有時間，請參見：http://www.ceolas.org/fly/intro.html。

2. Charles H. Fine, *Clockspeed: Winning Industry Control in the Age of Temporary Advantage* (Reading, Mass.: Perseus Books, 1998).

3. Glenn Rifkin, "GM s Internet Overhaul," *Technology Review* (October 2002): 62–67.

4. Eugene F. Fama and Kenneth R. French, "Disappearing Dividends: Changing Firm Characteristics Or Lower Propensity To Pay?" *CRSP Working Paper 509*, June 2000; see http://papers.ssrn.com/sol3/papers.cfm?abstract_id=203092.

5. Robert R. Wiggins and Timothy W. Ruefli, "Sustained Competitive Advantage: Temporal Dynamics and the Incidence and Persistence of Superior Economic Performance," *Organizational Science* 13, no. 1 (January–February 2002): 82–105.

6. Robert R. Wiggins and Timothy W. Ruefli, "Hypercompetitive Performance: Are The Best of Times Getting Shorter?" paper presented at the Academy of Management Annual Meeting 2001, Business Policy and Strategy (BPS) Division, March 31, 2001.

7. 雖然我相信這個假設很有可能是真的，但我不太相信數據支持這一點。主要原因在於，研究後期包含了歷史上高水準的壞帳和重組成本，這可能扭曲了會計數據。

8. Richard Foster and Sarah Kaplan, *Creative Destruction: Why Companies*

that are Built to Last Underperform the Market—and How to Successfully Transform Them (New York: Doubleday, 2001); and John Y. Campbell, Martin Lettau, Burton G. Malkiel, and Yexiao Xu, "Have Individual Stocks Become More Volatile?" *Journal of Finance* 54 (February 2001): 1–43.

9. J. Bradford DeLong and Lawrence H. Summers, "The ʻNew Economy : Background, Historical Perspective, Questions, and Speculations", *Federal Reserve Bank of Kansas City Economic Review*, Fourth Quarter 2001. 請見 http://www.kc.frb.org/PUBLICAT/ECONREV/Pdf/4q01delo.pdf。

10. Alfred Rappaport and Michael J. Mauboussin, *Expectations Investing: Reading Stock Prices for Better Returns* (Boston: Harvard Business School Press, 2001), 26–27, 36–38.

第 22 章

1. 請參見 "Frequently Asked Questions: Deep Blue," http://www.research.ibm.com/deepblue/meet/html/d.3.3.html。

2. Katie Haffner, "In an Ancient Game, Computing s Future," *New York Times*, August 1, 2002.

3. Anna Muoio, "All The Right Moves," *Fast Company*, May 1999；可見 http://www.fastcompany.com/online/24/chess.html。

4. 這讓人想起普吉・皮爾森給賭徒的建議。請見 Michael J. Mauboussin and Kristen Bartholdson, "Puggy Pearson s Prescription," *The Consilient Observer* 1, no. 11 (June 4, 2002)。

5. Kathleen M. Eisenhardt and Donald N. Sull, "Strategy as Simple Rules," *Harvard Business Review* (January 2001): 107–16.

第 23 章

1. Dan Goodgame, "The Game of Risk: How the Best Golfer in the World Got Even Better," *Time*, August 14, 2000.

2. Stuart Kauffman, *At Home in the Universe* (Oxford: Oxford University Press,

1996).

3. Steve Maguire, "Strategy Is Design: A Fitness Landscape Framework," *Managing Complexity in Organizations: A View in Many Directions* (Westport, Conn.: Quorum Books, 1999), 67–104.

4. Eric D. Beinhocker, "Robust Adaptive Strategies," *Sloan Management Review* 40, no. 3 (Spring 1999): 95–106.

5. Daniel C. Dennett, *Darwin s Dangerous Idea: Evolution and The Meanings of Life* (New York: Simon & Schuster, 1995).

6. Robert Loest, "Fitness Landscapes and Investment Strategies, Parts 1 and 2,"*Portfolio Manager Commentary—IPS Funds* (July and August 1998).

7. Clayton M. Christensen, *The Innovator s Dilemma: When New Technologies Cause Great Companies to Fail* (Boston: Harvard Business School Press, 1997).

8. Michael J. Mauboussin and Alexander Schay, "Innovation and Markets: How Innovation Affects the Investing Process," *Credit Suisse First Boston Equity Research*, December 12, 2000.

9. 這兩個也可以重新定義成是「利用已知」與「探索未知」的策略。參見 Robert Axelrod and Michael D. Cohen, *Harnessing Complexity* (New York: Free Press, 1999), 43–58。

10. W. Brian Arthur, "Increasing Returns and the New World of Business," *Harvard Business Review* (July–August 1996): 101–9.

11. 在傑克・威爾許的帶領下，奇異公司有效地將優化與冒險精神結合在一起。例如，威爾許將數億美元交由奇異公司最大業務的主管自由支配，並且「不過問」他們如何配置使用。請參見 Warren Bennis, "Will the Legacy Live On?" *Harvard Business Review* (February 2002): 95–99。

12. Michael J. Mauboussin, "Get Real," *Credit Suisse First Boston Equity Research*, June 23, 1999.

13. Shona L. Brown and Kathleen M. Eisenhardt, *Competing on the Edge: Strategy as Structured Chaos* (Boston: Harvard Business School Press,

1998).

第 24 章

1. 請見：http://www.socialsecurity.gov/history/hfaq.html。
2. Richard Roll, "Rational Infinitely-Lived Asset Prices Must be NonStationary," *Working Paper*, November 1, 2000; Bradford Cornell, *The Equity Risk Premium: The Long-Run Future of the Stock Market* (New York: Wiley, 1999), 45–55; Eugene F. Fama and Kenneth R. French, "The Equity Premium," *Journal of Finance* 57 (2002): 637–59; Jonathan Lewellen, "Predicting Returns with Financial Ratios," *MIT Sloan Working Paper 4374–02*, February 2002.
3. Kenneth L. Fisher and Meir Statman, "Cognitive Biases in Market Forecasts: The Frailty of Forecasting," *The Journal of Portfolio Management* 27, no. 1 (Fall 2000): 72–81.
4. Alfred Rappaport, "How to Avoid the P/E Trap," *Wall Street Journal*, March 10, 2003.
5. Cornell, *The Equity Risk Premium*, 59.
6. 請見 http://www.econ.yale.edu/~shiller/。

第 25 章

1. Lakonishok 的話被引用在下文："The Five-Year Forecast Looks Great, or Does It?" *New York Times*, January 25, 2004。
2. Louis K. C. Chan, Jason J. Karceski, and Josef Lakonishok, "The Level and Persistence of Growth Rates," *The Journal of Finance* 58, no. 2 (April 2003): 644–84。也請見第 30 章。
3. Michael J. Mauboussin and Kristen Bartholdson, "Whither Enron: Or—Why Enron Withered," *The Consilient Observer* 1, no. 1 (January 15, 2002).
4. Michael J. Mauboussin and Kristen Bartholdson, "Measuring the Moat: Assessing the Magnitude and Sustainability of Value Creation," *Credit Suisse*

First Boston Equity Research, December 16, 2002.

5. Michael J. Mauboussin, Alexander Schay, and Patrick J. McCarthy, "Competitive Advantage Period (CAP): At the Intersection of Finance and Competitive Strategy," *Credit Suisse First Boston Equity Research*, October 4, 2001.

6. Ibid. , 7–9.

7. Todd Erickson, Carin Cooney, and Craig Sterling, "US Technology Sector: Mean Reversion Analysis," *CSFB HOLT Research*, February 2, 2004.

8. HOLT 分析師 Christopher Catapano、Katie Dunne 和 Craig Sterling 分析過零售業。

9. 我們建立了一個模型來說明這點。模型裡有兩家公司，這兩家公司的營業收入成長率為 8％，初始增量資本報酬率（incremental invested capital）是 100％，而且資本成本相同。我們在 10 年內將第一家公司的報酬率逐漸降到零，並在 20 年內將第二家公司的報酬率降到零。具有相同成長率的第二家公司，其價值比第一家公司高 33％，代表本益比高出至少六點。

10. W. Brian Arthur, "Increasing Returns and the New World of Business,"*Harvard Business Review* (July–August 1996): 101–9.

11. 請參見第 1 章。

第 26 章

1. Robert Axelrod, *The Complexity of Cooperation: Agent-Based Models of Competition and Collaboration* (Princeton, N.J.: Princeton University Press, 1997), 6.

2. Robert Axelrod, *The Evolution of Cooperation* (New York: Basic Books, 1984), 74.

3. George Lakoff and Mark Johnson, *Metaphors We Live By* (Chicago, Ill.: The University of Chicago Press, 1980).

4. Axelrod, *The Evolution of Cooperation*, 73–87.

5. Ibid. , 81. Axelrod quotes S. Gillon, *The Story of the 29th Division* (London:

Nelson & Sons, n.d.)。最後，英法德三國的高層指揮逐漸破壞互不侵犯的默契，他們下令強制突襲行動，破壞了維持這些默契協議所需的穩定性。

6. "Stern Stewart EVA Roundtable," *Journal of Applied Corporate Finance* 7, no. 2 (Summer 1994): 46–70.

7. For an excellent discussion, see William Poundstone, *Prisoner s Dilemma* (New York: Anchor Books, 1992).

8. 選擇增加產能使兩家公司達到納許均衡（Nash equilibrium）。

9. Axelrod, *The Evolution of Cooperation*, 27–54.

10. David Besanko, David Dranove, and Mark Shanley, *Economics of Strategy*, 2nd ed.(New York: John Wiley & Sons, 2000), 289–90.

11. Ibid., 293–302.

12. Adam M. Brandenburger and Barry J. Nalebuff, *Co-opetition* (New York: Currency, 1996), 120–22.

第 27 章

1. 巴菲特和查理・蒙格曾表示：「將過去的經驗外推到未來是愚蠢的做法。這樣做不是有一點愚蠢，而是非常愚蠢。」*Outstanding Investor Digest*, December 24, 2001。

2. Chris Zook with James Allen, *Profit from the Core* (Boston: Harvard Business School Press, 2001), 11–13.

3. 我提到這一點，是因為大量證據顯示，併購對價值有害，或者充其量是價值中立的活動，所以靠併購來成長通常無法創造價值。

4. 公司的規模和城市遵循齊夫分布。請參見 Robert L. Axtell, "Zipf Distribution of U.S. Firm Sizes," *Science* 293 (September 2001): 1818–1820。

5. 這樣使用「大數法則」一詞並不恰當。若需進一步解釋，請參見 Peter L. Bernstein, *Against the Gods: The Remarkable Story of Risk* (New York: John Wiley & Sons, 1996), 122–23。

6. Jeremy J. Siegel, *Stocks for the Long Run*, 3rd ed.(New York: McGraw Hill, 2002), 150–56.

7. Joseph Fuller and Michael C. Jensen, "Dare to Keep Your Stock Price Low,"*The Wall Street Journal*, December 31, 2001.

8. Alfred Rappaport, "The Economics of Short-Term Performance Obsession," *Financial Analysts Journal* 61, no. 3 (May–June 2005): 65–79.

第 28 章

1. 請參見 Norman L. Johnson, "What a Developmental View Can Do for You (or the Fall of the House of Experts)," talk at CSFB Thought Leader Forum, September 2000, Santa Fe, N.M., http://www.capatcolumbia.com/ CSFB%20 TLF/2000/ johnson00_sidecolumn.pdf。

2. Michael J. Mauboussin, "Revisiting Market Efficiency: The Stock Market as a Complex Adaptive System" *Journal of Applied Corporate Finance* 14, no. 4 (Winter 2002): 47–55.

3. Norman L. Johnson, "Diversity in Decentralized Systems: Enabling Self-Organizing Solutions," *LANL*, LA-UR-99-6281, 1999. 想了解更多詳情，請見 http://ishi.lanl.gov。

4. James Kennedy and Russell C. Eberhart, *Swarm Intelligence* (San Francisco: Morgan Kaufmann, 2001), 105.

5. William H. Calvin, "The Emergence of Intelligence," *Scientific American Presents* 9, no. 4 (November 1998): 44–51.

6. Gary Klein, *Sources of Power: How People Make Decisions* (Cambridge, Mass.: MIT Press, 1998).

7. Michael T. Kaufman, *Soros: The Life and Times of a Messianic Billionaire* (New York: Knopf, 2002), 141.

8. 請見 "Informal Learning in the Workplace," http://www.learning-org.com/98.01/ 0331.html。

9. Arthur Zeikel, "Organizing for Creativity," *Financial Analyst Journal* 39 (November–December 1983): 25–29.

第 29 章

1. Thomas D. Seeley, *The Wisdom of the Hive: The Social Physiology of Honey Bee Colonies* (Cambridge, Mass.: Harvard University Press, 1995), 259。請見 http://www.pbs.org/wgbh/nova/bees。

2. Cited in Steven Johnson, *Emergence: The Connected Lives of Ants, Brains, Cities, and Software* (New York: Scribner, 2001), 33.

3. Seeley, *The Wisdom of the Hive*, 240–62; 也請參見 http://www.nbb.cornell.edu/neurobio/department/Faculty/seeley/seeley.html。

4. Eric Bonabeau, Marco Dorigo, and Guy Theraulaz, *Swarm Intelligence: From Natural to Artificial Systems* (New York: Oxford University Press, 1999), 39–55。也請見 Edmund Burke and Graham Kendall, "Applying Ant Algorithms and the No Fit Polygon to the Nesting Problem," *University of Nottingham Working Paper*, 1999, http://www.asap.cs.nott.ac.uk/publications/ pdf/gk_ai99.pdf。

5. 請見愛荷華電子市場網站：http://www.biz.uiowa.edu/iem。

6. James Surowiecki, "Decisions, Decisions," *The New Yorker*, March 28, 2003, available from http://www.newyorker.com/archive/2003/03/24/030324ta_talk_surowiecki.

7. 請見好萊塢股票交易網站，http://www.hsx.com。

8. 請見必發網站，http://www.betfair.com。

9. Alfred Rappaport and Michael J. Mauboussin, *Expectations Investing* (Boston: Harvard Business School Press, 2001), 132–34.

10. Howard Rheingold, *Smart Mobs: The Next Social Revolution* (New York: Perseus, 2002).

11. Ken Brown, "Stocks March to the Beat of War, Weak Economy," *Wall Street Journal*, March 31, 2003.

第 30 章

1. Michael Idinopulos and Lee Kempler, "Do You Know Who Your Experts Are?" *The McKinsey Quarterly* 4 (2003): 60–69；請見 http://www.mckinseyquarterly.

com/article_abstract.asp?ar=1358&L2=18&L3=31&sri d=6&gp=1。

2. Nancy Weil, "Innocentive Pairs R&D Challenges with Researchers," *Bio-IT World*, May 29, 2003.

3. 有一些公司在建立內部機制，以便將問題與解決方案配對起來。例如，惠普公司有一個名為 SHOCK（Social Harvesting of Community Knowledge）的系統，詳情請參見：http://www.hpl.hp.com/research/idl/projects/shock。

4. Francis Galton, "Vox Populi," *Nature* 75 (March 7, 1907): 450–451; reprint, 1949。此外請見 James Surowiecki, *The Wisdom of Crowds: Why the Many Are Smarter Than the Few and How Collective Wisdom Shapes Business, Economies, Societies and Nations* (New York: Random House, 2004)。

5. Norman L. Johnson, "Collective Problem Solving: Functionality beyond the Individual," *LA-UR-98–2227* (1998); Jack L. Treynor, "Market Efficiency and the Bean Jar Experiment," *Financial Analysts Journal* (May–June 1987): –53; Sherry Sontag and Christopher Drew, *Blind Man s Bluff: The Untold Story of American Submarine Espionage* (New York: Perseus Books, 1998), 58–59.

6. Kay-Yut Chen, Leslie R. Fine, and Bernardo A. Huberman, "Predicting the Future," *Information Systems Frontiers* 5, no. 1 (2003): 47–61, http://www.hpl.hp.com/shl/papers/future/future.pdf.

第 31 章

1. 這個過程稱為布朗運動（Brownian motion）。愛因斯坦指出，這種運動是熱能激發水分子後，隨機撞擊花粉所產生。

2. 請參見 GloriaMundi, "Introduction to VaR," http://www.gloriamundi.org/introduction.asp。

3. Edgar E. Peters, *Fractal Market Analysis* (New York: John Wiley & Sons, 1994), 21–27.

4. Roger Lowenstein, *When Genius Failed: The Rise and Fall of Long-Term*

Capital Management (New York: Random House, 2000), 72。盧文斯坦引用 Jens Carsten Jackwerth and Mark Rubinstein, "Recovering Probability Distributions from Option Prices," *Journal of Finance* 51, no. 5 (December 1996): 1612。Jackwerth 和 Rubinstein 指出，假設市場的年化波動率為 20% 並遵循對數常態分布，標普 500 期貨價格下跌 29% 是一件 27 個標準差的事件，機率為 10-160。

5. Per Bak, *How Nature Works* (New York: Springer-Verlag, 1996).

6. 請見第 22 章。

7. Sushil Bikhchandani and Sunil Sharma, "Herd Behavior in Financial Markets," *IMF Staff Papers* 47, no. 3 (September 2001)；請見 http://www.imf.org/External/Pubs/FT/staffp/2001/01/pdf/Bikhchan.pdf。

8. Michael S. Gibson, "Incorporating Event Risk into Value-at-Risk," *The Federal Reserve Board Finance and Economics Discussion Series*, 2001–17 (February 2001); see http://www.federalreserve.gov/pubs/feds/2001/200117/200117abs.html.

第 32 章

1. Daniel Bernoulli, "Exposition of a New Theory on the Measurement of Risk," *Econometrica*, 22 (January 1954): 23–36。最早在 1738 年發表。這個遊戲最早由丹尼爾的表兄弟尼古拉斯（Nicolaus）提出。

2. 請見 The Stanford Encyclopedia of Philosophy, s.v. "St. Petersburg Paradox," http://plato.stanford.edu/entries/paradox-stpetersburg。

3. 本章大部分內容參考：Larry S. Liebovitch 和 Daniela Scheurle 的 "Two Lessons from Fractals and Chaos," *Complexity*, Vol. 5, 4, 2000, 34–43. 請見 http://www.ccs.fau.edu/~liebovitch/complexity-20.html。

4. 請見第 29 章。

5. Benoit B. Mandelbrot, "A Multifractal Walk down Wall Street," *Scientific American*, February 1999, 70–73。另見 Benoit B. Mandelbrot, Fractals and Scaling in Finance: Discontinuity, Concentration, Risk (New York: Springer

Verlag, 1997)。

6. 假設你一天不間斷地擲硬幣 16 個小時（其餘八小時用來睡覺），而且每次擲硬幣需要三秒，將要花 14.3 年來拋擲一億次的硬幣。

7. Didier Sornette, Why Stock Markets Crash: Critical Events in Complex Financial Systems (Princeton, N.J.: Princeton University Press, 2003); also see Sornette s Web site, http://www.ess.ucla.edu/faculty/sornette/.

8. See another classic article: Peter L. Bernstein, "Growth Companies Vs. Growth Stocks," *Harvard Business Review* (September–October 1956): 87–98.

9. Peter L. Bernstein, *Against the Gods: The Remarkable Story of Risk* (New York: Wiley, 1996), 107–109.

10. David Durand, "Growth Stocks and the Petersburg Paradox," *Journal of Finance* 12 (September 1957): 348–63.

11. Stephen R. Waite, *Quantum Investing* (New York: Texere, 2003), 129.

12. Michael J. Mauboussin, Bob Hiler, and Patrick J. McCarthy, "The (Fat) Tail that Wags the Dog," *Credit Suisse First Boston Equity Research*, February 4, 1999.

第 33 章

1. 引用自 Sandra Blakeslee, "Scientist at Work: John Henry Holland; Searching for Simple Rules of Complexity," New York Times, December 26, 1995。

2. William H. Calvin, *How Brains Think: Evolving Intelligence, Then and Now* (New York: Basic Books, 1996).

3. John H. Holland, *Hidden Order: How Adaptation Builds Complexity* (Reading, Mass.: Helix Books, 1995), 10–37.

4. 請見第 11 章。

5. Michael J. Mauboussin, "Revisiting Market Efficiency: The Stock Market as a Complex Adaptive System," *Journal of Applied Corporate Finance* 14, no. 4 (Winter 2002): 47–55.

6. Norman L. Johnson, "Diversity in Decentralized Systems: Enabling Self-

Organizing Solutions," LANL, LA-UR-99–6281, 1999.

7. Max Bazerman, *Judgment in Managerial Decision Making*, 4th ed. (New York: Wiley, 1998), 6–17.

第 34 章

1. 請見 Michael Gazzaniga, "Whole Brain Interpreter," http://pegasus.cc.ucf. edu/~fle/gazzaniga.html。

2. Joseph LeDoux, *The Emotional Brain: The Mysterious Underpinnings of Emotional Life* (New York: Touchstone, 1996), 32–33.

3. As per Wolpert s Faraday lecture at the Royal Society, 2001。另請見 Lewis Wolpert, Six Impossible Things Before Breakfast: *The Evolutionary Origins of Belief* (New York: W. W. Norton, 2007); Gilles Fauconnier and Mark Turner, *The Way We Think: Conceptual Blending and the Mind s Hidden Complexities* (New York: Basic Books, 2002), 76; and Paul R. Ehrlich, *Human Natures: Genes, Cultures, and the Human Prospect* (Washington, D.C.: Island Press, 2000), 132。

4. Michael J. Mauboussin, "Revisiting Market Efficiency: The Stock Market as a Complex Adaptive System," *The Journal of Applied Corporate Finance* 14, no. 4 (Winter 2002): 47–55.

5. Duncan J. Watts, *Six Degrees: The Science of a Connected Age* (New York: W. W. Norton, 2003), 204–7.

6. David M. Cutler, James M. Poterba, and Lawrence H. Summers, "What Moves Stock Prices?" *The Journal of Portfolio Management* (Spring 1989): 4–12.

7. Peter Coy, "He Who Mines the Data May Strike Fool s Gold," *BusinessWeek*, June 16, 1997.

8. Gary Belsky and Thomas Gilovich, *Why Smart People Make Big Money Mistakes—and How to Correct Them: Lessons From the New Science of Behavioral Economics* (New York: Simon and Schuster, 1999), 137–38.

第 35 章

1. George Kingsley Zipf, *National Unity and Disunity: The Nation as a Bio-Social Organism* (Bloomington, Ind.: Principia Press, 1941), 398–99.

2. 例如，在以 10 為底的對數裡，規模將是 10^1（= 10）、10^2（= 100）以及 10^3（= 1,000），而不是熟悉的 10、11、12。

3. Richard Koch, *The 80/20 Principle: The Secret to Success by Achieving More with Less* (New York: Currency, 1998).

4. Rob Axtell, "Zipf s Law of City Sizes: A Microeconomic Explanation Far from Equilibrium," presentation at a RAND workshop, Complex Systems and Policy Analysis: New Tools for a New Millennium, September 27–28, 2000, Arlington, Va.

5. 這些修改在以下著作有詳盡說明：Murray Gell-Mann, *The Quark and the Jaguar: Adventures in the Simple and the Complex* (New York: W. H. Freeman, 1994), 92–100。

6. Robert L. Axtell, "Zipf Distribution of U.S. Firm Sizes," *Science* 293 (September 7, 2001): 1818–20; see http://www.sciencemag.org/content/vol293/issue5536/index.shtml.

7. 這些包括自組織臨界性、高最佳化容限模型（highly optimized tolerance, HOT）、以及吉伯特增生過程（Gibrat process）。所有這些過程並非都互斥。

8. Per Bak, *How Nature Works: The Science of Self-Organized Criticality* (New York: Springer-Verlag, 1996), 1–3.

9. Robert Axtell, "The Emergence of Firms in a Population of Agents: Local Increasing Returns, Unstable Nash Equilibria, and Power Law Size Distributions," *Brookings Institution, Center on Social and Economics Working Paper* 3, June 1999. 另見 Robert L. Axtell and Richard Florida, "Emergent Cities: A Microeconomic Explanation of Zipf s Law," *Brookings Institution and Carnegie Mellon University Working Paper*, September 2000.

10. Michael Batty, "Rank Clocks," *Nature,* vol. 444, November 30, 2006, 592–596.

11. Albert-László Barabási, *Linked: The New Science of Networks* (Cambridge, Mass.: Perseus, 2002), 69–72; Bernardo A. Huberman, *The Laws of the Web: Patterns in the Ecology of Information* (Cambridge, Mass.: MIT Press, 2001), 25–31; Lada A. Adamic, "Zipf, Power-laws, and Pareto—a Ranking Tutorial," Information Dynamics Lab, HP Labs, Working Paper, http://ginger.hpl.hp.com/shl/papers/ranking/ranking.html

第 36 章

1. 請見第 35 章。

2. Paul Colinvaux, *Why Big Fierce Animals Are Rare* (Princeton, N.J.: Princeton University Press, 1978), 10–31.

3. James H. Brown and Geoffrey B. West, eds., *Scaling in Biology* (Oxford: Oxford University Press, 2000).

4. Robert L. Axtell, "Zipf Distribution of U.S. Firm Sizes," *Science* 293 (September 7, 2001): 1818–20.

5. Eugene Stanley et al., "Scaling Behavior in Economics: I. Empirical Results for Company Growth," *Journal de Physique* (April 1997): 621–33.

6. Axtell, "Zipf Distribution."

7. Corporate Strategy Board, "Stall Points: Barriers to Growth for the Large Corporate Enterprise," *Corporate Strategy Board* (March 1998).

8. Steven Klepper, "Entry, Exit, Growth, and Innovation Over the Product Life Cycle," *American Economic Review* 86, no. 3 (1996): 562–83。另見 Bartley J. Madden, *CFROI Valuation: A Total System Approach to Valuing the Firm* (Oxford: Butterworth-Heinemann, 1999), 18–21。

9. Louis K. C. Chan, Jason Karceski, and Josef Lakonishok, "The Level and Persistence of Growth Rates," *The Journal of Finance* 58, no. 2 (April 2003): 671.

10. 本文寫作期間,市值最大的 50 家企業在下一年 (T + 1) 的內在資產成長率是 8.8%,相對於標普 500 的 5.6%;CFROI 則是 8.8%,相對於標普 500 的 7.6%。在 2008 年 (T + 5),大公司的資產成長率和 CFROI

分別為 8.9％和 10.9％，相對於標普 500 的 7.2％和 9.0％。

11. 在標普 500 的收益裡，金融服務產業的占比顯著成長，現在已經占標普 500 收益約 30％（不包括金融部門），並占 GDP 比重約為 21％（1980 年約為 15％）。歷史上曾經風光一時的產業（例如能源和科技）的重要性，往往會逐漸降低。欲了解更多，請見 Paddy Jilek, Bradford Neuman, and Arbin Sherchan, "U.S. Investment Digest: Five Tidbits," *Credit Suisse First Boston Equity Research*, September 5, 2003。

第 37 章

1. Malcolm Gladwell, *The Tipping Point: How Little Things Can Make a Big Difference* (Boston, Mass.: Little, Brown and Company, 2000), 3–4.

2. Michael J. Mauboussin, Alexander Schay, and Stephen G. Kawaja, "Network to Net Worth: Exploring Network Dynamics," *Credit Suisse First Boston Equity Research*, May 11, 2000.

3. Benjamin Graham, "Stock Market Warning: Danger Ahead!" *California Management Review* 11, no. 3 (Spring 1960): 34.

4. Duncan J. Watts, *Small Worlds* (Princeton, N.J.: Princeton University Press, 1999).

5. Christopher D. Carroll, "The Epidemiology of Macroeconomic Expectations," Johns Hopkins Working Paper, July 9, 2002, http://www.econ.jhu.edu/ people/ ccarroll/EpidemiologySFI.pdf。此外請見 Michael J. Mauboussin, "Revisiting Market Efficiency: The Stock Market as a Complex Adaptive System," *Journal of Applied Corporate Finance* 14, no. 4 (Winter 2002): 47–55。

6. See Joseph de la Vega s *Confusion de Confusiones* (1688), Charles MacKays *Extraordinary Delusions and the Madness of Crowds* (1841), and Edwin Lefevre s *Reminiscences of a Stock Operator* (1923).

7. Warren E. Buffett, Berkshire Hathaway Annual Letter to Shareholders, 1987, http://berkshirehathaway.com/letters/1987.html.

8. Benjamin Graham and David L. Dodd, *Security Analysis* (New York:

McGraw Hill, 1934), 11.

9. Irving Lester Janis, *Groupthink: Psychological Studies of Policy Decisions and Fiascoes* (New York: Houghton Mifflin, 1982).

第 38 章

1. Jennifer Quellette, "Jackson Pollock—Mathematician," *The Fine Arts Magazine*, January 25, 2002.

2. 有一個例子是兒童讀物裡的角色奧莉薇亞（Olivia）。請見 Ian Falconer, *Olivia* (New York: Atheneum Books for Young Readers, 2000)。

3. Benoit B. Mandelbrot, "A Multifractal Walk Down Wall Street," *Scientific American* (February 1999): 71.

4. Richard P. Taylor, B. Spehar, C.W.G. Clifford, and B.R. Newell, "The Visual Complexity of Pollock s Dripped Fractals," *Proceedings of the International Conference of Complex Systems,* 2002, http://materialscience.uoregon.edu/ taylor/ art/TaylorlCCS2002.pdf.

5. Richard P. Taylor, "Order in Pollock s Chaos," *Scientific American*, December 2002, http://materialscience.uoregon.edu/taylor/art/scientificamerican.pdf.

6. Robert L. Axtell, "Zipf Distribution of US Firm Sizes," *Science* 293 (September 2001): 1818–1820; Youngki Lee, LuÌs A. Nunes Amaral, David Canning, Martin Meyer, and H. Eugene Stanley, "Universal Features in the Growth Dynamics of Complex Organizations," *Physical Review Letters* 81, no. 15 (October 1998): 3275–3278, http://polymer.bu.edu/hes/articles/lacms98.pdf.

7. Mandelbrot, "A Multifractal Walk Down Wall Street." 更準確地說，股票價格變動是多重碎形。多重碎形經過一些調整，就可以在不同層次上呈現出統計的相似性。例如，對於資產價格、時間（橫軸座標）會被拉長或縮短，以顯示出不同層次之間的相似性。

8. Bartley J. Madden, Michael J. Mauboussin, John D. Lagerman, and SamuelT. Eddins, "Business Strategy/Life Cycle Framework: Positioning Firm Strategy as the Primary Cause of Long-Term CFROIs and Asset Growth Rates,"

Credit Suisse First Boston Equity Research, April 22, 2003.

9. Alfred Rappaport and Michael J. Mauboussin, *Expectations Investing* (Boston: Harvard Business School Press, 2001).

10. Michael J. Mauboussin, Alexander Schay, and Patrick McCarthy, "Competitive Advantage Period: At the Intersection of Finance and Competitive Strategy," *Credit Suisse First Boston Equity Research*, October 4, 2001.

11. Michael J. Mauboussin and Kristen Bartholdson, "Measuring the Moat: Assessing the Magnitude and Sustainability of Value Creation," *Credit Suisse First Boston Equity Research*, December 16, 2002.

結語

1. J. Doyne Farmer and Fabrizio Lillo, "On the Origin of Power Law Tails in Price Fluctuations," *Quantitative Finance* 4, no. 1 (2004): 7–11.

2. Duncan J. Watts, *Small Worlds: The Dynamics of Networks Between Order and Randomness* (Princeton, N.J.: Princeton University Press, 1999).

3. James H. Brown and Geoffrey B. West, eds., *Scaling in Biology* (Oxford: Oxford University Press, 2000).

參考資料與延伸閱讀

Adamic, Lada A. "Zipf, Power-Laws, and Pareto─a Ranking Tutorial." Information Dynamics Lab, HP Labs, Working Paper. http://ginger.hpl. hp.com/shl/papers/ranking/ranking.html.

Alvarez, A. *Poker: Bets, Bluffs, and Bad Beats.* San Francisco: Chronicle Books, 2001.

Anderson, Carl, and John J. Bartholdi III. "Centralized Versus Decentralized Control in Manufacturing: Lessons from Social Insects." In *Complexity and Complex Systems in Industry*, ed. Ian P. McCarthy and Thierry Rakotobe-Joel, 92–105. Warwick: University of Warwick, 2000.

Armstrong, J. Scott. "The Seer-Sucker Theory: The Value of Experts in Forecasting." *Technology Review* 83 (June–July 1980): 16–24.

Arthur, W. Brian. "Increasing Returns and the New World of Business." *Harvard Business Review* (July–August 1996): 101–9.

──. "Inductive Reasoning and Bounded Rationality: The El Farol Problem." Paper given at the American Economic Association Annual Meetings, 1994. Published in *American Economic Review* (Papers and Proceedings) 84 (1994): 406–11. http://www.santafe.edu/arthur/Papers/El_Farol.html.

Asch, Solomon E. "Effects of Group Pressure Upon the Modification and Distortion of Judgment." In *Groups, Leadership, and Men*, ed. Harold Guetzkow, 177–90. Pittsburgh: Carnegie Press, 1951.

Aunger, Robert. The Electric Meme: *A New Theory of How We Think.* New York: Free Press, 2002.

Axelrod, Robert. The Complexity of Cooperation: Agent-Based Models of Competition and Collaboration. Princeton, N.J.: Princeton University Press, 1997.

———. The Evolution of Cooperation. New York: Basic Books, 1984.

Axelrod, Robert, and Michael D. Cohen. Harnessing Complexity. New York: Free Press, 1999.

Axtell, Robert. "The Emergence of Firms in a Population of Agents: Local Increasing Returns, Unstable Nash Equilibria, and Power Law Size Distributions."

Brookings Institution, Center on Social and Economics Working Paper, June 3, 1999.

———. "Zipf Distribution of U.S. Firm Sizes." Science 293 (September 2001): 1818–20. http://www.sciencemag.org/content/vol293/issue5536/index.shtml.

———. "Zipf's Law of City Sizes: A Microeconomic Explanation Far from Equilibrium." Presentation at a RAND workshop, Complex Systems and Policy Analysis: New Tools for a New Millennium, September 27–28, 2000, Arlington, Va.

Axtell, Robert L., and Richard Florida. "Emergent Cities: A Microeconomic Explanation of Zipf's Law." Brookings Institution and Carnegie Mellon University Working Paper, September 2000.

Baer, Gregory, and Gary Gensler. The Great Mutual Fund Trap. New York: Broadway Books, 2002.

Bak, Per. How Nature Works: The Science of Self-Organized Criticality. New York: Springer-Verlag, 1996.

Barabási, Albert-László. Linked: The New Science of Networks. Cambridge, Mass.: Perseus, 2002.

Barberis, Nicholas, and Ming Huang. "Mental Accounting, Loss Aversion, and Individual Stock Returns." Journal of Finance 56, no. 4 (August 2001): 1247–92.

Batten, David F. *Discovering Artificial Economics: How Agents Learn and Economies Evolve.* New York: Westview Press, 2000.

Batty, Michael. "Rank Clocks." Nature 444 (November 2006): 592–96.

Bazerman, Max. *Judgment in Managerial Decision Making.* 4th ed. New York: Wiley, 1998.

Bechara, Antoine, Hanna Damasio, Daniel Tranel, and Antonio R. Damasio. "Deciding Advantageously Before Knowing the Advantageous Strategy." *Science* 275 (February 1997): 1293–95.

Beinhocker, Eric D. "Robust Adaptive Strategies." *Sloan Management Review* 40, no. 3 (Spring 1999): 95–106.

Belsky, Gary, and Thomas Gilovich. *Why Smart People Make Big Money Mistakes—and How to Correct Them: Lessons from the New Science of Behavioral Economics.* New York: Simon and Schuster, 1999.

Benartzi, Shlomo, and Richard H. Thaler. "Myopic Loss Aversion and the Equity Premium Puzzle." *The Quarterly Journal of Economics* (February 1995): 73–92. http://gsbwww.uchicago.edu/fac/richard.thaler/research/myopic.pdf.

Bennis, Warren. "Will the Legacy Live On?" *Harvard Business Review* (February 2002): 95–99.

Berkshire Hathaway. Annual Shareholder Letters. http://www.berkshirehathaway.com/letters/letters.html.

Bernoulli, Daniel. "Exposition of a New Theory on the Measurement of Risk." *Econometrica* 22 (January 1954): 23–36.

Bernstein, Peter L. Capital Ideas: The Improbable Origins of Modern Wall Street. New York: The Free Press, 1992.

——. Against the Gods: The Remarkable Story of Risk. New York: Wiley, 1996.

——. "Growth Companies vs. Growth Stocks." *Harvard Business Review* (September–October 1956): 87–98.

Bernstein, William J. "Of Risk and Myopia." *Efficientfrontier.com* (2002). http://www.efficientfrontier.com/ef/102/taleb.htm.

Besanko, David, David Dranove, and Mark Shanley. *Economics of Strategy*. 2nd ed. New York: John Wiley & Sons, 2000.

Betfair Web site. http://www.betfair.com.

Beyer, Andrew, et al. Bet with the *Best: All New Strategies from America's Leading Handicappers*. New York: Daily Racing Form Press, 2001.

Bibliography of Zipf's Law. http://www.nslij-genetics.org/wli/zipf. Bikhchandani, Sushil, David Hirshleifer, and Ivo Welch. "Informational Cascades and Rational Herding: An Annotated Bibliography." *Working Paper: UCLA/Anderson and Michigan/GSB* (June 1996).

Bikhchandani, Sushil, and Sunil Sharma. "Herd Behavior in Financial Markets." *IMF Staff Papers* 47, no. 3 (September 2001). http://www.imf.org/External/Pubs/FT/staffp/2001/01/pdf/bikhchan.pdf.

"Binary: It's Digitalicious." Binary code translation Web site. http://nickciske.com/tools/binary.php.

Bischoff, R. "Informal Learning in the Workplace." January 26, 1998. http://www.tlrp.org/dspace/retrieve/226/Informal+Learning+in+the+workplace1.doc.

Blakeslee, Sandra. "Scientist at Work: John Henry Holland; Searching for Simple Rules of Complexity." *New York Times*, December 26, 1995.

Bogle, John C. "The Emperor's New Mutual Funds." *The Wall Street Journal,* July 8, 2003.

——. "Mutual Fund Directors: The Dog That Didn't Bark." January 28, 2001. http://www.vanguard.com/bogle_site/sp20010128.html.

——. "The Mutual Fund Industry in 2003: Back to the Future." Remarks before the Harvard Club of Boston, January 14, 2003. http://www.vanguard.com/bogle_site/sp20030114.html.

——. "The Mutual Fund Industry Sixty Years Later: For Better or Worse?" *Financial Analysts Journal* 61, no. 1 (January–February 2005): 15–24.

Bonabeau, Eric, Marco Dorigo, and Guy Theraulaz. *Swarm Intelligence: From*

Natural to Artificial Systems. New York: Oxford University Press, 1999.

Bosch-Domènech, Antoni, and Shyam Sunder. "Tracking the Invisible Hand: Convergence of Double Auctions to Competitive Equilibrium." Computational Economics 16, no. 3 (December 2000): 257–84.

Brandenburger, Adam M., and Barry J. Nalebuff. *Co-opetition*. New York: Currency, 1996

Britton, B.C., ed. *Executive Control Processes*. Hillsdale, N.J.: Lawrence Erlbaum Associates, 1987.

Brown, James H., and Geoffrey B. West, eds. Scaling in Biology. Oxford: Oxford University Press, 2000.

Brown, Ken. "Stocks March to the Beat of War, Weak Economy." *The Wall Street Journal*, March 31, 2003.

Brown, Shona L., and Kathleen M. Eisenhardt. *Competing on the Edge: Strategy as Structured Chaos*. Boston: Harvard Business School Press, 1998.

Buffett, Warren, and Charlie Munger. "It's Stupid the Way People Extrapolate the Past—and Not *Slightly* Stupid, But Massively Stupid." Outstanding Investor Digest, December 24, 2001.

Bullard, Mercer. "Despite SEC Efforts, Accuracy in Fund Names Still Elusive." *The Street.com*, January 30, 2001. http://www.thestreet.com/funds/mercerbullard/1282823.html.

Burke, Edmund, and Graham Kendall. "Applying Ant Algorithms and the No Fit Polygon to the Nesting Problem." University of Nottingham Working Paper, 1999. http://www.asap.cs.nott.ac.uk/publications/pdf/gk_ai99.pdf.

Bygrave, William D., Julian E. Lange, J. R. Roedel and Gary Wu. "Capital Market Excesses and Competitive Strength: The Case of the Hard Drive Industry, 1984–2000." *Journal of Applied Corporate Finance* 13, no. 3 (Fall 2000): 8–19.

Calvin, William H. "The Emergence of Intelligence." *Scientific American Presents* 9, no. 4 (November 1998): 44–51.

———. *How Brains Think: Evolving Intelligence, Then and Now.* New York: Basic Books, 1996.

Campbell, John Y., Martin Lettau, Burton Malkiel, and Yexiao Xu. "Have Individual Stocks Become More Volatile? An Empirical Exploration of Idiosyncratic Risk." *Journal of Finance* 54 (February 2001): 1–43.

Carlile, Paul R., and Clayton M. Christensen. "The Cycles of Theory Building in Management Research." Working Paper, January 6, 2005. http://www. innosight.com/documents/Theory%20Building.pdf.

Carroll, Christopher D. "The Epidemiology of Macroeconomic Expectations." Johns Hopkins Working Paper, July 9, 2002. http://www.econ.jhu.edu/people/ ccarroll/EpidemiologySFI.pdf.

Chan, Louis K. C., Jason J. Karceski, and Josef Lakonishok. "The Level and Persistence of Growth Rates." *The Journal of Finance* 58, no. 2 (April 2003): 644–84.

Chen, Kay-Yut, Leslie R. Fine, and Bernardo A. Huberman. "Predicting the Future." *Information Systems Frontiers* 5, no. 1 (2003): 47–61. http://www. hpl.hp.com/shl/papers/future/future.pdf.

Chordia, Tarun, Richard Roll, and Avanidhar Subrahmanyam. "Evidence on the Speed of Convergence to Market Efficiency." Working Paper, April 29, 2002. http://www.anderson.ucla.edu/acad_unit/finance/wp/2001/11-01.pdf.

Christensen, Clayton M. *The Innovator's Dilemma: When New Technologies Cause Great Companies to Fail.* Boston: Harvard Business School Press, 1997.

———. "The Past and Future of Competitive Advantage." MIT Sloan Management Review (Winter 2001): 105–9.

Christensen, Clayton M., and Michael E. Raynor. *The Innovator's Solution: Creating and Sustaining Successful Growth.* Boston: Harvard Business School Press, 2003.

Christensen, Clayton M., Paul Carlile, and David Sundahl. "The Process of

Theory-Building." Working Paper, 02–016. For an updated version of this paper, see http://www.innosight.com/documents/Theory%20Building.pdf.

Churchill, Winston S. Speech. "The Price of Greatness is Responsibility." 1943. http://www.winstonchurchill.org/i4a/pages/index.cfm?pageid5424.

Cialdini, Robert B. Influence: The Psychology of Persuasion. New York: William Morrow, 1993.

——. "The Science of Persuasion." *Scientific American*, February 2001, 76–81.

Clancy, Barbara, and Barbara Finley. "Neural Correlates of Early Language Learning." In *Language Development: The Essential Readings*, ed. Michael Tomasello and Elizabeth Bates, 307–30. Oxford: Blackwell, 2001. An earlier version is available from http://crl.ucsd.edu/courses/commdis/pdf/neuralcorrelates chapter-nofigures.pdf.

Coen, Corinne, and Rick Riolo. "El Farol Revisited: How People in Large Groups Learn to Coordinate Through Complementary Scripts." *Organizational Learning and Knowledge Management* conference proceedings, 4th International Conference, June 2001, London, Ont.

Colinvaux, Paul. *Why Big Fierce Animals Are Rare*. Princeton, N.J.: Princeton University Press, 1978.

Collins, Jim. Good to Great. New York: HarperBusiness, 2001.

Cornell, Bradford. *The Equity Risk Premium: The Long-Run Future of the Stock Market*. New York: Wiley, 1999.

Corporate Strategy Board. "Stall Points: Barriers to Growth for the Large Corporate Enterprise." *Corporate Strategy Board* (March 1998).

Coy, Peter. "He Who Mines the Data May Strike Fool's Gold." *BusinessWeek*, June 16, 1997.

Crist, Steven. *Betting on Myself: Adventures of a Horseplayer and Publisher*. New York: Daily Racing Form Press, 2003.

Cutler, David M., James M. Poterba, and Lawrence H. Summers. "What Moves Stock Prices?" *Journal of Portfolio Management* (Spring 1989): 4–12.

Damasio, Antonio R. Descartes' Error: Emotion, Reason, and the Human Brain. New York: Avon Books, 1994.

———. *The Feeling of What Happens: Body and Emotion in the Making of Consciousness*. New York: Harcourt Brace & Company, 1999.

Darwin, Charles. The Origin of Species. London: John Murray, 1859.

Davis, Bob, and Susan Warren. "How Fears of Impending War Already Take Economic Toll." The Wall Street Journal, January 29, 2003.

DeBondt, Werner, and Richard Thaler. "Does the Stock Market Overreact?" Journal of Finance 40 (1985): 793–805.

DellaVigna, Stefano, and Joshua Pollet. "Attention, Demographics, and the Stock Market." Working Paper, November 23, 2003. http://fisher.osu.edu/ fin/dice/ seminars/pollet.pdf.

DeLong, J. Bradford, Andrei Shleifer, Lawrence H. Summers, and Robert J. Waldmann. "Positive Feedback Investment Strategies and Destabilizing Rational Speculation." Journal of Finance 45, no. 2 (June 1990): 379–95.

DeLong, J. Bradford, and Lawrence H. Summers. "The 'New Economy': Background, Historical Perspective, Questions, and Speculations." Federal Reserve Bank of Kansas City Economic Review (Fourth Quarter 2001).

Dembo, Ron S., and Andrew Freeman. Seeing Tomorrow: Rewriting the Rules of Risk. New York: Wiley, 1998.

Dickinson, Rod. "The Milgram Reenactment." http://www.milgramreenactment. org/pages/section.xml?location51.

Dimson, Elroy, Paul Marsh, and Mike Staunton. "Global Evidence on the Equity Risk Premium." Journal of Applied Corporate Finance 15, no. 4 (Fall 2003): 27–38.

Dugatkin, Lee Alan. The Imitation Factor: Evolution Beyond the Gene. New York: Free Press, 2000.

Dugatkin, Lee Alan, and Jean-Guy J. Godin. "How Females Choose Their Mates." Scientific American (April 1998): 56–61.

Durand, David. "Growth Stocks and the Petersburg Paradox." Journal of Finance 12 (September 1957): 348–63.

The Economist. "Other People's Money: A Survey of Asset Management." July 5, 2003.

——. "Survey of the 'New Economy.'" September 21, 2000.

Eguiluz, Victor M., and Martin G. Zimmerman. "Transmission of Information and Herd Behavior: An Application to Financial Markets." Physical Review Letters 85, no. 26 (December 2000): 5659–62.

Ehrlich, Paul R. Human Natures: Genes, Cultures, and the Human Prospect. Washington, D.C.: Island Press, 2000.

Eisenhardt, Kathleen M., and Donald N. Sull. "Strategy as Simple Rules." Harvard Business Review (January 2001): 107–16.

Ellis, Charles D. "Will Business Success Spoil the Investment Management Profession?" The Journal of Portfolio Management (Spring 2001): 11–15.

Elton, Charles S. Animal Ecology. Chicago: The University of Chicago Press, 2001.

Enriquez, Juan, As the Future Catches You. New York: Crown Business, 2000.

Epstein, Richard A. The Theory of Gambling and Statistical Logic. London: The Academic Press, 1977.

Epstein, Seymour. "Cognitive-Experiential Self-Theory: An Integrative Theory of Personality." In The Relational Self: Theoretical Convergences in Psychoanalysis and Social Psychology, ed. R. C. Curtis, 111–37. New York: Guilford Press, 1991.

——. "Integration of the Cognitive and the Psychodynamic Unconscious." American Psychologist 49, no. 8 (August 1994): 709–24.

Erickson, Todd, Carin Cooney, and Craig Sterling. "US Technology Sector: Mean Reversion Analysis." CSFB HOLT Research, February 2, 2004.

Falconer, Ian. Olivia. New York: Atheneum Books for Young Readers, 2000.

Fama, Eugene F., Lawrence Fisher, Michael C. Jensen, and Richard Roll. "The

Adjustment of Stock Prices to New Information." International Economic Review 10, no. 1 (February 1969).

Fama, Eugene F., and Kenneth R. French. "Disappearing Dividends: Changing Firm Characteristics or Lower Propensity to Pay?" CRSP Working Paper 509. June 2000. http://papers.ssrn.com/sol3/papers.cfm?abstract_id=203092.

———. "The Equity Premium." Journal of Finance 57 (2002): 637–59.

Farmer, J. Doyne, and Fabrizio Lillo. "On the Origin of Power Law Tails in Price Fluctuations." Quantitative Finance 4, no. 1 (2004): 7–11.

Fauconnier, Gilles, and Mark Turner. The Way We Think: Conceptual Blending and the Mind's Hidden Complexities. New York: Basic Books, 2002.

Fehr, Ernst. "The Economics of Impatience." Nature, January 17, 2002, 269–70.

Feltovich, Paul J., Kenneth M. Ford, and Robert Hoffman, eds. Expertise in Context: Human and Machine. Menlo Park, Cal.: AAAI Press and Cambridge, Mass.: MIT Press, 1997.

Fine, Charles H. Clockspeed: Winning Industry Control in the Age of Temporary Advantage. Reading, Mass.: Perseus Books, 1998.

Fisher, Kenneth L., and Meir Statman. "Cognitive Biases in Market Forecasts." Journal of Portfolio Management 27, no. 1 (Fall 2000): 72–81.

Fisher, Lawrence, and James H. Lorie. "Rates of Return on Investments in Common Stocks." Journal of Business 37, no. 1 (January 1964): 1–24.

Foderaro, Lisa W. "If June Cleaver Joined 'Sex and the City': Tupperware Parties for the Cosmo Set." New York Times, February 1, 2003.

Foster, Richard, and Sarah Kaplan. Creative Destruction: Why Companies that Are Built to Last Underperform the Market—and How to Successfully Transform Them. New York: Doubleday, 2001.

Fuller, Joseph, and Michael C. Jensen. "Dare to Keep Your Stock Price Low." The Wall Street Journal, December 31, 2001.

Galton, Francis. "Vox Populi." Nature 75 (March 1907): 450–451. Reprint, 1949.

Gawande, Atul, Complications: A Surgeon's Notes on an Imperfect Science.

New York: Picador, 2002.

Gazzaniga, Michael. "The Whole-Brain Interpreter." http://pegasus.cc.ucf.
edu/~fle/gazzaniga.html.

Gell-Mann, Murray. The Quark and the Jaguar: Adventures in the Simple and the
Complex. New York: W. H. Freeman, 1994.

Gibson, Michael S. "Incorporating Event Risk into Value-at-Risk." The Federal
Reserve Board Finance and Economics Discussion Series, 2001–17, February
2001. http://www.federalreserve.gov/pubs/feds/2001/200117/200117abs.
html.

Gigerenzer, Gerd. Calculated Risks. New York: Simon & Schuster, 2002. Gillon,
S. The Story of the 29th Division. London: Nelson & Sons, n.d.

Gilovich, Thomas, Dale Griffin, and Daniel Kahneman, eds. Heuristics and
Biases: The Psychology of Intuitive Judgment. Cambridge: Cambridge
University Press, 2002.

Gilovich, Thomas, Robert Valone, and Amos Tversky. "The Hot Hand in
Basketball: On the Misperception of Random Sequences." Cognitive
Psychology 17 (1985): 295–314.

Gladwell, Malcolm. The Tipping Point: How Little Things Can Make a Big
Difference. Boston, Mass.: Little, Brown and Company, 2000.

Glassman, James K., and Kevin A. Hassett. Dow 36,000: The New Strategy
for Profiting from the Coming Rise in the Stock Market. New York: Times
Books, 1999.

GloriaMundi. "Introduction to VaR." http://www.gloriamundi.org/introduction.
asp. Goodgame, Dan. "The Game of Risk: How the Best Golfer in the World
Got

Even Better." Time, August 14, 2000.

Gopnik, Alison, Andrew Meltzoff, and Patricia Kuhl. The Scientist in the Crib:
What Early Learning Tells Us About the Mind. New York: First Perennial,
2001. Gould, Stephen Jay. "The Streak of Streaks." New York Review of

Books, August 18, 1988. http://www.nybooks.com/articles/4337.

——. Triumph and Tragedy in Mudville. New York: W. W. Norton, 2003.

Graham, Benjamin. "Stock Market Warning: Danger Ahead!" California Management Review 11, no. 3 (Spring 1960).:34.

Graham, Benjamin, and David L. Dodd. Security Analysis. New York: McGraw Hill, 1934.

Greenspan, Alan. "The Structure of the International Financial System." Remarks at the Securities Industry Association Annual Meeting. 5 November 1998. http://www.federalreserve.gov/boarddocs/speeches/1998/19981105.htm.

Greenwald, John. "Doom Stalks the Dotcoms." Time, April 17, 2000.

Griffin, Dale, and Amos Tversky. "The Weighing of Evidence and the Determinants of Confidence." In Heuristics and Biases: The Psychology of Intuitive Judgment, ed. Thomas Gilovich, Dale Griffin, and Daniel Kahneman, 230–49. Cambridge: Cambridge University Press, 2002.

Grossman, Sanford J., and Joseph E. Stiglitz. "On the Impossibility of Informationally Efficient Markets." American Economic Review 70 (1980): 393–408.

Haffner, Katie. "In an Ancient Game, Computing's Future." New York Times, August 1, 2002.

Hanson, Robin D. "Decision Markets." IEEE Intelligent Systems (May–June 1999): 16–19. http://hanson.gmu.edu/decisionmarkets.pdf.

Hargadon, Andrew. How Breakthroughs Happen. Boston: Harvard Business School Press, 2003.

Hayek, Freidrich. "The Use of Knowledge in Society." American Economic Review 35, no. 4 (September 1945): 519–30. http://www.virtualschool.edu/mon/ Economics/HayekUseOfKnowledge.html.

Holland, John H. Hidden Order: How Adaptation Builds Complexity. Reading, Mass.: Helix Books, 1995.

Hollywood Stock Exchange. Web site. http://www.hsx.com.

Huberman, Bernardo A. The Laws of the Web: Patterns in the Ecology of Information. Cambridge, Mass.: MIT Press, 2001.

Hulbert, Mark. "The Five-Year Forecast Looks Great, or Does It?" New York Times, January 25, 2004.

IBM Research. "Deep Blue: FAQ." http://www.research.ibm.com/deepblue/ meet/ html/d.3.3.html.

Idinopulos, Michael, and Lee Kempler. "Do You Know Who Your Experts Are?"

The McKinsey Quarterly 4 (2003): 60–69. Ijiri, Yuji, and Herbert A. Simon. Skew Distributions and the Sizes of Firms. New York: North-Holland, 1977.

Innocentive. Web site. http://www.innocentive.com.

Iowa Electronic Markets. Web site. http://www.biz.uiowa.edu/iem.

Janis, Irving Lester. Groupthink: Psychological Studies of Policy Decisions and Fiascoes. New York: Houghton Mifflin, 1982.

Jensen, Michael C. "The Performance of Mutual Funds in the Period 1945–1964." Journal of Finance 23 (1968): 389–416.

Jilek, Paddy, Bradford Neuman, and Arbin Sherchan. "U.S. Investment Digest: Five Tidbits." Credit Suisse First Boston Equity Research, September 5, 2003.

Johnson, Norman L. "Biography." http://ishi.lanl.gov.

——. "Collective Problem Solving: Functionality Beyond the Individual." LAUR-98-2227, 1998.

——. "Diversity in Decentralized Systems: Enabling Self-Organizing Solutions." LA-UR-99-6281, 1999.

——. "What a Developmental View Can Do for You (or the Fall of the House of Experts)." Talk at CSFB Thought Leader Forum, September 2000, Santa Fe, N.M. http://www.capatcolumbia.com/CSFB%20TLF/2000/johnson00_ sidecolum.pdf.

Johnson, Steven. Emergence: The Connected Lives of Ants, Brains, Cities, and Software. New York: Scribner, 2001.

Joseph de la Vega. Confusion de Confusiones. 1688.

Kahneman, Daniel. "Maps of Bounded Rationality: A Perspective on Intuitive Judgment and Choice." Nobel Prize Lecture. 8 December 2002. http://www. nobel.se/economics/laureates/2002/kahnemann-lecture.pdf.

Kahneman, Daniel, and Amos Tversky. "Prospect Theory: An Analysis of Decision Under Risk." Econometrica 47 (1979): 263–91.

Kahneman, Daniel, Paul Slovic, and Amos Tversky, eds. Judgment Under Uncertainty: Heuristics and Biases. Cambridge: Cambridge University Press, 1982.

Kauffman, Stuart. At Home in the Universe. Oxford: Oxford University Press, 1996. Kaufman, Michael T. Soros: The Life and Times of a Messianic Billionaire. New York: Knopf, 2002.

Kaufman, Peter D., ed. Poor Charlie's Almanack. Virginia Beach, Va.: The Donning Company Publishers, 2005.

Kennedy, James, and Russell C. Eberhart. Swarm Intelligence. San Francisco: Morgan Kaufmann, 2001.

Keynes, John Maynard. The General Theory of Employment. New York: Harcourt, Brace and Company, 1936.

Klein, Gary. Sources of Power: How People Make Decisions. Cambridge, Mass.: MIT Press, 1998.

Klepper, Steven. "Entry, Exit, Growth, and Innovation Over the Product Life Cycle." American Economic Review 86, no. 3 (1996): 562–83.

Knight, Frank H. Risk, Uncertainty, and Profit. Boston: Houghton and Mifflin, 1921. http://www.econlib.org/library/Knight/knRUP.html.

Koch, Richard. The 80/20 Principle: The Secret to Success by Achieving More with Less. New York: Currency, 1998.

Kranhold, Kathryn. "Florida Might Sue Alliance Capital Over Pension Fund's Enron Losses." The Wall Street Journal, April 23, 2002.

Krugman, Paul. The Self-Organizing Economy. Oxford: Blackwell Publishers,

1996. Laing, Jonathan R. "A Truly Amazing Run: But, with Dangers Ahead, Can Bill

Gross Keep Outracing the Market?" Barron's, March 17, 2003.

Lakoff, George, and Mark Johnson. Metaphors We Live By. Chicago: The University of Chicago Press, 1980.

Lakonishok, Josef, Andrei Shleifer, and Robert W. Vishny. "Contrarian Investment, Extrapolation, and Risk." Journal of Finance 49, no. 5 (December 1994): 1541–78.

Laplace, Pierre Simon. A Philosophical Essay on Probabilities. Minneola, N.Y.: Dover Publications, 1996.

LeDoux, Joseph. The Emotional Brain: The Mysterious Underpinnings of Emotional Life. New York: Touchstone, 1996.

———. Synaptic Self: How Our Brains Become Who We Are. New York: Viking, 2002.

Lee, Youngki, Luís A. Nunes Amaral, David Canning, Martin Meyer, and

H. Eugene Stanley. "Universal Features in the Growth Dynamics of Complex Organizations." Physical Review Letters 81, no. 15 (October 1998): 3275–3278. http://polymer.bu.edu/hes/articles/lacms98.pdf.

Lefevre, Edwin. Reminiscences of a Stock Operator. 1923.

Lessand, Donald. "The Soft Revolution: Achieving Growth By Managing Intangibles." The Journal of Applied Corporate Finance 11, no. 2 (Summer 1998): 8–27. Lev, Baruch. Intangibles: Management, Measurement, and Reporting. Washington, D.C.: Brookings Institution Press, 2001.

Lewellen, Jonathan. "Predicting Returns with Financial Ratios." MIT Sloan Working Paper 4374-02, February 2002.

Lichenstein, Sarah, Baruch Fischhoff, and Lawrence D. Phillips. "Calibration of Probabilities." In Judgment Under Uncertainty: Heuristics and Biases, ed. Daniel Kahneman, Paul Slovic, and Amos Tversky, 306–34. Cambridge: Cambridge University Press, 1982.

Liebovitch, Larry S., and Daniela Scheurle. "Two Lessons from Fractals and Chaos." Complexity 5, no. 4 (2000): 34–43.

Lipshitz, Raanan, Gary Klein, Judith Orasanu, and Eduardo Salas. "Taking Stock of Naturalistic Decision Making." Working Paper, July 15, 2000.

Loest, Robert. "Fitness Landscapes and Investment Strategies, Parts 1 and 2." Portfolio Manager Commentary—IPS Funds (July–August 1998).

Lowenstein, Alice. "The Low Turnover Advantage." Morningstar Research. September 12, 1997. http://news.morningstar.com/news/ms/FundFocus/lowturnover1.html.

Lowenstein, Roger. When Genius Failed: The Rise and Fall of Long-Term Capital Management. New York: Random House, 2000.

Lyman, Peter, and Hal R. Varian. "How Much Information? 2003." http://www.sims.berkeley.edu/research/projects/how-much-info-2003.

MacGregor, Donald G. "Imagery and Financial Judgment." Journal of Psychology and Financial Markets 3, no. 1 (2002): 15–22.

MacKay, Charles. Extraordinary Popular Delusions and the Madness of Crowds. New York: Three Rivers Press, 1995.

Madden, Bartley J. CFROI Valuation: A Total System Approach to Valuing the Firm. Oxford: Butterworth-Heinemann, 1999.

Madden, Bartley J., Michael J. Mauboussin, John D. Lagerman, and Samuel T. Eddins. "Business Strategy/Life Cycle Framework: Positioning Firm Strategy as the Primary Cause of Long-Term CFROIs and Asset Growth Rates." Credit Suisse First Boston Equity Research, April 22, 2003.

Maguire, Steve. "Strategy Is Design: A Fitness Landscape Framework." In Managing Complexity in Organizations: A View in Many Directions, ed. M. Lissack and H. Gunz, 67–104. Westport, Conn.: Quorum Books, 1999.

Major League Baseball Historical Player Stats. http://mlb.mlb.com/NASApp/mlb/stats/historical/individual_stats_player.jsp?c_id5mlb&playerID5113376.

Malkiel, Burton G. "The Efficient Market Hypothesis and Its Critics."

Journal of Economic Perspectives 17, no. 1 (Winter 2003): 78.

——. Interview on ABC's 20/20. November 27, 1992. http://www.ifa.tv/ Library/ Support/Articles/Popular/NewsShowTranscript.htm.

——. A Random Walk Down Wall Street. New York: W. W. Norton, 2003.

——. "Returns from Investing in Equity Mutual Funds, 1971–1991." Journal of Finance 50, no. 2 (June 1995): 549–72.

Mandelbrot, Benoit B. Fractals and Scaling in Finance: Discontinuity, Concentration, Risk. New York: Springer Verlag, 1997.

——. "A Multifractal Walk Down Wall Street." Scientific American (February 1999): 70–73.

Manning, Gerard. "A Quick and Simple Introduction to Drosophila melanogaster." http://www.ceolas.org/fly/intro.html.

Marquet, Pablo A., et al. "Lifespan, Reproduction, and Ecology: Scaling and PowerLaws in Ecological Systems." Journal of Experimental Biology 208 (April 2005): 1749–69.

Mauboussin, Michael J. "Get Real." Credit Suisse First Boston Equity Research, June 23, 1999.

——. "Long Strange Trip: Thoughts on Stock Market Returns." Credit Suisse First Boston Equity Research, January 9, 2003.

——. "Measuring the Moat: Assessing the Magnitude and Sustainability of Value Creation." Credit Suisse First Boston Equity Research, December 16, 2002.

——. "Puggy Pearson's Prescription." The Consilient Observer 1, no. 11 (June 2002).

——. "Revisiting Market Efficiency: The Stock Market as a Complex Adaptive System." Journal of Applied Corporate Finance 14, no. 4 (Winter 2002): 47–55.

——. "Whither Enron: Or—Why Enron Withered." The Consilient Observer 1, no. 1 (January 2002).

Mauboussin, Michael J., and Alexander Schay. "Fill and Kill: Succeeding with Survivors Is Nothing New." Credit Suisse First Boston Equity Research, April 5, 2001.

——. "Innovation and Markets: How Innovation Affects the Investing Process." Credit Suisse First Boston Equity Research, December 12, 2000.

Mauboussin, Michael J., Alexander Schay, and Stephen G. Kawaja. "Network to Net Worth: Exploring Network Dynamics." Credit Suisse First Boston Equity Research, May 11, 2000.

Mauboussin, Michael J., Alexander Schay, and Patrick McCarthy. "Competitive Advantage Period: At the Intersection of Finance and Competitive Strategy." Credit Suisse First Boston Equity Research, October 4, 2001.

Mauboussin, Michael J., Bob Hiler, and Patrick J. McCarthy. "The (Fat) Tail that Wags the Dog." Credit Suisse First Boston Equity Research, February 4, 1999.

McLean, Bethany, and Peter Elkind. The Smartest Guys in the Room. New York: Penguin Group, 2003, 132.

Moore, Geoffrey A., Paul Johnson, and Tom Kippola. The Gorilla Game: Picking Winners in High Technology. New York: HarperBusiness, 1999.

Munger, Charlie. "A Lesson on Elementary, Worldly Wisdom as It Relates to Investment Management and Business." Outstanding Investor Digest, May 5, 1995.

Muoio, Anna. "All the Right Moves." Fast Company, May 1999. http://www.fastcompany.com/online/24/chess.html.

Nelson, Richard R., and Sidney G. Winter. An Evolutionary Theory of Economic Change. Cambridge, Mass.: Harvard University Press/Belknap Press, 1982.

Neyer, Rob. ESPN Baseball Archives, January 2002. http://espn.go.com/mlb/s/2002/0107/1307254.html.

Niederhoffer, Victor. The Education of a Speculator. New York: Wiley, 1997.

Nocera, Joe, "On Oil Supply, Opinions Aren't Scarce." The New York Times,

September 10, 2005.

NOVA. "Tales from the Hive." http://www.pbs.org/wgbh/nova/bees.

Olsen, Robert A., "Professional Investors as Naturalistic Decision Makers: Evidence and Market Implications." The Journal of Psychology and Financial Markets 3, no. 3 (2002): 161–67.

Page, Scott E., The Difference: How the Power of Diversity Creates Better Groups, Firms, Schools, and Societies. Princeton, N.J.: Princeton University Press, 2007.

Peters, Edgar E. Fractal Market Analysis. New York: Wiley, 1994.

Pinker, Steven. The Language Instinct: How the Mind Creates Language. New York: HarperCollins, 1994.

Poundstone, William. Prisoner's Dilemma. New York: Anchor Books, 1992. Pringle, David, and Raju Narisetti. "Nokia's Chief Guides Company Amid Tech-

nology's Rough Seas." The Wall Street Journal, November 24, 2003.

Quellette, Jennifer. "Jackson Pollock—Mathematician." The Fine Arts Magazine, January 25, 2002.

Rappaport, Alfred. "How to Avoid the P/E Trap." The Wall Street Journal, March 10, 2003.

——. "The Economics of Short-Term Performance Obsession." Financial Analysts Journal 61, no. 3 (May–June 2005): 65–79.

Rappaport, Alfred, and Michael J. Mauboussin. Expectations Investing: Reading Stock Prices for Better Returns. Boston: Harvard Business School Press, 2001.

——. "Exploiting Expectations." Fortune, January 21, 2002, 113–15.

——. "Pitfalls to Avoid." http://www.expectationsinvesting.com/pdf/pitfalls. pdf. Raup, David M. Extinction: Bad Genes or Bad Luck? New York: W. W. Norton, 1991.

Rennie, John. "Editor's Commentary: The Cold Odds Against Columbia."

Scientific American, February 7, 2003.

Resnick, Mitchel. Turtles, Termites, and Traffic Jams. Cambridge, Mass.: MIT Press, 1994.

Rheingold, Howard. Smart Mobs: The Next Social Revolution. New York: Perseus, 2002.

Rifkin, Glenn. "GM's Internet Overhaul." Technology Review (October 2002): 62–67.

Rogers, Everett. Diffusion of Innovations. New York: Free Press, 1995.

Roll, Richard. "A Critique of the Asset Pricing Theory's Tests: Part 1: On Past and Potential Testability of the Theory." Journal of Financial Economics 4 (1977): 129–76.

——. "Rational Infinitely-Lived Asset Prices Must be Non-Stationary." Working Paper, November 1, 2000.

Rosenzweig, Phil, The Halo Effect: ⋯ and Eight Other Business Delusions that Deceive Managers. New York: Free Press, 2006.

Rottenstreich, Yuval, and Christopher K. Hsee. "Money, Kisses, and Electric Shocks." Psychological Science 12, no. 3 (May 2001), 185–90.

Rubin, Robert. Commencement Day Address. Harvard University, 7 June 2001. http://www.commencement.harvard.edu/2001/rubin.html.

——. Commencement Address. University of Pennsylvania, 1999. http://www.upenn.edu/almanac/v45/n33/speeches99.html.

Rubin, Robert E., and Jacob Weisberg. In an Uncertain World. New York: Random House, 2003.

Russo, J. Edward, and Paul J. H. Schoemaker. Winning Decisions: Getting It Right the First Time. New York: Doubleday, 2002.

Samuelson, Paul A. "Risk and Uncertainty: A Fallacy of Large Numbers." Scientia 98 (1963): 108–13.

Sapolsky, Robert M. A Primate's Memoir. New York: Scribner, 2001.

——. Why Zebras Don't Get Ulcers: An Updated Guide to Stress, Stress-Related

Disease, and Coping. New York: W. H. Freeman and Company, 1994.

Schlender, Brent. "The Bill and Warren Show." Fortune, July 20, 1998, 48–64. Schwartz, Peter. Inevitable Surprises: Thinking Ahead in a Time of Turbulence. New York: Gotham Books, 2003.

Seeley, Thomas D. Biography. http://www.nbb.cornell.edu/neurobio/department/Faculty/seeley/seeley.html.

——. The Wisdom of the Hive: The Social Physiology of Honey Bee Colonies.

Cambridge, Mass.: Harvard University Press, 1995.

Seuss, Dr. I Can Read with My Eyes Shut! New York: Random House, 1978. Shefrin, Hersh, Beyond Greed and Fear: Understanding Behavioral Finance and the

Psychology of Investing. Boston: Harvard Business School Press, 2000.

Shiller, Robert. Web site. http://www.econ.yale.edu/~shiller/.

Shleifer, Andrei. Inefficient Markets: An Introduction to Behavioral Finance. Oxford: Oxford University Press, 2000.

Siegel, Jeremy J. Stocks for the Long Run. 3rd ed. New York: McGraw Hill, 2002.

Sklansky, David. The Theory of Poker. 4th ed. Henderson, Nev.: Two Plus Two Publishing, 1999.

Slovic, Paul, Melissa L. Finucane, Ellen Peters, and Donald G. MacGregor. "Risk as Analysis and Risk as Feelings." Paper presented at the Annual Meeting of the Society for Risk Analysis, New Orleans, Louisiana, December 10, 2002. http://www.decisionresearch.org/pdf/dr502.pdf.

Smith, Vernon L. "An Experimental Study of Competitive Market Behavior."

Journal of Political Economy 70, no. 3 (June 1962): 111–37.

Social Security. "FAQ." http://www.socialsecurity.gov/history/hfaq.html. Sontag, Sherry, and Christopher Drew. Blind Man's Bluff: The Untold Story of

American Submarine Espionage. New York: Perseus Books, 1998.

Sornette, Didier. Biography. http://www.ess.ucla.edu/faculty/sornette.

——. Why Stock Markets Crash: Critical Events in Complex Financial Systems. Princeton, N.J.: Princeton University Press, 2003. Soros, George. Soros on Soros. New York: Wiley, 1995.

Spanier, David. Easy Money: Inside the Gambler's Mind. New York: Penguin, 1987. Spence, John. "Bogle Calls for a Federation of Long-Term Investors." Index Funds, Inc. http://www.indexfunds.com/articles/20020221_boglespeech_com_gen_JS.htm.

Stalin, Josef. Speech. February 9, 1946. http://www.marx2mao.com/Stalin/SS46.html.

Stanley, Eugene, et al. "Scaling Behavior in Economics: I. Empirical Results for Company Growth." Journal de Physique (April 1997): 621–33.

Steinhardt, Michael. No Bull: My Life In and Out of Markets. New York: John Wiley & Sons, 2001.

"Stern Stewart EVA Roundtable." Journal of Applied Corporate Finance 7, no. 2 (Summer 1994): 46–70.

Stewart, Thomas A. "How to Think with Your Gut." Business 2.0, November 2002. Strogatz, Steven. Sync: The Emerging Science of Spontaneous Order. New York: Hyperion Books, 2003.

Surowiecki, James. "Damn the Slam PAM Plan!" Slate, July 30, 2003.

——. "Decisions, Decisions." New Yorker, March 28, 2003. http://www.newyorker.com/archive/2003/03/24/030324ta_talk_surowiecki.

——. The Wisdom of Crowds: Why the Many Are Smarter Than the Few and How Collective Wisdom Shapes Business, Economies, Societies and Nations. New York: Random House, 2004.

Taleb, Nassim Nicholas. Fooled By Randomness: The Hidden Role of Chance in Markets and in Life. New York: Texere, 2001.

——. The Black Swan: The Impact of the Highly Improbable. New York: Random House, 2007.

Tallis, Frank. Hidden Minds: A History of the Unconscious. New York: Arcade

Publishing, 2002.

Taylor, Richard P. "Order in Pollock's Chaos." Scientific American (December 2002). http://materialscience.uoregon.edu/taylor/art/scientificamerican.pdf.

Taylor, Richard P., B. Spehar, C.W.G. Clifford, and B.R. Newell, "The Visual Complexity of Pollock's Dripped Fractals," Proceedings of the International Conference of Complex Systems, 2002, http://materialscience.uoregon.edu/taylor/art/TaylorlCCS2002.pdf.

Tetlock, Philip E. Expert Political Judgment: How Good Is It? How Can We Know?

Princeton, N.J.: Princeton University Press, 2005.

Thaler, Richard H. The Winner's Curse: Paradoxes and Anomalies of Economic Life.

Princeton, N.J.: Princeton University Press, 1994.

Thaler, Richard H., Amos Tversky, Daniel Kahneman, and Alan Schwartz. "The Effect of Myopia and Loss Aversion on Risk Taking: An Experimental Test." The Quarterly Journal of Economics (May 1997): 647–61.

Thorp, Edward O. Beat the Dealer. New York: Vintage Books, 1966.

Tilson, Whitney. "Charlie Munger Speaks." Fool.com. May 15, 2000. http://www.fool.com/boringport/2000/boringport00051500.htm.

Treynor, Jack L. "Market Efficiency and the Bean Jar Experiment." Financial Analysts Journal (May–June 1987): 50–53.

Tversky, Amos, and Daniel Kahneman. "Belief in the Law of Small Numbers." Psychological Bulletin 76 (1971): 105–10.

——. "Extensional Versus Intuitive Reasoning: The Conjunction Fallacy in Probability Judgment." In Heuristics and Biases: The Psychology of Intuitive Judgment, ed. Thomas Gilovich, Dale Griffin, and Daniel Kahneman, 19–48. Cambridge: Cambridge University Press, 2002.

USA Networks. SEC Filing, October 24, 2001.

Utterback, James M. Mastering the Dynamics of Innovation. Boston: Harvard

Business School Press, 1994.

van Marrewijk, Charles. International Trade and the World Economy. Oxford: Oxford University Press, 2002. http://www.oup.com/uk/orc/bin/9780199250042/.

Waite, Stephen R. Quantum Investing. New York: Texere, 2002.

Waldrop, Mitchell M. Complexity: The Emerging Science at the Edge of Order and Chaos. New York: Simon & Schuster, 1992.

Wärneryd, Karl-Erik. Stock-Market Psychology. Cheltenham, UK: Edward Elgar, 2001.

Watts, Duncan J. "A Simple Model of Global Cascades on Random Networks." Proceedings of the National Academy of Sciences 99, no. 9 (April 2002): 5766–71.

——. Six Degrees: The Science of a Connected Age. New York: W. W. Norton, 2003.

——. Small Worlds: The Dynamics of Networks Between Order and Randomness. Princeton, N.J.: Princeton University Press, 1999.

Weil, Nancy. "Innocentive Pairs R&D Challenges with Researchers." Bio-IT World, May 29, 2003.

Welch, Ivo. "Herding Among Security Analysts." Journal of Financial Economics 58, no. 3 (December 2000): 369–96.

Wermers, Russ. "Mutual Fund Herding and the Impact on Stock Prices." Journal of Finance 54, no. 2 (April 1999): 581–622.

——. "Mutual Fund Performance: An Empirical Decomposition into StockPicking Talent, Style, Transaction Costs, and Expenses." Journal of Finance 55, no. 4 (August 2000): 1655–703.

Wetzel, Chris. Web site. http://www.rhodes.edu/psych/faculty/wetzel/courses/wetzelsyllabus223.htm.

Wiggins, Robert R., and Timothy W. Ruefli. "Hypercompetitive Performance:

Are the Best of Times Getting Shorter?" Paper presented at the Academy
of Management Annual Meeting 2001, Business Policy and Strategy (BPS)
Division, March 31, 2001, Washington, D.C.. http://www.wiggo.com/
Academic/ WigginsHypercompetition.pdf.

———. "Sustained Competitive Advantage: Temporal Dynamics and the Incidence
and Persistence of Superior Economic Performance." Organizational Science
13, no. 1 (January–February 2002): 82–105.

Wilson, Edward O. Consilience: The Unity of Knowledge. New York: Alfred A.
Knopf, 1998.

Wolfram, Stephen. A New Kind of Science. Champaign, Ill.: Wolfram Media,
2002.

Wolpert, Lewis. Six Impossible Things Before Breakfast: The Evolutionary
Origins of Belief. New York: W. W. Norton, 2007.

Zajonc, Robert B. "Feeling and Thinking: Preferences Need No Inferences."
American Psychologist 35 (1980): 151–75.

Zeikel, Arthur. "Organizing for Creativity." Financial Analysts Journal 39
(November–December 1983): 25–29.

Zipf, George Kingsley. Human Behavior and the Principle of Least Effort.
Cambridge, Mass.: Addison-Wesley Press, 1949.

———. National Unity and Disunity: The Nation as a Bio-Social Organism.
Bloomington, Ind.: Principia Press, 1941.

Zook, Chris, with James Allen. Profit from the Core. Boston: Harvard Business
School Press, 2001.

Zovko, Ilija I., and J. Doyne Farmer. "The Power of Patience: A Behavioral
Regularity in Limit Order Placement." Santa Fe Institute Working Paper No.
02–06–027, June 2002.

Zuckerman, Gregory. "Stars of the '90s Aren't Likely to Lead the Next Rally."
The Wall Street Journal, December 17, 2001.

進一步閱讀

投資哲學

Fisher, Philip A. Common Stocks and Uncommon Profits. New York: Wiley, 1996. Graham, Benjamin. The Intelligent Investor: A Book of Practical Counsel. New York: McGraw Hill, 1985.

Lewis, Michael. Moneyball: The Art of Winning an Unfair Game. New York: W. W. Norton, 2003.

Poundstone, William. Fortune's Formula: The Untold Story of the Scientific System That Beat the Casinos and Wall Street. New York: Hill and Wang, 2005.

Rappaport, Alfred. "The Economics of Short-Term Performance Obsession."

Financial Analysts Journal 61, no. 3 (May/June 2005): 65–79.

Rubin, Robert E., and Jacob Weisberg. In an Uncertain World: Tough Choices from Wall Street to Washington. New York: Random House, 2003.

Sklansky, David. Getting the Best of It. 2nd ed. Henderson, Nev.: Two Plus Two Publishing, 1997.

Szenberg, Michael, ed. Eminent Economists: Their Life and Philosophies.

Cambridge: Cambridge University Press, 1992.

投資心理

Chancellor, Edward. Devil Take the Hindmost: A History of Financial Speculation.

New York: Farrar, Strauss & Giroux, 1999.

Csikszentmihalyi, Mihaly. Creativity: Flow and the Psychology of Discovery and Invention. New York: HarperCollins, 1996.

Gilbert, Daniel. Stumbling on Happiness. New York: Alfred A. Knopf, 2006.

Gladwell, Malcolm. Blink: The Power of Thinking Without Thinking. New York: Little, Brown, 2005.

Heuer, Richards J., Jr. Psychology of Intelligence Analysis. Washington, D.C: U.S. Government Printing Office, 1999.

Munger, Charlie. "The Psychology of Human Misjudgments." Speech at Harvard Law School, circa June 1995.

Nofsinger, John R. Investment Madness. New York: Prentice Hall, 2001. Pinker, Steven. How the Mind Works. New York: W. W. Norton, 1997.

Schelling, Thomas C. Micromotives and Macrobehavior. New York: W. W. Norton, 1978.

Thaler, Richard H. Advances in Behavioral Finance. New York: Russel Sage Foundation, 1993.

——. The Winner's Curse. Princeton, N.J.: Princeton University Press, 1994.

創新與競爭策略

Axelrod, Robert. The Evolution of Cooperation. New York: Basic Books, 1984. Besanko, David, David Dranove, and Mark Shanley. Economics of Strategy. 3rd ed. New York: Wiley, 2004.

Christensen, Clayton M., Erik A. Roth, and Scott D. Anthony. Seeing What's Next: Using Theories of Innovation to Predict Industry Change. Boston, Mass.: Harvard Business School Press, 2004.

Evans, Philip, and Thomas S. Wurster. Blown to Bits: How the New Economics of Information Transforms Strategy. Boston, Mass.: Harvard Business School Press, 1999.

Ghemawat, Pankaj. Strategy and The Business Landscape. 2nd ed. Upper Saddle River, N.J.: Pearson Prentice Hall, 2006.

McTaggart, James, Peter Kontes, and Michael Mankins. The Value Imperative: Managing for Superior Shareholder Returns. New York: The Free Press, 1994. Porter, Michael E. Competitive Advantage: Creating and Sustaining Superior Performance. New York: Simon & Schuster, 1985.

——. Competitive Strategy: Techniques for Analyzing Industries and

Competitors. New York: The Free Press, 1980.

Reichfield, Frederick F. The Loyalty Effect. Boston, Mass.: Harvard Business School Press, 1996.

Shaprio, Carl, and Hal R. Varian. Information Rules: A Strategic Guide to the Network Economy. Boston, Mass.: Harvard Business School Press, 1999.

Warsh, David. Knowledge and the Wealth of Nations: A Story of Economic Discovery. New York: W. W. Norton, 2006.

科學與複雜理論

Arthur, W. Brian, Steven N. Durlauf, and David A. Lane, eds. The Economy as an Evolving Complex System II. Reading, Mass.: Addison-Wesley, 1997.

Ball, Philip, Critical Mass: How One Thing Leads to Another. New York: Farrar, Straus and Giroux, 2004.

Beinhocker, Eric D. The Origin of Wealth: Evolution, Complexity, and the Radical Remaking of Economics. Boston: Harvard Business School Press, 2006.

Camacho, Juan, and Ricard V. Solé. "Scaling and Zipf's Law in Ecological Size Spectra." Santa Fe Institute Working Paper 99–12–076, 1999.

Dawkins, Richard. The Blind Watchmaker: Why the Evidence of Evolution Reveals a Universe Without Design. New York: W.W. Norton, 1996.

Dennett, Daniel C. Darwin's Dangerous Idea: Evolution and the Meanings of Life.

New York: Simon & Schuster, 1995.

Diamond, Jared. Guns, Germs, and Steel: The Fates of Human Society. New York: W. W. Norton, 1997.

Gladwell, Malcolm. The Tipping Point: How Little Things Can Make a Big Difference. New York: Little, Brown, 2000.

Hagstrom, Robert G. Investing: The Last Liberal Art. New York: Texere, 2002. LeBaron, Blake. "Financial Market Efficiency in a Coevolutionary

Environment."

Proceedings of the Workshop on Simulation of Social Agents: Architectures and Institutions, Argonne National Laboratory and University of Chicago, October 2000, Argonne 2001, 33–51.

Mandelbrot, Benoit, and Richard L. Hudson. The (Mis)Behavior of Markets: A Fractal View of Risk, Ruin, and Reward. New York: Basic Books, 2004.

Rothschild, Michael. Bionomics. New York: Henry Holt and Company, 1990. Schroeder, Manfred. Fractals, Chaos, and Power Laws: Minutes from an Infinite Paradise. New York: W. H. Freeman, 1991.

Seeley, Thomas A., P. Kirk Visscher, and Kevin M. Passino. "Group Decision Making in Honey Bee Swarms." American Scientist 94 (May–June 2006): 200–229.

Simon, Herbert A. The Sciences of the Artificial. Cambridge, Mass.: The MIT Press, 1996.

Whitfield, John. In the Beat of a Heart: Life, Energy, and the Unity of Nature. New York: Joseph Henry Press, 2006.

進一步致謝

Sente. www.senteco.com.

CFROI® is a registered trademark in the United States and other countries (excluding the United Kingdom) of Credit Suisse or its affiliates.

魔球投資金律

少數人才懂的投資市場潛規則

More than you know : finding financial wisdom in unconventional places, updated and expanded

作者：麥可・莫布新(Michael J. Mauboussin)｜譯者:周群英｜封面設計：Dinner｜內文排版:薛美惠｜行銷企劃專員：黃湛馨｜主編：賀鈺婷｜協力編輯：呂美雲｜副總編輯：鍾顏聿｜出版：感電出版｜發行：遠足文化事業股份有限公司（讀書共和國出版集團）｜地址：23141 新北市新店區民權路108-2號9樓｜電話：02-2218-1417｜傳真：02-8667-1851｜客服專線：0800-221-029｜信箱：info@sparkpresstw.com｜法律顧問：華洋法律事務所 蘇文生律師｜ISBN：9786267523124（平裝本）、EISBN：9786267523100（PDF）、9786267523117（epub）｜出版日期：2025年1月｜定價：550元

國家圖書館出版品預行編目(CIP)資料

魔球投資金律：少數人才懂的投資市場潛規則/ 麥可.莫布新(Michael J. Mauboussin)著；周群英譯. -- 新北市：感電出版：遠足文化事業股份有限公司發行, 2025.01

448面；14.8×21公分

譯自：More than you know : finding financial wisdom in unconventional places, updated and expanded

ISBN 978-626-7523-12-4（平裝）

1.CST: 投資學

563.5   113014379